刀水歴史全書 93

直良信夫の世界

20世紀最後の博物学者

杉山博久著

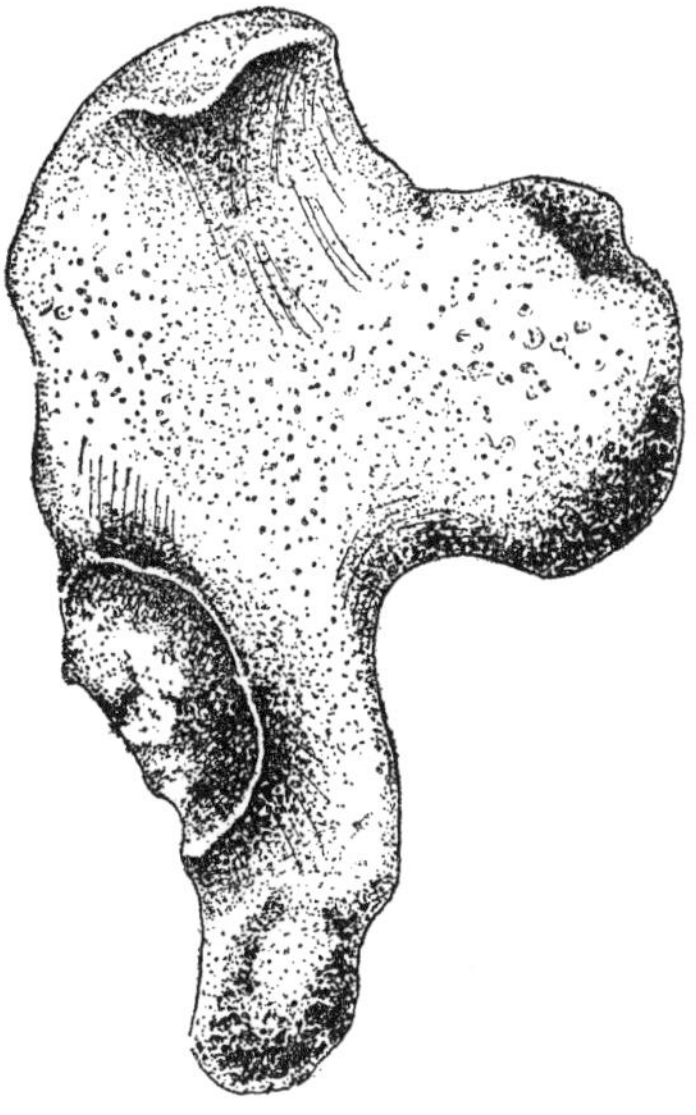

刀水書房

南足柄市馬場遺跡の直良先生（1966年3月，著者撮影）

箱根旧街道の直良先生（1970年，著者撮影）

はじめに

一昨年（二〇一四年）五月二〇日、私は、富山県南砺市の相倉《あいのくら》を訪ねた。相倉は五箇山《ごかやま》と呼ばれる地域の一村落で、岐阜県の白川村とともに、合掌造り民家で知られ、国指定史跡であり、重要伝統的建造物群保存地区であって、現在は世界遺産にも登録されている集落である。私にとって、五箇山は未知の土地ということで、それなりの興味はあったが、合掌造りの民家に特別な関心をもっての探訪ではなかった。

六〇年ほども以前のことになるが、直良信夫先生がこの相倉の地を訪れたことがあり、その折りの印象を、「五箇山への旅」（『越飛文化』五・六、一九五七年四月、一九五八年二月）や、「煙硝づくり」（『狩猟』一九六八年）と題した随想に書き残していることで、私は、その先生の足跡を辿ってみたいと思い、二泊三日の行程で相倉行を企てたのであった。

先生が相倉へ出掛けた理由は聞きそびれてしまったが、五箇山祖山（当時の東砺波郡平村字五箇山祖山）で出土した化石象の調査をしており（「祖山発掘の象の歯化石」『越飛文化』三・四合併号、一九五六年八月）、その出土地への関心が五箇山行を決意させたものかと私は推量している。頂戴した原稿「五箇山への旅」を手にしての探訪であった。

先生は、上野駅から一二時間も汽車に揺られ、高岡を経由して城端《じょうはな》に至り、そこから乗合バスに乗換えての長旅であったというが、私は、愛車を駆っての五箇山行であった。富山市内に一泊し、当日は富山西インターから北陸自動車道に乗り、小矢部砺波ジャンクションで東海北陸自動車道に乗換え、福光インターで降りて、国道三〇四号線を経由して相倉に至った。五箇山インターを利用した方が早かったのかも知れないが、出発直前の旅宿で、城端という街のことを聞き、そこを通ってみようと考えての経路変更であった。城端は〝越中の小京都〟とも呼ばれるらしいが、魅力的な街であった。浄土真宗の古刹城端別院善徳寺は、大規模な修復工事中で、豪勢な山門しか拝観出来なかったが、曳山会館に立寄り、茶を頂戴し、華麗な曳山を見学するなどに時間を費やし、相倉へは予定より大幅に遅れて、昼もだいぶ過ぎて到着したのだった。

富山県五箇山（直良先生撮影）（『狩猟』）

先生が相倉を訪れたのは、一九五六年（昭和三一）の夏であったから、正確には五八年も以前という計算になる。私は大学に入って三、四か月、未だ、先生と出会う前のことであった。どこをどう尋ねたらよいのか、二世代も経過している勘定であるから、予測をたて難かったが、せめて先生を案内した地元の方々の消息でも分かればと、取り敢えず民俗館に立寄ってみた。幸いなことに、職員の女性が熱心な方であって、地元の二人、とくに高田善太郎については、村史を編纂したこと、その遺品が図書館に寄贈され、保管されていることなどを教示してくれた。さっそく下梨にある行政センターに廻り、事情を話したところ、その高田を知る方が居られ、高田は三、四年前に逝去されたとも伺うことが出来た。が、先生の消息は、どなたからも耳にすることが叶わなかった。滞在時間も短く、十分な聞取りが出来ないという事情もあり、結果として、私は、かつて先生が訪れた土地に、同じように立つことが出来たことだけで満足しなければならなかったのである。

私が見た相倉は、先生が訪れた頃に比べれば、合掌造りの民家はともかく、交通事情や周辺の環境はまったく異なってしまったであろう。かつての慎ましい山村は、世界遺産登録の効果もあって、観光客が三々五々と集落内を散策し、その観光客目当ての店舗もあり、集落の入口には、有料駐車場さえ運営されていた。

若い頃、春江夫人から、「貴方は洞（富雄）先生からお預かりしているのだから」といわれた（誤解のないように註記するが、これは好意での言葉）こともあるように、私は直良先生の学問を継承する「先生の弟子」ではない。だから、先生が渾身の力を込めて遂行した日本旧石器時代や古人骨の研究など、私の学問的興味の埒外である。また、化石や鳥・獣・魚類の遺存体の研究なども、まったく関係なく過して来た。顧みれば、もう少し勉強すればよかったかという思いもあるが、過ぎ去った時間は取り返しようがない。先生からは、「ひたすらに学ぶ心」を教えて頂いたと私は思っている。

私は、この四半世紀ほどの間、ただ古書と反故に埋もれ、考古学の研究史のなかに見え隠れする、諸先学の業績を回顧することばかりに時間を費やして来た。独創的な研究ではないが、氾濫する情報に振りまわされているいまの考古学界では、ややもすると、先人の貴重な研究もないがしろにされる危険性があるのではないかと危惧している故の作業である。

直良先生は、その長逝の折り、〝最後の博物学者〟という修辞を冠して呼ばれたように、考古学ばかりでなく、古人類学や古生物学（動・植物）、現生動物の生態学や動物学的研究、地質学、先史地理学などの各分野にも通暁し、さらに古代農業の研究にも顕著な業績を遺している。また、ナチュラリストとしても一流と評される存在であった。先生の学問領域がきわめて広汎であることについては、独学であったため、研究の途上で生じた疑問はすべて自身で解決しなければならなかったからと先生の話であった。その考古学的分野の研究に関しては、以前、私なりに回顧して、『直良信夫と考古学研究』（一九九〇年）を上梓したことがある。その折りにも、銅鐸の研究など、学史の勉強が必要であること、換言すれば、先人の仕事を正しく認識すべきことを指摘したつもりであったが、残念ながら、十分な理解は得られなかったように記憶している。以来、私は学史の回顧とその著述に精進するようになったのである。そして四半世紀が経過した。

小著では、先生の幅広い学問領域のなかから、峠の研究や小動物の生態学的研究、獣類化石、現生動物の遺存体の生物学的な研究、そして古代農業の研究などの仕事を、一渡り、先生との思い出を絡めながら回顧してみた。考古学的研究では、前著でも言及した貝塚と銅鐸のほかに、日本旧石器文化の存在の主張と骨器文化の提唱に言及した。いずれにしても、学究としての先生の活動の痕を紹介したいと記述したものである。ただ、獣類化石や現生動物の遺存体の研究など、どれも私の疎い分野であり、先生の研究を正しく理解し得ているか、さらには、現在の学問的水準のなかでの評価など、私の知識が及ばないのではと危惧するところが多い。が、小著によって、学問一筋の生涯を貫いた、直良信夫という研究者の仕事の一端でも紹介することが出来たらとの思いが、先生の長逝三〇年を契機に、無謀にも小著の執筆を私に決意させたわけである。学問の細分化・先鋭化が進展するなか、独りで、広汎な研究課題に挑んだ学究の記録として一読頂けたら幸いである。

永い先生との関わりのなかで、「これは君が持っていて下さい」とか、「何かに使えたら」とかいって頂戴した原稿や図版、時には、「これ記念に」と無心した遺品類を、多少、手元に保管している。また、春江夫人が出雲高松の家から転居される際に、見慣れていた先生の蔵書や標本、原稿の類はすっかり搬出され、物置に遺されていた、廃棄されるばかりの反故や雑誌類のなかから、眼に付いた少しばかりを頂戴してきたものもある。既発表原稿はともかく、未発表の原稿については、櫃底に保存しておくだけでは意味のないことであると思い、小著にも関連する原稿を収録したいと考えたが、随想はともかく、データばかりが並ぶ先生の古生物学的・植物学的論考・報告は、専門書ではない小著には繁雑に過ぎるようである。従って、参考のために数篇を紹介したばかりで、多くを省略してしまった。なかでも、「カワウソの歴史」や秩父・影森橋立洞窟出土の獣類遺体の草稿などは、まとまった仕事であり、ぜひとも紹介したかったのであるが、それらはいずれ機会を見て発表出来ればと思っている。

刀水歴史全書93　直良信夫の世界　20世紀最後の博物学者　目　次

口絵　iii
はじめに　v
凡例　xvii

1章　峠の研究 …… 3
（一）峠の魅力　3　（二）峠研究の先駆者——柳田國男　5
（三）鳥居龍蔵に惹起された峠への関心　9　（四）峠に関する随想・論考　12
（五）峠の集成　15　（六）峠の考察　20

2章　生態学的・生物学的研究——カワウソ（獺）とモズ（鵙・百舌鳥）…… 25
カワウソ（獺）　28
（一）カワウソへの強い関心　28　（二）カワウソの生態観察　30
（三）「カワウソの歴史」まで　34　（四）調査したカワウソの遺存体　39
（五）他の研究者への遠慮　43
モズ（鵙・百舌鳥）　44
（一）一級のナチュラリスト　44　（二）モズについての著作　45
（三）モズの早贄《はやにえ》の観察　48　（四）少ない生物学的研究　52

3章　獣類化石の研究――シカ（鹿）とゾウ（象）……57

シカ（鹿）　60

（一）真屋コレクションのシカとゾウ　60　（二）稿本「日本産化石鹿の研究」　63

（三）発表されなかった化石研究　66　（四）オオツノジカ（巨角鹿）への関心　68

（五）島根県のオオツノジカ　74　（六）日本にも棲息したカロク（花鹿）　78

ゾウ（象）　79

（一）出版されなかった「日本産象化石」　79　（二）ゾウに関する研鑽の過程　83

（三）重視すべきナウマン象　85

4章　葛生の洞窟と花泉の化石床――葛生原人と骨器文化の提唱……91

葛生の洞窟――消えた葛生原人　91

（一）明石海岸から葛生洞窟へ　91　（二）葛生産化石への言及　95

（三）消えた「葛生原人」　98　（四）葛生の化石館　101

（五）葛生産の化石　103

花泉の化石包蔵地――骨角器文化の提唱　109

（一）大量な牛骨の堆積　109　（二）大陸に於ける骨角器の確認　112

（三）認められた骨角器　118　（四）ノート「Palaeontology」から　119

5章　現生動物の研究――イヌ(犬)とニホンオオカミ(日本狼)……125
イヌ(犬)　128
(一)イヌについての執筆一覧　128　(二)先生に於けるイヌの研究史　130
(三)大型犬への関心　134
ニホンオオカミ(日本狼)　136
(一)オオカミへの関心　136　(二)オオカミに関する論考　139
(三)研究の経緯　140　(四)研究の成果　143
6章　古代農業の研究――粗放農業論の提唱……155
(一)公開講演の思い出　155　(二)　弥生農耕論の出発――山内清男と森本六爾　157
(三)「日本米食史考」と「古代の穀物」　163　(四)古代農業への関心の深化　166
(五)学位論文『日本古代農業発達史』　170　(六)稲作の北方伝来説の主張　173
(七)粗放農業論の提唱　177　(八)赤米と自家栽培　180
7章　考古学的研究――貝塚・銅鐸と日本旧石器文化……187
貝　塚　193
(一)考古学へ化学的研究法の導入　193　(二)貝塚産貝類への注目　196
(三)鳥獣魚骨へ関心の拡大　200　(四)貝塚産自然遺物の集積　206

銅 鐸 211
(一)梅原末治の跡を追って 211 (二)銅鐸に関する論考と出土地の探訪 216
(三)銅鐸埋納の問題 219 (四)銅鐸の機能の変遷 223
日本旧石器文化と「明石原人」 228
(一)松村瞭の書簡 228 (二)論文の発表と悶着 231
(三)「明石原人」骨発見と学界の対応 236 (四)誹謗・中傷の嵐 241
(五)「原人」説は長谷部言人 248 (六)甦れ明石海岸 252
8章 児童用図書の執筆——子供たちに心のおやつを……261
(一)苦労した児童用図書の収集 261 (二)児童用図書と研究者たち 263
(三)先生執筆の児童用図書 268 (四)児童用図書を書いた訳 273
(五)児童用図書の社会的必要性 278 (六)遠かった先生の図書群 282
あとがき 285
直良信夫略年譜 288

〔本書収録の未発表原稿一覧〕

2章　モズ啼く〔未発表原稿Ⅰ〕……55
3章　瀬戸内海底産 *Sinomegaceroides* の下顎骨〔未発表原稿Ⅱ〕……70
3章　尻屋崎洞窟発掘 *Sinomegaceroides* の左側下顎骨片〔未発表原稿Ⅲ〕……73
3章　オオツノジカ *Sinomegaceroides* の右側大腿骨〔未発表原稿Ⅳ〕……75
3章　瀬戸内海底出土の花鹿？の下顎骨〔未発表原稿Ⅴ〕……79
4章　ムカシニッポンジカ *Cervus praenipponicus* ♀の頭骨化石〔未発表原稿Ⅵ〕
写真・実測図……105
4章　花泉の骨器〔未発表原稿Ⅶ〕……120
6章　昭和四二年自家栽培の赤米。種籾は西丹沢寄和田氏栽培のもの〔未発表原稿Ⅷ〕……184
7章　関東ローム層中の焼石〔未発表原稿Ⅸ〕……255
7章　東京都板橋区茂呂遺跡出土の石器〔未発表原稿Ⅹ〕……256

装丁　的井　圭

凡　例

一、本書は、「最後の博物学者」と評された直良信夫先生（一九〇二〜一九八五）の研究活動の一端を紹介するものである。

一、博物学者と評される所以は、先生の研究領域が、考古学のほかに、古人類学や古生物学、現生動物学・小動物の生態学・地質学、先史地理学などに及び、さらに古代農業の研究にも優れた業績を遺し、ナチュラリストとしても一流と評されるなど、研究分野がきわめて多方面に及んでいたことにある。

一、本書では、その広汎な研究のなかから、峠の研究・生態学 生物学的研究（カワウソとモズ）・獣類化石の研究（シカとゾウ）・葛生と花泉への関心・現生動物の研究（イヌとニホンオオカミ）・古代農業の研究を紹介した。考古学的研究については、既に『直良信夫と考古学研究』（一九九〇年）を上梓したことがあり、「葛生と花泉」の項で、葛生原人と骨器の問題に言及しているから、一切を省略してしまった。が、それでは直良先生の活躍を伝えるのに欠けるところがあるとの指摘を頂き、既稿の縄文期貝塚と銅鐸の研究の部分を多少書き改め、それに日本に於ける旧石器文化＝「明石原人」の問題について追補した。また児童用図書の著述にも言及した。

一、文献の引用に当っては、旧漢字は常用漢字に改めたが、仮名遣いについては、原文の雰囲気を伝えるため、改訂することをしなかった。

一、引用文中、原文に句読点の施されていない場合は、読みやすくするため、引用者の判断で半角空けとした。

一、引用した未発表原稿は、いずれも頂戴した原稿やノート記載のものである。誤読を懼れているが、参考になればと思い提示した。判読不能な部分は□で示した。又、脱字と思われる部分は当該の文字を示し、右側に

（脱字）と註記した。

一、文献の引用は、可能なかぎり原典に拠ることを心掛けたが、柳田國男や喜田貞吉など、『定本　柳田國男集』や『喜田貞吉著作集』を利用したものもある。その場合は、初出誌を併記しておいた。

一、掲載地名は、カッコで現地名を併記したが、その（現……）は、平成の大合併以前の『角川 日本地名大辞典』段階でのものである。

一、文中に、「満州」とか「満支」「朝鮮」「満蒙」「未開人」「土人」などの適切でない表記があるが、研究史上のことであり、改変することをしなかった。

一、使用した写真や図版は、原版を所有しているもののほかは、それぞれの著作から複写させて頂いた。その場合は出典を明記した。

一、引用原稿の計測値は、化石及び遺存体の場合はすべてミリを単位とし、峠の標高はメートルである。

一、引用文中に註記を入れる時は（……引用者註）と明示した。

一、挿図（スケッチ・実測図）は、とくに断らないかぎり、直良先生の作製になるものである。

直良信夫の世界　20世紀最後の博物学者

1章　峠の研究

（一）峠の魅力

峠は、そこに人が往き来する路があるから峠である。だから、峠は山の彼我を隔てる障壁ではなく、それを繋ぐ大切な場所であった。ただ、少し大きな峠を越えるとなれば、長い、九十九折りの坂路を、時間をかけて辿らなければならないことになる。峠を越えるのは容易でない場合が多かった。そんなことで、峠の向うは日常的な世間ではなく、いろいろと空想が働く別世界であったのである。

いま、私は箱根外輪山の一峰明神ヶ岳の東麓に日々を過しているが、その箱根山中には、いくつかの峠が点在している。少年の日には、乙女峠という美しい名の峠とその向うにある高原の街御殿場に、限りない憧れにも似た感情を抱きがちであった。小田原の海風《うみかぜ》を浴びながら、高原の涼風《すずかぜ》を想ったのである。山のなかを縦横にハイウエイが走り、隧道が山腹を貫通する現在では、かつて、私が峠に抱いたような特別な感情は、とうていもち得ないことになってしまったのかも知れない。確かに、長野県の伊那谷と木曽谷を結ぶ権兵衛峠など、数年前までは険阻な峠道であったが、現在では、長大な隧道が山麓に穿たれ、もう山を越えるという実感などもちようがない。そんなこともあってか、峠に寄せる特別な想いは、私と同年配の人びとまでで

足柄峠の直良先生（『古代日本人の生活』）

途絶えてしまったかのようである。周りにいる若い人たちに聞いても、峠に特別な感慨など抱いてはいないように見受けられる。

一九〇七年（明治四〇）生まれの真壁仁には、『わが峠路』（一九七五年）や『みちのく山河行』（一九八二年）といった山の随筆集があり、そこに収められた「峠への思慕」では、峠への特別な思いのあったことを書残している。伊藤桂一も、カメラ片手に、峠の古道を訪ね歩き、麓の里の風物を探りながら、北海道から九州まで、各地の峠を巡歴し、その記録を雑誌『旅』に連載していた。後に、『峠を歩く』（一九七九年）にまとめている。水野千香が写真集『峠』を上梓したのは、一九七二年（昭和四七）であったが、十文字峠や雁坂峠、夜叉神峠、三国峠、そして定峯峠など、秩父盆地と外界を結ぶいくつもの峠をモノクロで撮影し、心に響く峠の風情を伝えている。十文字峠は、水野が「はじめて越えた峠」であり、「一番印象深く心にのこった峠」ということで、収載されたコマ数も多いが、この峠を越えて行く夫婦者の三河万歳を撮った一枚など、私の心に深く訴えかけて来るものがある。その美しい写真集の帯紙に寄せた惹句に、秩父の写真家清水武甲は、

峠ほど人間の心に何かを、語りかけてくるものは少ないと思います。……峠に立ち峠を越えるその折りは、他の道では感じなかった〝ふるさとの心〟というようなものを強く心に感じるのです。それは村の現実ではなく、峠の持っている心だと思います。

などと、峠の魅力を述べているのである（「水野さんの峠」）。その清水の作品集『秩父山塊』（一九七四年）にも、

秩父の渓谷や集落とともに、八丁峠や赤岩峠、仙元峠などの懐かしい姿が伝えられている。また、清水は、

平野の道と違って、何キロ先きでも見通せるということのない峠道は、目の先きの部落であっても、峠に立たなければ見ることはできないのです。それだけに峠には未知への憧れがあるのです。

ともいっているのである（「峠」）。そう、峠は未知の世界への入口、現実とは異なった、非日常的な世界への門口なのであった。だから私も強く心惹かれたのである。

井出孫六編の『日本百名峠』（一九八二年）、さらに、私が学ぶ考古学の先達の一人、諏訪の藤森栄一さんにも、『古道』（一九六六年）や『峠と路』（一九七三年）と題した好著があるように、峠は多くの人びとを惹きつけたが、直良先生も、その峠に魅せられた一人であった。そして、先生は、その峠を学問的に追究してみようとも試みたのであった。

（二）　峠研究の先駆者――柳田國男

山本健吉は、一九五八年（昭和三三）六月に、雑誌『旅』（三二―六）の特集（「峠の旅情」）に寄せた文章のなかで、

峠はなかば自然、なかば人間生活の歴史を秘めている。峠の趣味は、やはり人間生活への興味によって裏打ちされており、その意味から言って、高山趣味にはない深い滋味をたたえているのである。日本の民俗学の創始者であり、おそらく日本全土にあまねく足跡を印していられる柳田国男先生が、またもっとも熱心に峠の趣味の鼓吹者であることも、ゆえなしとしない。

と指摘しているが（「峠の旅情を描いた文学」）、峠の研究は、その柳田國男から始まるかのようである。

柳田の峠への関心は、はやく、一九〇九年（明治四二）二月に、いかなる会合であったか明確ではないが、

「峠」について講話することがあり（柳田国男研究会編「年譜」一九八八年）、翌一九一〇年（明治四三）三月には、「峠に関する二三の考察」（『太陽』一六―三、『定本 柳田國男集 二』一九六八年）を発表しているから、その頃まで遡ることは確かであろう。後年になって、柳田は、

全体日本に幾つぐらゐ峠があるものか算へてみようと、空な野望を抱いて見たこともあつたが、滋賀県だけでも県界の峠が五十近くあることを知つて、早速に断念してしまつた。

と回顧しているが（「海に沿ひて行く」『行楽』一―四 一九二五年、『定本 柳田國男集 二』）、その「空な野望」を抱いたのも、やはり、一九一〇年前後のことであったのではないかと推測される。柳田が確認した滋賀県＝近江国の国境の峠は、山城国へ一八個所、伊賀国へ八個所、伊勢国へ九個所など、都合五二個所をかぞえたという。

柳田には、「勢至堂峠」などの随想もあるが、峠の研究ということでは、「峠に関する二三の考察」が体系的な論考であり、そこでは五項目に分けて、峠の歴史などが詳述されているのである。

①〈とうげの語源〉山を越えるには、鞍部を通るのが最も楽であり、国語では、それを「たわ」（古事記）とか「たをり」（万葉集）といった。各地に地名となって遺っており、西日本に行くほど多く認められ、中国地方では「たわ」・「たを」といい、「乢」字を当てることが多いが、これは鞍部の象形文字で、和製の文字＝国字である。「たむけ」（手向け）が「とうげ」に転訛したという通説には再考の余地がある。

②〈峠の新旧〉峠には、新旧による形態の変化が認められる。「昔の山越は深く入って急に越え、今の峠は浅い外山から緩く越える」ことが確かであるが、それは、駄馬の使用、荷車の利用といった交

通手段の変化が、峠路の勾配を緩やかにしたことに起因している。さらに、人智は切通しを開き、隧道を穿ち、鉄道の開設は山道を平らにしてしまった。

③〈峠の衰亡〉交通機関、とくに鉄道の発達は、山麓＝坂本の宿場や峠の茶屋、峠路の衰微をもたらし、国境の山々を「唯の屏風にし終」ることとなった。「峠の閉塞」は、交易品もなくなり、山村に深刻な経済問題を引き起すことになった。

④〈峠の表裏〉峠には、自然地形のほか、人の営為（仕業）による表裏がある。峠路の形態は、水の音の近い山道（甲種）と水の音の遠い山路（乙種）の二種であって、甲種は頂上に近くなって急に嶮しくなる路であり、乙種は麓に近い部分が嶮しい山路である。新道は乙種のものが多いが、古くからの峠では、一方は甲種、他方が乙種である。登り口に開かれた甲種の峠路を表口、降りに開かれた乙種の山路を裏口と呼び、こうした二種が生ずるのは、「初めて山越えを企てる者は、眼界の展開すべき相応の高さに達する迄は、川筋に離れては路に迷ふが故に、出来るだけ其岸を行くわけであるが、いざ此から下りとなれば、麓の平地に目標を付けて置いて、それを見ながら下りる方が便である。それに第一に足を沾《ぬ》らしたくない上に、山の皺と云ふものは裾になる程多いから、上で一回廻るべき角は、中腹以下で数回廻らねばならぬ為である」としている。そして、このように理解すると、「先づ往来を開きかけたアクチーフの側と、之を受け之を利用したるパッシーフの側とは分明であつて、少なくとも初期の経済事情を知ることが出来るのである」とまで、論を展開している。

⑤〈峠の趣味〉交通機関の発達によって、峠や峠路は確実に荒廃・消滅して行くであろうから、峠歩きを楽しみ、峠あるいは峠の文化を記録する「峠会」の組織化を計る必要がある。

この柳田の論考は、一〇〇年も以前に発表されたものであるが、「峠」の先駆的な研究として、現在も十分にその存在価値を有するものであり、直良先生も参考とするところが多かったであろうと想像される。この柳田の後は、先生まで、「峠」を体系的に研究しようとした個人的な仕事を私は知らない。例えば、民族学者の鳥居龍蔵が、箱根山を越える足柄峠に強い関心を寄せ、武蔵野会のメンバーとともに、一日、峠越えを実践し、「文化史より見たる足柄山」（『武蔵野』六―一、一九二三年五月）と題する長大な論考を作製したこともあったが、鳥居と柳田では、峠への関心のもちようが根本的に相違していた。鳥居の足柄峠への関心は、武蔵野の考究のなかで、

関東の文化を研究せんとするものにして、往時其の関門たりし足柄路を踏査するに非ずんば意義をなさぬ。

ということからであった。決して、峠一般に及ぶものではなかったのである。

また、一九三九年（昭和一四）に、深田久弥編纂の『峠』が刊行されているが、同書は、その時点までの峠に関するめぼしい文献を集成したものである。三部に分けて構成し、その第一部に「峠一般に関する文章」を収録し、そこに柳田國男の論考「峠に関する二三の考察」も転載されている。ほかには、大島亮吉「峠」、木暮理太郎「峠・坂・越え」、田部重治「峠の情趣」、森本次男「峠の小舎」、高橋文太郎「峠と山村」、細野重雄「峠の語源」の六篇を収載し、この部分は峠の研究を意図した編集のように思われるのである。なかでも、細野の論考は詳細を究めている。が、全体として、スイスのアルプスの事例が多用されるなど、概してアルピニストの踏む峠への関心という印象を拒み得ないのである。そのことは、「附録」の「本邦主要峠高度表」（日本山岳会編）にしても、一九九個所の峠を列記し、北海道でこそ標高五二〇メートル以上の事例

が採択されているが、本州や四国、九州では一〇〇〇メートルで打切られている事実からも裏付けられるかと思う。柳田や直良先生の峠への関心とは、やや相違があるように感じられるのである

(三)　鳥居龍蔵に惹起された峠への関心

直良先生の峠への関心は、その幼少時に、祖父に連れられ、山向うの親戚に、峠越しに出掛けた思い出が根底にあるらしい。が、直接的には、一九二三年(大正一二)に、鳥居の「文化史より見たる足柄山」を読み、神坂《みさか》峠への踏査を心誘われたことが強いという。先生は、

「苟《いや》しくも信濃の古代民族史を語らんと欲する者は、必ず此の御坂の研究よりはじめねばなりません」

ということが書かれてあって、若いその頃の私の心を、いたくゆすぶったからであった。

と回顧している(「神坂峠〈信濃坂〉」『峠路―その古えを尋ねて―』一九六一年)。先生が、足柄峠ではなく、美信国境の神坂峠に心惹かれたのは、一九一八年(大正七)頃、信濃の別所温泉に遊び(「とうげみち―保福寺古道―」『ゆうすげ』六、一九六二年五月、未発表原稿「別所温泉」)、その後も加療に短い一時を過したことがあったから、馴染みのない相模国よりも信濃国に親しみを感じてのことであろう。が、後年になれば、「まったく峠みちは、人間の一生の縮図のような気がしてならないのである」と、峠越えに、若い時とは異なった感慨を抱くようにもなっていたのであった(『峠と人生』一九七六年)。

ただ、先生の神坂峠を探訪したいという望みは、永い間、実現することがなかった。というのは、鳥居の論考を読んで間もなくと思うが、先生は姫路・明石での療養を余儀なくされてしまったためである。鳥居の論考は、一九二三年(大正一二)五月に発表されたが、療養のため、先生は八月の末日には東京を去り、姫

三国峠の直良先生（吉川國男氏撮影）

路に転居し、関東大震災もあったりして、当面、神坂峠を辿ることなど論外であったからである（「姫路から明石へ」『郷土文化』二二、一九七九年一〇月）。先生が、その想いを達成することが出来たのは、実に一九五九年（昭和三四）八月になってからのことであった。神坂峠を探訪し得た喜びを、「この夏休を利用して、ようやく三六年来の宿望を達する機運にめぐまれ」と語っている（「神坂峠〈信濃坂〉」『峠路』）。

八幡一郎先生や森本六爾等、東京考古学会の仲間たちに迎えられて、先生が三度目の上京を果したのは一九三二年（昭和七）一一月であったが、その二年半ほど後には、もう関東西縁の峠に、足を向けていたことが知られるのである。即ち、一九三五年（昭和一〇）初夏には、箱根の乙女峠を越えている。この峠行は古代の箱根（足柄）越えのルートを追ったものであったらしく、後々の峠探訪の先駆をなすと思われるのである。この時には、箱根仙石原から乙女峠を越え、御殿場へと抜けている。初めて足柄峠を訪れたのは、一九四一年（昭和一六）三月一六日であった（「足柄峠〈足柄坂〉」『峠路』）。別に書いたことがあるが、先生は、実に筆まめな方であったから、この乙女峠や足柄峠の踏査についても、すぐに踏査記を執筆していたことと推察されるのである。が、一九四五年（昭和二〇）五月二五日の東京大空襲によって、ほとんどの資料を焼失してしまったと歎いているように、この二度の峠行の記録は明らかにされていない。『直良信夫コレクション目録』（二〇〇八年）に「乙女峠に関する原稿」（№.

二二三）とあるが、それが一九三五年の踏査記であるのか、『峠路』収載の随想であるのか私は確認していない。わずかに、乙女峠への山道や峠の茶屋でのスナップが『峠と人生』（一九七六年）に、足柄峠でのそれが『古代日本人の生活』（一九四二年）に収載されていて、当時の先生の峠探訪の姿を伝えてくれるばかりである。ただ、乙女峠の茶屋での写真などのキャプションには、撮影年次を「昭和一三年頃」としており、一九三五年（昭和一〇）ではない。一九三八年にも、乙女峠越えを実践したのだろうか。いま、それを確認出来る資料はもち合わせていない。その写真の一葉は、『陸と海の生いたち』（一九四九年）の口絵にも採択されていて、そこには「箱根旧噴火口内壁をしらべている著者の一行」とある。

先生の峠行は、この後、十数年の間、中断してしまったようである。恐らく、第二次世界大戦の熾烈化と空襲による自宅の焼失、戦後の社会的混乱に加えて、ご家庭の事情もあり、峠歩きどころではなかったのだろう。先生が峠探訪や古道歩きを再開したのは、一九五〇年代も半ば過ぎ頃からであったと思われる。記録では、一九五六年（昭和三一）八月に長野県の保福寺峠を越え（「とうげみち―保福寺古道―」）、翌一九五七年（昭和三二）に、秩父の十文字峠や三国峠、釜伏峠などを巡歴していることが知られるのである。夏の十文字峠行は秩父高校の生徒たちと一緒であったし、一〇月一日の三国峠越えには、長野県佐久郡川上村の由井茂也の案内を得ている。釜伏峠を越えた日時は明細でない（『峠路』一九六一年）。そして、その一一月に、『財政』（二三―一一）に「峠」を発表しているが、それが峠あるいは峠路に関する先生の随想・論考の嚆矢となったのである。

（四）峠に関する随想・論考

『学問への情熱』（一九八一年）にも再録した「直良信夫著作論文目録」とその後の補訂の結果によると、直良先生の峠や峠路に関する随想・論考は、次の通り二四篇と六冊の単行本に収録された関係個所となる。

峠　『財政』二三―一一　一九五七年一一月
釜伏峠　『知々夫』一　一九五九年　六月
三国峠　『知々夫』二　〃　一一月
手向けの岩　『ゆうすげ』四　一九六〇年　五月
峠路―その古えを尋ねて―（単行本）　一九六一年　二月
とうげみち―保福寺古道―　『ゆうすげ』六　一九六二年　五月
とうげみち―和田峠―　『ゆうすげ』八　一九六四年一一月
古い峠路　『岳人』二〇四　一九六五年　二月
神坂峠　『岳人』二一八　一九六六年　二月
大門峠　『岳人』二二六　〃　九月
信濃の峠　『ゆうすげ』一〇　一九六七年　五月
御坂峠　『アルプ』一二三　一九六八年　四月
津久見峠　『実業の日本』一月一五日　一九六九年　一月
十里木路　『アルプ』一三二　〃　二月

ヤビツ峠	『アルプ』一三八	〃　八月
峠の変遷	『岳人』二六八	〃　一〇月
薩埵峠	『アルプ』一四五	一九七〇年　三月
六本松峠	『小田原考古学研究会会報』二	〃　〃
足柄明神	『野生動物観察記』（単行本）	一九七一年　八月
篠窪峠	『小田原考古学研究会会報』五	一九七二年　四月
秩父多磨丹沢	（単行本）	〃　八月
笛吹峠	『アサヒタウンズ』（タマ版）	〃　一〇月
犬目峠	『アルプ』一九〇	一九七三年一二月
峠と人生	（単行本）	一九七六年　五月
赤名峠	『アルプ』二二三	〃　一一月
間地峠	『山陰中央新報』（四月二日）	一九七九年　四月
山陰 風土と生活	（単行本）	〃　七月
四十曲峠	『山陰中央新報』（四月二日）	一九八〇年　九月
草峠	『アルプ』二八七	一九八二年　一月
関本と竹ノ下	『直良信夫と考古学研究』（単行本）	一九九〇年一〇月

とにかく、先生の筆力は旺盛であった。「足柄明神」の場合など、ご案内したその日のうちに、さっそく執筆していたことが、文末の「昭和四十三年十二月一日、足柄明神社にて」とある註記から確認されるので

ある。その日、私は足柄神社の急な石段に腰掛け、眼下に峠越えの街道を眺めながら、しばらくの間、古代の足柄越えを偲んだことであった。先生は、何気なく会話を交わしながら、もう随想の構成をまとめていたのであろう。当日頂戴した著作『狩猟』の内扉に、

昭和四三年一二月一日
南足柄町、地蔵堂踏査のおり

と記念に書留めておいたことで、地蔵堂・足柄明神踏査の日時は確かである。

また、最後に掲載した「関本と竹ノ下」と題した一篇は、先生の長逝後、追慕の意を込めて、『直良信夫と考古学研究』（一九九〇年）にも、先生の遺稿として収録しておいたものである。この原稿の余白には、

私のしのこした仕事の一つを書いてみました。若いどなたかが、引きついでやってくださるとありがたいと存じて居ります。……

との添書きがあった。先生のご期待に応えることが出来ないままに、私も、その頃の先生の年齢に近づいてしまった。

上記のなかの単行本は、雑誌などに発表した随想・論考を再録したものも多く、雑誌との間で重複している場合が少なくない。例えば、『峠と人生』の「篠窪峠」や「六本松峠」は、私どもの『小田原考古学研究会会報』に収載したものであり、「ヤビツ峠」や「薩埵峠」、「犬目峠」も、『アルプ』に発表されたものである。また、先生が出雲市に転居してから執筆した、「間地峠」や「四十曲峠」や「津久見峠」、「草峠《くさんだわ》」などは、中国や九州地方の峠に関する随想である。『山陰 風土と生活』には「王貫峠」や「七まがり峠」が収められているし、「いづも道」も島根県太田市、石見と出雲の国境に位置する中山峠（大山峠）に関する随想であり、

出雲市転居後も、けっこう峠歩きを繰り返していたことが知られるのである。草峠で撮影した写真を頂戴したこともあった。

（五）　峠の集成

関東西縁の峠や峠路の探訪を続ける直良先生を、考古学者八幡一郎先生は、

西欧往時のナチュラリストの多くがロマンチストであるように、わが直良博士も亦ロマンチストである。例えば、後年、武相西辺山地の峠路を次々と遍歴されるなどのことがあったのはその現われと云えよう。

といっているが（「ナチュラリスト直良博士」『小田原考古学研究会会報』九、一九八〇年四月）、また、藤森栄一さんは、『峠路』について、

『峠路』は直良さんという人の感情の美しさのメモランダムとして不朽の名著になろうと私は思っているのである。

と評している（「直良さん古稀なんていわないで」『小田原考古学研究会会報』五、一九七二年四月）。

先生は、まだまだ峠や峠路の研究を続けたい気持ちを持続けていた。前掲の添書きのほかに、出雲のご自宅で、「カワウソと峠の勉強は、遺り残したことがあるから、もう少し続けたいですね」と話されたことも一度や二度ではなかった。

先生は、決して、「なになにを勉強しなさい」というようなことはなかった。間接的ないい方で、暗に勉強することを勧められるのが常であった。永い先生との関わりのなかで、「考古学も面白い学問ですよ。ひ

とつ本腰を入れて勉強してみませんか」などと勧められたのは、卒業論文のご指導を頂いていた時だけであった。後年、先史地理学の勉強を勧められた時には、「先史地理学を勉強しなさい」との言葉は一言半句もなく、書架にある小牧実繁著『先史地理学研究』（一九三七年）を取り出して、内容を解説されながら、「面白いですから、読んでご覧なさい」といわれただけであった。出雲平野の形成とも関連した「古代出雲平野人の好食したシジミ」（『直良信夫と考古学研究』所収）は、この折りに頂戴した原稿であった。とすると、〈カワウソと峠〉は君も勉強しなさいということであったのであろうか。ニホンオオカミについては、学友吉川國男君とともに、二〇〇四年（平成一六）に、「丹沢周辺のオオカミたち」と題したフォーラムを開催して（於南足柄市『狼―伝承と科学―』を刊行）、少しばかり先生の仕事を継承・顕彰する機会をもったが、カワウソも峠も、気持ちはありながらも、フォーラム開催の計画などまったく進捗していない。

実際、先生には、峠や峠路について、なお、遣りかけの仕事があったことは間違いない。「関本と竹ノ下」のなかに書留めている、峠に隔てられた二つの坂本の集落に於ける人情・風俗の比較研究も、遂行したい重要な課題であったであろうし、全国的な峠の集成作業もあったはずである。いま、私の手許に、二組の峠を集成した一覧が保管されている。完成原稿というにはやや遠いが、学習研究社編集局原稿用紙と光文社原稿用紙を用いたもので、ともに北海道から鹿児島県までの峠名を列記し、標高と所在地などの簡単な解説を施したものである。いつ作製されたのか、その詳細は判然としないが、光文社原稿用紙を用いた「中国地方」の部の欄外に、「四四・六・二二」とあり、「昭和四四年六月二二日」の意であろうから、いずれその頃の仕事と思われる。ただ、集成自体を目的としたものか、集成からなにか考察を進めようとしていたのかは、いまとなっては確かめる術《すべ》がない。

この二種類の一覧の新旧は明記されていないが、いくつかの要件から、光文社原稿用紙の方が後に作製されたもののように推察される。即ち、学習研究社原稿用紙使用の集成と較べて、光文社原稿用紙の方は、集成した峠数が増加していることや、それらが都道府県別に整理されていることなどによる。さらに、すべての峠に簡略な解説が施されているのも、一層整理されている印象が強い。学習研究社原稿用紙のそれでは、未記載のものが散見されるし、この推察はまず間違いはないであろう。

従って、光文社原稿用紙を利用した集成を整理すると、一都一道二府四二県（沖縄県は集成の対象になっていない）で、すべてで九六一個所の峠が計上されている。柳田國男は、全国の峠は一万個所ほどもあるだろうかと予測していたように記憶するが、もし、それが正しいとすると、先生の集成作業はまだまだということになる。確かに、柳田は近江国（滋賀県）から隣国へ越える峠路だけで、五二個所を確認しており（「峠に関する二三の考察」）、仮に、先生が名のある峠だけを列記しているとしても、きっと、なお多くを追補しなければならないのだろう。実際、この一覧では、埼玉県の場合、一五個所が計上されているばかりであるが、別の原稿（「秩父の峠と狼」未発表）では、秩父地方だけで三六個所を記録している。また、先生は、千葉県では一個所も記録されていないが、簡略な地図を見ただけでも、富津市の市境に木之根峠や横根峠、安房郡天津小湊町に四方木峠など、いくつかの峠の存在が知られるのであって、細かく探索すれば、千葉県内だけでも数個所の峠を加増することになるだろうと思う。いま、先生の選択の基準もはっきりしない。が、そのことは措《お》くとして、一応、その都道府県別の統計を紹介すると、次表に提示したようになる。長野県や岐阜県は、山国らしく先生の集成した数も多く、また、岩手県や宮崎県などの僻遠の地にも、よく目配りしていることが感じられる。

峠の集成（一都一道二府四二県 沖縄県は除外 地区別は先生による）

北海道		一六個所
東北	青森県	七個所
	岩手県	三八個所
	秋田県	六個所
	宮城県	二五個所
	山形県	三二個所
	福島県	三〇個所
関東	茨城県	四個所
	栃木県	一六個所
	群馬県	三三個所
	埼玉県	一五個所
	千葉県	―
	東京都	一二個所
	神奈川県	六個所
中部	新潟県	六個所
	富山県	一八個所
	石川県	八個所

近畿	三重県	二七個所
	滋賀県	一六個所
	京都府	三五個所
	大阪府	一四個所
	兵庫県	二八個所
	奈良県	三〇個所
	和歌山県	一二個所
中国	鳥取県	三一個所
	島根県	七個所
	岡山県	一一個所
	広島県	二五個所
	山口県	二九個所
四国	徳島県	三〇個所
	香川県	七個所
	愛媛県	二五個所
	高知県	一四個所
九州	福岡県	二六個所

福井県	二二個所
山梨県	三七個所
長野県	六三個所
岐阜県	五八個所
静岡県	二八個所
愛知県	五個所
佐賀県	八個所
長崎県	六個所
熊本県	三三個所
大分県	一八個所
宮崎県	四〇個所
鹿児島県	四個所

ただ、それぞれの峠に関する解説は簡略で、その標高や位置を示すに止まり、先生が実際に踏査され、『峠路』に踏査記が収められている秩父の釜伏峠や美信国境の神坂峠にしても、

釜伏峠　五三三　皆野町下之沢から高中をへて寄居町に出る。

神坂峠　一五九五　中津川市と阿智村との県境。

とあるばかりで、それ以上の詳細を伝えていない。「五三三」とか「一五九五」とあるのは、その標高で、単位はメートルである。簡略であるのは、集成の記載の統一に配慮した結果であるらしく、学習研究社原稿用紙の方が一般に記事が豊富である。例えば、大菩薩

神坂神社（『峠路』）

峠についての記述を見ると、光文社原稿用紙の方では、

大菩薩峠　一八九七　塩山市と北都留郡小菅村とをつなぐ。

と簡潔であるが、学習研究社原稿用紙の解説では、

大菩薩峠（一八九七ｍ）昔は多摩川上流地域と甲府盆地とを結ぶ峠。以前は大菩薩嶺の近く一九八〇ｍの所に峠があった。が、風がつよくさらに冬季には凍死者が出るしまつなので、一八七六年に現在の地点に変更。大菩薩山塊を横切る峠。

とやや懇切である。

(六)　峠の考察

一九七六年（昭和五一）に刊行された『峠と人生』は、『峠路』『秩父多磨丹沢』に続く直良先生の「峠」三部作の最後を飾る著作である。㈠「峠の文化」、㈡「峠あるき」、㈢「峠への道」の三部で構成され、その㈠「峠の文化」が研究の部であり、先生のもっとも体系的な研究成果が提示されているのである。そこでは、峠をめぐる二一項目の問題について詳述されているが、そのすべてを紹介することは煩雑になり過ぎるので、「峠という字」ほか、二、三の項目に限って紹介してみたいと思う。

①〈峠という字〉「峠」字の成立については、山越えの祈願や祭事が山麓と「たお」に限られていることを重視して、

「たお」でたむけるのが、幣祭りの本体であるとしたら、それが、地勢と結びついて、坂の上り下りの頂が問題のところであるから、峠の字で表現されるようになったことは、きわめて自然であったよ

うに思われる。

といって、古典のなかで「峠」字が用いられた最古の事例が『和漢三才図会』であること、「峠」字と密接な関係をもつと考えられる「裃《かみしも》」字との関連から、

実際に字となってあらわれたのは、比較的近世のことで、だいたい江戸時代前、中期とみるのがよいだろう。

と推定している。

②〈『垰』と当て字〉「垰」字は、「たお」あるいは「とう」と読み、「峠」と同義であって、山口県下での用例のようである。また、「峠」には、この「垰」のほかに、「岾」「乢」「屹」「辿」「嵶」などの当て字あり、「トウゲ」ではなく、タオ・トウ・ダウ（タワ）と読まれている場合が多い。柳田の峠の語原への理解については、柳田が、山を越えるには鞍部を通るのが便宜で、そこを「たわ」「だわ」「たおり」などといい、それが転訛したのが「とうげ」であるとしたことに、「傾聴すべき創造性がある」が、峠のなかには、山頂や中腹を横切っている場合もあり、いずれも坂道を登り詰めた処で手向けをしたわけだから、「峠が手向けと深いつながりをもっていた」という理解はむげに否定することは出来ないとしている。また、森本次男が、峠字の前身は「嶺」であるとするのに、確かに、武蔵のある地方では、山頂を「とつけ」と呼ぶこともあるが、それがごく一部の地域でのものであったとすると、普遍化出来ないのではないかと疑問視しているのである。

③〈峠の型〉ごく大雑把に峠の縦断面を作ってみると、AからDの四型式に分類されるという。A型は、三角形の二辺を見るように、上りも下りも、ほぼ同じような勾配で出来ている峠である。代表的な峠の形態

であって、長野と岐阜県境の神坂峠などが、この型式に含まれるとする。B型は、一方が急勾配で、峠路が短いのに、他方は緩傾斜で、長い道のりをもち、箱根の乙女峠などが典型的な事例であり、旧火山の火口壁をよじ登る場合に多いという。C型は、一方が平坦か緩傾斜であるのに、他方は急勾配を為している類で、碓氷峠や入山峠など、上信国境の峠に見られる型式で、また、峠が緩慢な脹らみを呈するだけで、明瞭さを欠くものをD型とし、長野県の雨境峠などがこの型式の類例であるとしている。峠の隧道を抜けると、それまで降っていた雨が止んで、陽が出ているなどのことはよく経験するが、数年前に通過した八ヶ岳山中の麦草峠では、自動車が通行する道路であったからか、「峠」と標示された附近でもとくに勾配を意識しなかったが、その地点を境に天候が一変して驚いたことがある。

④〈峠の高度〉　その標高が二〇〇メートル前後から五〇〇メートル前後を基準とし、一〇〇〇メートルを超えるような峠は、日本を縦に二分している背稜山脈地帯に多く、二〇〇〇メートルを超すような高峻な峠は、関東甲信地方とその近域に分布しているばかりであるという。が、険難な山地に位置する飛驒乗越（三〇〇〇メートル）や長野県の徳本峠（二一三五メートル）などは生活とは関係のない特別な場合で、それらよりはいくらか低いが、埼玉県の雁坂峠（二〇八二メートル）や栃木県の金精峠（二〇二四メートル）などが、生活と関わりの深い高い峠であったと指摘している。峠は標高が高いほど険阻とは限らず、むしろ比高と坂道の勾配の度合が問題であったともいい、秩父から長野県に抜ける十文字峠（二〇四〇メートル）も、秩父側から梓山に出るには楽であったとは、先生の踏査の実感である。

⑤〈峠は物資の中継所〉　峠は、その両側に位置する麓の地域の物資の中継所、あるいは交換場所として利用されることがあった。よく知られた処では、秩父と佐久平を結ぶ十文字峠では、秩父産の織物と佐久平

産の米とが此処で交換され、土地の人びとの間では、米継所と呼ばれていたという。山間部の五箇山では、冬期には、細尾峠の下を通る隧道で、城端から送られて来た物資を受領したと伝えている。

⑥〈峠の可動性〉　峠の位置は一定不変ではなく、時代によって移動することがあると、上信国境の碓氷峠を例として指摘している。古代の碓氷峠は現在の入山峠であり、中世以降に、三キロほども北に離れた現碓氷峠に移動したという。つまり、入山峠の頂からは、古代の幣祭りに使用した遺物が大量に出土するが、わずかな古銭が中世的な遺物であるばかりである。一方、現碓氷峠では「古代的なもの」はなく、遺物も大部分が中世以降に属するものであって、この事実から、中世になると入山峠の利用度が減り、現碓氷峠が活用されだしたと推定したのである。

以上のほかにも、「峠名の由来と考え方」「峠の景観」「峠の茶屋」「峠と気象」「峠の集落」「峠はけじめをつけるために利用される」「半島の峠」「峠の結合性と隔離性」などなど、多くの問題に関して論及し、興味深い理解を提示しているのである。が、先生の峠の研究は、単に、峠の形態やその地形的な環境の解明ばかりでなく、麓の集落に繰広げられた人びとの生活にも、研究の温かい眼が向けられていたことに特徴があるように思う。

2章　生態学的・生物学的研究――カワウソ（獺）とモズ（鵙・百舌鳥）

直良先生は、その師徳永重康（当時早稲田大学教授）から、古生物学を学ぶには、現生動物の生態を観察することが必要だと説かれたというが、路傍の草花や小動物に興味をもち、じっくりと観察するのは生得のものであったらしい。明石に居住した頃には、鶏卵や山羊乳への魅力もあったが、もう、アヒルやニワトリ、ヤギなども飼育し、その生態の観察も始めていたようである（『学問への情熱』）。江古田では、ヤマネやタイワンリス、アカネズミ、アナグマなどを飼養していたことは聴いており、私も、餌となるカヤの実だったか、お宅に運んだことを記憶している。時には、モグラを火鉢のなかで飼ったともいう（『日本産獣類雑話』一九四一年）。一九四一年（昭和一六）頃、江古田のお宅を訪れた甲野勇は、先生が数匹のカヤネズミを飼育し、一匹一匹に名を付け、指先に粟粒を付け、食べさせているのを目撃したと伝えている（「新刊 日本産獣類雑話」『古代文化』一二―五、一九四六年五月）。先生は、一時は、七、八〇匹もの小動物に囲まれて、それを「直良小動物園」と自称していた（『動物の歴史』一九五〇年）。

先生の生態学的な知識が、貝塚産自然遺物（鳥・獣・魚骨・植物性遺物）などについても、単に、その種属名の同定に止まらず、それらの資料から、遺跡が立地する附近の往時の自然環境や、狩猟ないしは漁撈法ま

飛び立とうとするコウモリ（『蝙蝠日記』）

でも復原し、貝塚研究を飛躍的に深化したことはすでに指摘した通りである（「貝塚研究」『直良信夫と考古学研究』）。その先生の研究姿勢は、流山市上新宿貝塚産の自然遺物を報告した際にも、

　一つは当時の自然環境をしのび、他は上新宿貝塚人の食糧問題にまで触れてみたい。

と記していることからも明らかである（「下総上新宿貝塚発掘の自然遺物」『人類学雑誌』五六―五、一九四一年五月）。

　先生の生態学的な研究としては、先ず『蝙蝠日記―蝙蝠の生態学的研究―』（一九四三年）が思い出されるであろう。同書は、一九四二年（昭和一七）三月から一二月までの間に於ける、東京・中野の妙正寺川附近のコウモリの出翔・飛翔状態の観察記録に、「日本産蝙蝠の種類」や「日本産蝙蝠の分化」、「蝙蝠の分布」、「蝙蝠の特徴」など三八項目にわたって論述した「蝙蝠雑輯」を添えて構成されている。なかに、一部、「日本の化石蝙蝠」とか、「蝙蝠類の歯について」といった生物学的記述も含まれている。

　先生がコウモリに学問的な関心をもったのは、その「自序」に、「古生物学の研究上、どうしても、此の獣類の生活史を調査する必要が、生じたからであった」というが、具体的には明らかでない。ただ、「蝙蝠雑輯」の記事を読むと、栃木県安蘇郡赤見村（現佐野市）の出流ヶ原《いずるはら》洞窟で多量のコウモリの化石を発掘し、滋賀県犬上郡大滝村（現犬上郡多賀町）の佐目洞窟出土の遺存体を調査する機会があったことなどに起因するのではないかと私は推察している。「北京猿人と蝙蝠」の項では、その洞窟内に多量の化石蝙蝠が検出され

たことを紹介しており、更新世期からの人とコウモリとの関係にも注目していたように思われるのである。また、この獣類が気象と関係の深いことを知り、研究を深めれば、「気象学の発達上、有益な資料を見出すことが、出来るだらう」という期待もあったようである。が、一般論としては、

その動・植物の生活内容はどういうものか、また、その歴史はどうなっているか、といった疑問に答えを出すためには、生物の生態を知っておかなければならない。……

化石という、黙して語らない対象から何十万年もまえのことを調べるには、実は、こうした詳細な生態観察が推定の有力な根拠となるのである。

ということからであった（『学問への情熱』）。

生態学的な研究分野に於ける先生の仕事は、単行本では、ほかに『日本産獣類雑話』（一九四一年）、『モズの生活』（一九四七年）、『野生動物観察記』（一九七一年）などがあるが、さらに『科学随筆 秋』（一九四六年）や『科学随筆 春』（一九四九年）などの著作にも見出されるところである。『野外手帳 秋』（一九四八年）も、俳句を作る人びとの参考に著述したものというが、小鳥や昆虫の生態に言及している。『野外教室 生物生活の観察記』（一九四八年）は、未だ入手し得ず、一部分しか内容を承知していないが、類書としてよいだろうと思う。「茅の茎に営巣する茅鼠」（『アサヒグラフ』二六―一、一九三六年一月）を嚆矢として、「雀―科学随筆―」（『科学知識』二三―五、一九四三年五月）や「昼飛ぶイヘカウモリ」（『動物文学』九六、一九四四年一二月）、「モズのはやにえ」（『科学画報』三七―一〇、一九四八年一〇月）など、雑誌に発表された随想・論考も少なくないのである。

カワウソ（獺）

（一）　カワウソへの強い関心

ずっと以前、私たちの周囲には、たくさんのカワウソ（ニホンカワウソ・獺）が棲息していたようである。が、乱獲と環境の悪化によって急激に頭数を減らし、一九六五年（昭和四〇）には国の特別天然記念物に指定され、保護対策の採られたことがあったにもかかわらず、二〇一二年（平成二四）に、環境省のレッドリストの改訂によって、とうとう絶滅種に認定されてしまった。この間、一九八五年（平成一）には北海道旭川市で（『朝日新聞』六月二九日）、一九八六年（昭和六一）には高知県土佐清水市で遺骸が発見されたり（『朝日新聞』六月三日）、一九九一年（平成三）には、四国の須崎市で足跡が発見されたという報道もあったりして（『日本経済新聞』九月三〇日）、熱心な探索が試みられたこともあったが、その生存は残念ながら確認されない。

私は、カワウソを眼にしたことがない。第二次世界大戦前後の混乱期に幼・少年期を過したから、東京・上野の動物園を訪れる余裕などなかったし、カワウソが棲息するような土地に住んだこともなく、従って、その噂さえ聞くことはなかった。それに私が物心付いた頃では、もう、カワウソはほとんど姿を消してしまっていたことだろう。

私がカワウソという獣類を意識したのは、直良先生の『日本産獣類雑話』を購読し、そこで、カワウソに関して多くの紙数が費やされているのを知ってからである。その時、先生はカワウソに随分とご執心だなと感じたことを憶えている。確か、一九六〇年代後半のことであったと思う。実際、ずっと後になって、出雲のご自宅での歓談の折りに、先生は峠とともにカワウソもう少し勉強してみたかったと語っていたのが思い出される。「Palaeontology」（一九五九・Dec　N.Naora）と標記された大学ノートにも、カワウソに関する新聞記事の切抜き（『毎日新聞』一九六〇年一一月三日、『読売新聞』一九六一年七月二五日）が貼付されていたりして、関心の深さが窺われるのである。

いま、私の手元に、先生から頂戴した、カワウソに関する抜刷りと何篇かの原稿とが保管されている。抜刷りは、『早稲田大学理工学部紀要』（三二、一九六八年一一月）に収載された、「The Fossils of Otters Discovered in Japan」（「日本で発見された化石カワウソ」）である。掲載誌は、別に、東京・神田の古書肆で見掛けた折りに購入していた。原稿は、横須賀市の猿島洞窟や茨城県北相馬郡利根町の立木貝塚、山形県東置賜郡高畑町の日向洞窟など、いくつかの遺跡出土の遺存体の記録や、「カワウソの歴史」と題した総括的論考である。論考は、後記するように、我国に於けるカワウソの変遷を概観し、北九州市門司区に所在した恒見洞窟発掘の遺存体などの詳細な生物学的な観察記録を記し、北米大陸やシベリア産ほかのカワウソとの比較研究などを内容としている。古生物学者としての先生の面目を示す貴重な研究である。

カワウソは先生が強く関心を寄せていた獣類であるが、先生が発表したカワウソに関する論述はそう多いわけではない。生態学的な記録は『日本産獣類雑話』のほか、『古代の漁猟』（一九四一年）や『狩猟』（一九六八年）にも関連する記事があるが、それらは比較的簡略な記述で終っている。即ち、『古代の漁猟』（「カハウソとカハネズミ」）では、営巣地の特徴や「骨がましい歯応への強いものが好物である」という食性を伝え、『狩猟』（「狩猟法」）でも、夜行性の獣であるから、通常は捕獲し難いが、降雪の後などは無頓着に足跡を残し、捕えることが容易であるという程度の言及である。古生物学的な仕事としては、前掲の「The Fossils of Otters

Discovered in Japan」を除くと、『日本哺乳動物史』（一九四四年）と『日本旧石器時代の研究』（一九五四年）に、北九州市門司区松ヶ枝の恒見洞窟出土の資料についての簡潔な報告・紹介があるばかりである。「史前遺跡出土の獣骨」（『古代文化』一四―一、一九四三年一月）に、エトロフ島（択捉島）のシヤナ（沙那）貝塚出土の頭骨片などの生物学的解説があるが、この記事は完結していない。この原稿は、先生が埋め草的に挿入していたものであったから、紙面の都合で、途中から次号に継続となることもあったが、なぜか連載が終了し、カワウソの項は中断してしまっているのである。「史前日本人の食糧文化」（『人類学・先史学講座』一、一九三八年）では、食糧残滓と理解される遺跡出土の「獣類種名」にカワウソの名を記載しているばかりである。

従って、カワウソについての先生の研究を回顧する場合、生態学的には『日本産獣類雑話』を、生物学的には「The Fossils of Otters Discovered in Japan」を紹介すれば、ほとんど事足りてしまうのかも知れないほどである。

(二) カワウソの生態観察

その『日本産獣類雑話』は、一九七五年（昭和五〇）に、「日本の狼」など二、三項目の新稿を加え、書名を『日本産動物雑話』と改め、有峰書店から再版され、さらに、一九八四年（昭和五九）には、『全集 日本動物誌』（二一巻）にも収録されている。ただ、全集本では、直良先生の著作の優れた特徴である、精巧な挿図が省かれてしまったのは残念なことであった。

本書は先生の最初の単行本であり、藤森栄一さんが、

この本には直良さんも情熱のありったけを注いだと考えられ、とくに挿画の見事さ丹念さは非常の

ものである。

と評している著作である(「直良さん古稀なんていわないで」『小田原考古学研究会会報』五)。また、全集本の「解説」を担当した藤原英司氏は、

カワウソは日本全体で幻の動物となった。それだけにこの作品の歴史資料としての価値は相対的に高まったわけだが、大都会からはずれた地域では、ノネズミやモグラの類はまだ生き残っていて観察や研究が可能である。その時にこの作品は今もなお若い研究者を勇気づけ、導く内容に満ちている。

と高く評価しているのである。私の知る限り、もっとも詳細なカワウソの生態観察記である。

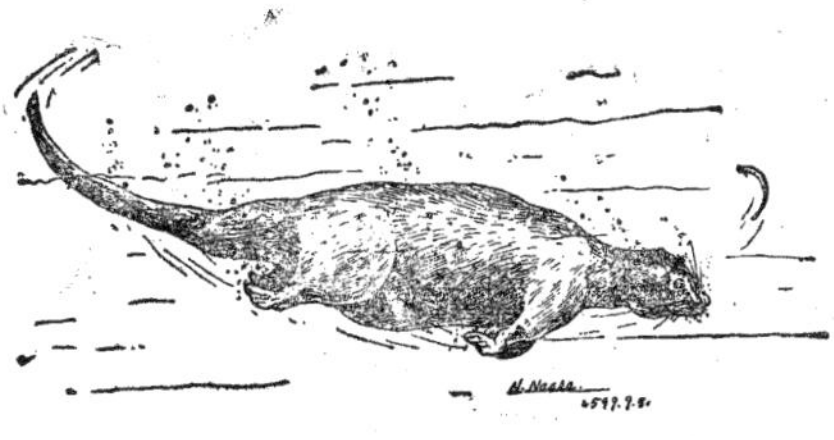

泳いでいるカワウソ(『日本産獣類雑話』)

「獣類の生態と観察」「糞の研究」「巣の研究」「炉辺叢書」の各項に関連記事があるが、「獣類の生態と観察」の項が内容的にも豊富で、東京・上野の松坂屋の屋上で飼育されていたカワウソを、長期間に亘って観察し、それを「カワウソと水」「カワウソの交尾と妊娠」「カワウソの分娩と育仔」「カワウソの出産回数及び発育成績」「カワウソの生長度」「カワウソの食餌」「カワウソの摂食法」の七項目に別けて、克明な観察記が収載されている。「炉辺叢書」には、「カワウソ」と「カワウソの棲息地を訪ねて」の二項が含まれている。

その記述によると、カワウソは湖沼よりも河川の流域を好み、瀬に続いている淵の畔で、河床に岩石がごろごろしている場所に営巣し、水質は石灰分に富んだものが良いようであるという。『古代の漁猟』では、「淀滞してゐる水よりは、どんどん動いてゐる水が好きだ」といっている。その交尾の時期は一定せ

ず、従って、分娩の時期も確定しないが、松坂屋例では、五回の分娩回数のうち、真冬（一月）と晩秋（一一月）が各一回、初夏（五月）から晩夏（九月）にかけてが三回であり、一度に四〜六頭を出産したとある。が、成育するのは二、三頭で、五頭が成長した一九三九年（昭和一四）九月の出産例は、「母獣に乳が極めて豊富」であったからで、まれな事例であったらしい。一九三一年（昭和六）一月から一九三九年（昭和一四）にかけての、隔年の出産時期と出産頭数、成育頭数、その成育状況を提示している。生後四〇日ほどで母乳のほか魚類なども食するようになり、八か月でまったく親と同じような生活をするようになるという。カワウソは肉食性であるから、動物性のものは一通りなんでも摂取するが、野生種では魚類・鳥類・小哺乳類・甲殻類を食し、生魚をもっとも好むが、水中で捕捉した食餌も、水上に顔を出すか、陸上に運んでから食すると観察している。

松坂屋例では、隔年の出産を伝えているわけであるが、隔年であるのは、「九ケ月の妊娠期間と約七―九ケ月の牡を離しての育仔期間が加つてゐるからで」、野性の場合は、「分娩してしまふと間もなく交尾するから、略一年一産位の割になつてゐる」という。文面の隅々から、足繁く通っては、そこに飼育されていたカワウソの生態を執拗に観察・記録していた様子が窺われるのである。

なお、丹念に記録を辿っていると、先生の記録と後の関連記事との間に齟齬するところも見つかって来るのである。例えば、「動物東京版 四二」（前掲『読売新聞』）には、一九三六年（昭和一一）一月に五頭が誕生し、二頭が上野動物園に売却されたとある。が、先生の記録には、一九三六年（昭和一一）の出産は伝えられていない。六頭が誕生し、五頭が成育して、二頭が上野動物園に売却（執筆時点では「予定」とある）されたのは、一九三九年（昭和一四）の出産であった。些細なことであるが、こうした事実を提示しておくことにも多少の意味はあるかも知れない。

『日本産獣類雑話』が刊行された一九四一年（昭和一六）頃では、もう、東京近辺では、野性のカワウソの生態を、長期に亘って観察することなど不可能であったらしいが、それでも、その棲息が皆無というわけでもなかったようである。「カワウソ」（原題「カワウソと与平爺さん」『趣味之生物』三―六、一九三八年）では、多分、妙正寺川でのことであろうが、三頭（親一頭、仔二頭）のカワウソが営巣していた事実を伝えている。都会地はともかく、地方では、まだまだ棲息していたようで、野性のカワウソに遭遇する機会もあったらしい。「カワウソの棲息地を訪ねて」では、一九四〇年（昭和一五）に、風連洞（風連鍾乳洞 国指定天然記念物）出土の獣類化石の調査に赴いた折りに、大分県大野郡野津市村（現臼杵市野津町泊）の野津市川で実見することが出来たと伝えている。自然のなかに棲息するカワウソに出会した貴重な体験記である。

低くたれこめてゐた雨雲は、とうとう午後から降り出した。宿を出た私は頭から雨具をすつぽりかぶつて、岩蔭に身をよせてゐた。夕方、いつもならまだ陽は高い頃なのに、雨降りの今日は可成り暗かつた。ペチヤペチヤと水をふみ分ける音がしよぼしよぼ降つてゐる雨底から、微かに私の耳をうつ。さては、と思ひ乍らその音のする方に熱い視線をなげた。黒い塊が河原の岩蔭に見えかくれして近づいてゐるではないか。しめた。私は鼓動の激しく波打つのをおさへつけて、尚もその獣の行手をぢつと見つめてゐた。やがて青年が教へて呉れた石塊の所までくると、ピヨンとはね上つて、要心深く私の方をみつめてゐる。まぎれもなくカワウソなのである。青大将を大きくしたやうな丸つこい頭が、暗がりの中で高く低く動いてゐる。獣体は石の地肌とあまり見分けがつかないが、頭から腹にかけての部分が白く浮き出てゐる。ブルブルツと身ぶるひして雨水を切つた。水棲動物であるカワウソは水の中で暮して居る獣であり乍ら、はたから水をかけられる事を非常に嫌ふ癖がある。ものゝ二十分、私はカワウソとにらめっこをしてゐた。キヤッ！なき声からすると牡らしい。いきなりドボンと水の中に消えてしまつた。

と描写している。長い引用になってしまったが、いくら村人の示唆があったとはいえ、雨のなか、雨具に身を固めて、ただカワウソの出現を待ち続けるなどは、先生でなければなかなか出来ない芸当であろう。

（三）「カワウソの歴史」まで

『日本哺乳動物史』や『日本旧石器時代の研究』に於けるカワウソの記述は簡略であるが、それでも先生のなかでの生物学的研究の歴史を回顧するとなると、その断片的な記事も捨てがたいものがある。つまり、「The Fossils of Otters Discovered in Japan」で、*Lutra nipponica* Naora, sp. nov. と呼称した恒見洞窟産出の化石骨については、すでに、『日本哺乳動物史』（「日本哺乳動物化石〈亜化石を含む〉出土地名表」）に於いて、埼玉県北足立郡神根村（現川口市）新宿貝塚出土のカワウソの遺存体と区別し、カワウソの一種「ムカシカワウソ」とする理解を示していたのである。

　標本は上下の顎骨片である。種としての著しい特徴は、犬歯に於て見られる。カハウソの犬歯は、大体円柱状のものであるが、此の標本では、犬歯は多少四角柱をしてゐて、その面の中央に、特に浅い溝が走つてゐる。此の歯溝は、猫科の獣類の犬歯などで見られるものと同一性状のもの丶やうだが、それが本標本では特に顕著に発達してゐる。私はいま仮りに、此のカハウソに、ムカシカハウソの名を与へておかうと思ふ。

といい、「ムカシカハウソ」の名を与えて、その特異性を指摘していたわけである。さらに、『日本旧石器時代の研究』になると、ムカシカワウソ *Lutra* sp. カワウソの一種 *Lutra* sp. と呼んでいるが、左側上顎臼歯

や犬歯の測図を提示して、

松ヶ枝洞窟（恒見洞窟のこと……引用者註）発掘のカワウソ *Lutra*（第二四図）は犬歯に深い溝をもっている。この溝は虎や獅子の牙にみられる溝よりはずっと顕著で深い。刀剣に於ける溝と同様に、相手を斃した際、血の流出を一層よくする機能をもっていたものであろうが、剣歯虎のいなかった日本にとっては、中形のおそろしい獣であったかもしれない。単に小形の獣類や小鳥、爬虫類魚類等を襲っていただけならば、こんな鋭い長い犬歯を必要としなかったであろうから。

と、その鋭い犬歯の深い溝に特長のある、かなり獰猛な中形獣類であったことを指摘し、他の遺跡から出土するカワウソ群と明瞭に区別したのであった。

「The Fossils of Otters Discovered in Japan」では、その恒見洞窟出土の化石を詳細に紹介し、横須賀市の野島貝塚、北海道常呂遺跡出土の下顎骨や頭骨、愛媛県道後動物園の標品の頭骨などを参考資料として、

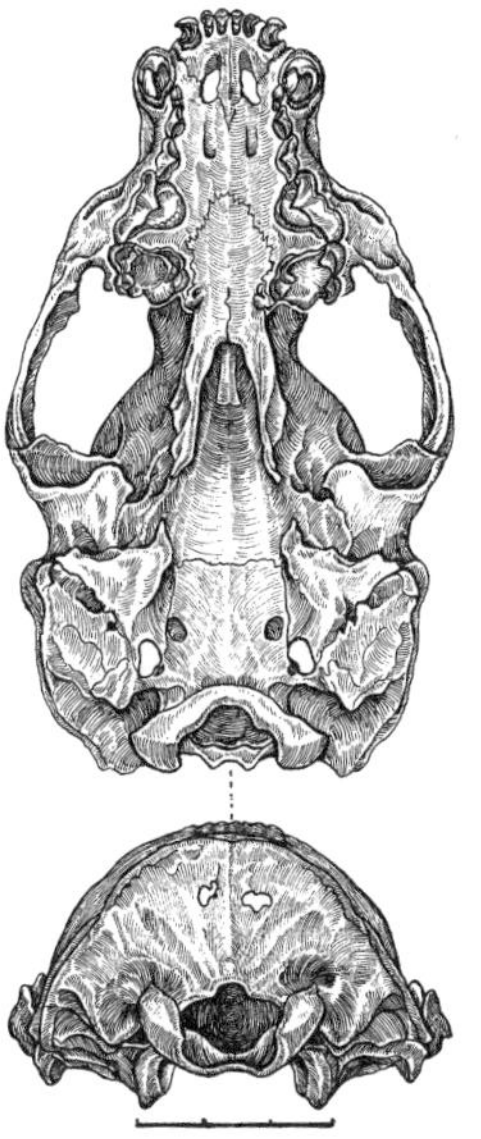

愛媛県道後動物園のカワウソ頭蓋骨

まったく古生物学的に論じ、化石カワウソを「*Lutra nipponica* Naora, sp. nov.」と呼称し、「a new species」（「新種」）と主張したのであった。大学の研究紀要に発表されたものであるから、一般には眼に触れる機会が少なかったと思われるが、だいぶ以前に、翻訳・紹介されているので（「日本産カワウソ―その遺存体と生態―」『動物考古学』一五、二〇〇〇年

一一月)、それに依るのが便宜的であるかと思う。ただ、この深い溝をもつ問題の犬歯は、荻野慎太郎等によって、カワウソではなく、中南米に分布するイタチ類のグリソンの新属とする理解が提示されているようである(『直良信夫コレクション目録』)。とすれば、先生の誤認による「カワウソの新種」の提唱ということになり、更新世初期には二種のカワウソが棲息していたとする理解は訂正されなければならないことになる。ただ、春成氏は、「周口店動物群に先行する更新世前期の泥河湾動物群のなかに含まれるリサンカワウソ Lutra licenti の系統であろう」としているから(直良「日本産アナグマ—その遺存体と生態—」の「付記」『動物考古学』一三、一九九一年一一月)、それが正しいとすると、更新世初期に二種のカワウソの存在を認めなければならない。

私の手許に、「カワウソの歴史」と題した原稿と図面が存在する。原稿の本文は四〇〇字詰め原稿用紙八枚弱の短いものであり、「The Fossils of Otters Discovered in Japan」とほとんど重複する内容である。が、先生が本論考を起稿していたということは、別に発表する意図を持っていたからと推察されるわけであり、その理由を、私は豊富な註記にあるのだろうと考えている。「The Fossils of Otters Discovered in Japan」では、参考資料として測図は提示しても、詳細な観察記録を掲載し得なかった野島貝塚や常呂遺跡の遺存体、道後動物園の標本などの記録を克明に紹介し、さらに、横浜市折本東原貝塚や石川県上山田貝塚、横須賀市猿島洞窟、茨城県北相馬郡利根町立木貝塚出土の資料の観察データも収録しているのである。また、「北米大陸産の *Lutra canadensis* との比較」や「シベリア産カワウソとの比較」、「北海道チャシ遺跡産カワウソと愛媛現世種との頭骨の比較」、「縄文文化期産カワウソと現生種との比較(下顎骨)」などの項目があって、この註記部分にこそ先生の面目を見ることが出来るのである。私は未発表論考として収録したいと考えたが、註記や図版のすべてを紹介するとなるとかなりの分量になり、小著では困難である。従って、ここでは、ごく大雑把に、論考の概要を紹介するに止めて、いずれ他日を期したいと思う。

この論考は、（一）「はじめに」、（二）「地質時代のカワウソ」、（三）「日本におけるカワウソの史的発達」、（四）「結び」の四項目で構成されている。その「はじめに」では、信州（長野県）辺りでは、「おそとりに行く」といって狩猟に出掛けたが、この言葉にも、カワウソが多棲していたことが暗示されているという。が、江戸から明治にかけての乱獲が祟って、先生がこの原稿を執筆した頃には、わずかに数十頭が、限定された地域に棲息しているだけとなり、国の天然記念物に指定されてはいるが、漁業者に嫌われていることもあって、絶滅が危惧されるとしている。事実、二〇一二年（平成二四）には絶滅種に認定され、先生の不安は現実のものとなってしまったわけである。そうした状況のなかで、遺存体によって、カワウソの歴史的な展開を記録しておくことの必要性を痛感しての論考作成であるといっている。

「地質時代のカワウソ」では、地質時代の哺乳類の化石の出土は多いが、カワウソに限ると、その出土量は少なく、しかも、出土地は西日本の洞窟内に限定され、北九州市門司区に所在する恒見洞窟と同市平尾台の牡鹿洞出土の資料が知られているばかりであるという。その恒見洞出土の資料は、第二次世界大戦の戦禍によって多くが失われてしまったが、伴出しているステゴドンやパレオロクソドンなどの旧象の化石などから、洪積世（更新世）初期のものと推定され、その骨学的特徴は現在のカワウソ *Lutra lutra* Linnaeus とは異なった化石カワウソの新種であると指摘していた。牡鹿洞出土の化石は *Lutra lutra* であるらしいという。従って、「日本におけるカワウソの史的発達」では、牡鹿洞出土の資料も更新世初期のものとすると、日本では、その初期だけにカワウソは棲息しており、しかも恒見洞と牡鹿洞に見られる二種のタイプのカワウソが棲息していたことになると指摘していた。が、肝心の恒見洞出土の化石がグリソンの新属であったとすると、この指摘は成立たないことになる。

更新世期のカワウソは途絶えて、新石器時代（完新世）に移行すると、たくさんのカワウソが到る処に出現し、縄文人の狩猟の対象となったという。この時代には、現生種とほぼ同じような骨学的特徴をもつタイプと、下顎枝骨三角窩下底縁に突出した部分のある北方系のタイプの二種が存在したとしている。この北方系カワウソは、北米大陸の北辺に棲息する *Lutra canadensis* に近縁関係をもち、エトロフ島シヤナ貝塚でも類例を確認しているとのことで、これらは千島列島を経由して、北米大陸から移棲し、日本産カワウソに影響を与えたものであろうと推察している。この種のカワウソは、広汎・大量に繁殖することなく、消滅していったらしいという。

歴史時代のカワウソは、北海道・常呂遺跡出土の資料で、現在のものに較べ、顴弓《かんきゅう》の展出が著しく、北東アジア大陸産のものとの共通性が認められるが、現生種ではその顴弓の展出の度合が鈍っているとある。

「結び」では、化石カワウソの出土は少なく、時期的には洪積世（更新世）の初期に限られ、出土地も九州地域に限定されることが注意されるが、そのなかで、*Lutra nipponica* と命名した資料は、犬歯に溝を有し、生物学的にも興味の深いものであるというが、それがグリソンの新属とされていることは既に記した。その後、カワウソは姿を絶ち、沖積世（完新世）＝縄文期になると、人びとの狩猟対象となっていたことから、ふたたび、各地に相当数のものが棲息していたと推測している。この時期には、海岸棲のものが主体であったが、淡水棲のものも存在したらしく、骨相的には、北方型の系統のカワウソが見られたことは注意すべきであるとしている。執筆時点で、わずかに四国の一隅に棲息しているカワウソは、昔のカワウソの子孫であろうが、顔に丸みが少なくなり、体軀も小柄になっていると指摘している。

(四) 調査したカワウソの遺存体

直良先生は、その著『狩猟』のなかで、

貝塚からはカワウソの遺骸の出土が多い。一つの貝塚で(たとえば神奈川県の野島貝塚)十頭以上の遺骸を出土した例は、ゆうに十指を屈することができる。私の眼に触れただけのものがこれくらいである。眼に触れないものが、他にどんなに多くあったことだろうか、ということを想像すると、古代の日本には、全国にわたっていかにカワウソが、たくさん棲んでいたかということの推量ができるだろう。同時に、想像以上にカワウソ猟が盛んであった、ということも納得できるのである。

といっている。縄文期には、全国的に、たくさんのカワウソが棲息し、また、カワウソ猟が盛んであったことを指摘しているわけであるが、一九六一年(昭和三六)に刊行された『日本縄文石器時代食料総説』で、酒詰仲男が列記したカワウソ遺存体を出土した貝塚は、宮城県桃生郡小野川村川下り響貝塚(No.六三)や、千葉県香取郡小見川町白井雷貝塚(No.三〇九)、同県同郡八都村向油田貝塚(No.三一一)、同県七福岩名(No.三四五)、同県清川祇園(No.四五九)、同県鉈切洞窟(No.四六八)、埼玉県神根石神(No.五二〇)など七個所と意外に少ない。

先生が、「カワウソの歴史」で言及されている更新世期の化石を含む遺存体出土の遺跡は、①北九州市門司区・恒見洞窟(更新世期)、②同市平尾台牡鹿洞窟(更新世期)、③山口県秋吉台・杉江洞窟(更新世期)、④横浜市磯子区野島貝塚(縄文早・前期)、⑤同市港北区・折本東原貝塚(縄文前期)、⑥千葉県安房郡丸山町・

加茂遺跡（縄文前・中期）、⑦石川県・上山田貝塚（縄文中・後期）、⑧茨城県・立木貝塚（同前）、⑨横須賀市・猿島洞窟（弥生期から土師期）、⑩北海道・常呂遺跡（歴史時代）の一〇遺跡である。恒見洞窟を除外すれば九遺跡となる。が、先生は、さらに、⑪山形県東置賜郡高畠町・日向洞窟（縄文草創期）、⑫青森県下北郡大間町・ドウマンチャ貝塚（縄文晩期）、⑬愛知県渥美郡渥美町・伊川津貝塚（縄文晩期）、⑭島根県八束郡鹿島町・佐太講武貝塚（縄文前期）、⑮埼玉県北足立郡神根村・新宿貝塚（縄文後期）、⑯宮城県登米郡南方村・青島貝塚（縄文後期）、⑰浜松市・蜆塚貝塚（縄文後期〜晩期）などの諸遺跡も認識していたはずで、それは記録に明らかである。従って、先生が認識していたカワウソの化石及び遺存体の出土地は総計一七個所ということになる。また、⑱千葉県香取郡八都村向油田貝塚（縄文中期）や⑲館山市鉈切洞窟（縄文後期）での出土も認識していた可能性が強い。即ち、この二遺跡については、先生の身近で、雑誌（「西村正衛「千葉県香取郡八都村向油田貝塚発掘概報」『古代』七・八、一九五二年一〇月）や報告書（金子浩昌「動物遺存体」『館山鉈切洞窟』一九五八年）に紹介されていたから、知る機会は充分にあったはずである。とすれば、一九個所に増えることになる。とくに、金子氏のレポートは生物学的に詳細である。

この先生が認識していた出土地を、『日本縄文石器時代食料総説』のそれと対比してみると、縄文期の一四個所でも、⑱八都村向油田貝塚が（No.三一一）向油田貝塚、⑲鉈切洞窟が（No.四六八）鉈切洞窟と一致し、⑮神根村・新宿貝塚が、（No.五二〇）神根石神に該当する可能性があるが、ほかはまったく重複していない。ただ、一九個所の出土地を認識していても、②平尾台牡鹿洞窟で採集された資料は、長谷川善和氏の報告（「九州平尾台の牡鹿洞よりかわうそが発見される」『哺乳動物学雑誌』二―三、一九六四年六月）を読んではいたが、実見する機会はもち得なかったらしい。また、③杉江洞窟の資料も新聞報道で知った程度で、詳しいことは承知していなかったと思われる。さらに、⑭佐太講武貝塚の資料も、『新修日本文化史大系　原始文化』（一九四三年）所収の図版によって、その存在は知ってはいたが、実見はしていなかったようである（遺稿「島根県八束郡鹿島町佐太講武貝塚」『直良信夫と考古学研究』一九九〇年）。⑮新宿貝塚（石神貝塚？）では、自身で採集しているはずであるが、記録を遺していない。戦災で、遺存体と記録とを焼失してしまったのであろうか。⑯青島貝塚と⑱向油田貝塚、⑲鉈切洞窟出土の遺存体についての調査記録もない。が、他の①恒見洞窟、④野島貝塚、⑤折本東原貝塚、⑥加茂遺跡など、一一遺跡出土の化石・遺存体については、精粗の別はあっても、その調査結果が遺されているのである。

例えば、⑬伊川津貝塚の遺存体については「愛知県渥美郡渥美町伊川津貝塚発掘カワウソの上膊《じょうはく》骨片」と題した簡潔なレポートが存在する（未発表原稿）。「やや小形のカワウソであったことからすると、渓流の流域に棲息していた種類ではなかったろうか」と推定している（「愛知県伊川津貝塚発掘の自然遺物」『直良信夫と考古学研究』）。少し脇道に逸《そ》れるが、先生は、完新世のカワウソにも、大小二つのものが棲息していた可能性を考えていたようである。

カワウソには、大形のものと小形のものとがあり、陸棲のものは概して小さく、海岸ずまいのものは大形であっ

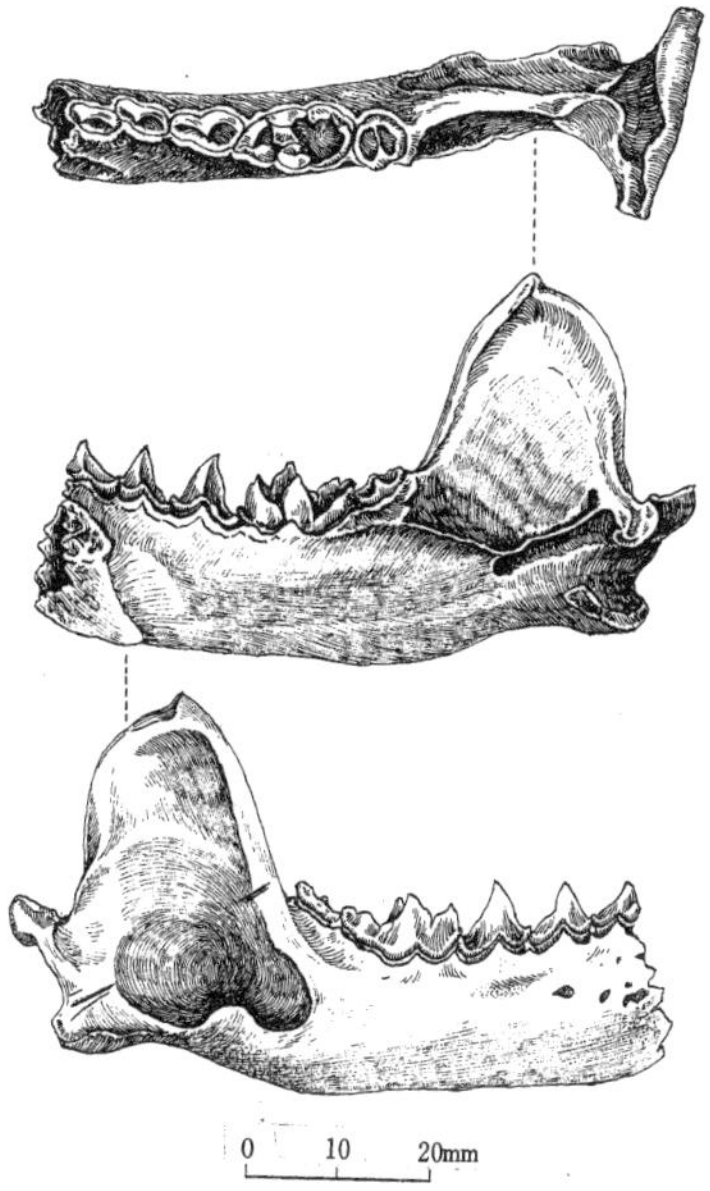

神奈川県野島貝塚出土のカワウソの下顎骨

た。これはことによると種を異にしていたのではあるまいか、と考えられるが、目下のところそれを決定づける良好な資料に乏しいので、ここではかりに一種としておいた。

などといっている（『古代人の生活と環境』一九六五年）。⑫ドウマンチャ貝塚の資料については、「青森県下北郡大間町大間平ドウマンチャ貝塚発掘カワウソの下顎骨片」（未発表原稿）があり、二〇〇字詰め原稿用紙三枚と計測表一枚で構成されている。

また、⑧立木貝塚や④野島貝塚出土の遺存体については、かなりはやい時期に実査していたようである。立木貝塚については、いま、「カワウソの歴史」の註のほかに、二〇〇字詰め原稿用紙七枚ほどの記録が残されている。菅井雄によって採集された左側下顎骨片である。どのような経緯で先生のもとに届けられたのか、その詳細は不明であるが、先生が調査したのは、戦後も間もない頃であったらしい。先生は、こうした標品が届くと、直ぐに観察し、記録するのが常であったから、私の手元にある原稿も、そうした一篇であったに違いないと思われる。とすると、使用されている原稿用紙は「蓼科書房」箋であるから、一九四八、四九年（昭和二三、二四年）頃の記述ではなかったかと推察されるのである。そのように判断する理由は、一九四八年六月に、先生は蓼科書房から『野外教室 生物生活の観察記』を刊行しており、その残りの用紙を使用したものと考えられるからである。先生は、よく残余の原稿用紙を用い、記録を書留めていた。野島貝塚出土の資料は、一九四八年（昭和二三）刊行の『食物の歴史』（上）に下顎骨の測図が掲載されている。ただ、どういうわけか、「千葉県加茂遺跡出土のカワウソ下顎骨」は、頂戴した一括原稿には含まれていなかった。歴史民族博物館に寄贈されたノートのなかに記載されているようである。

（五）他の研究者への遠慮

直良先生は、比較的多くのカワウソの化石や遺存体を精査しながら、なお、「眼に触れないものが、他にどんなに多くあったことだろうか」と危惧していたが、確かに、現実には、先生の眼に触れなかった多くの遺存体が、縄文期の貝塚や洞窟遺跡で採集されていたのである。試みに、『日本考古学年報』を少し繙いてみると、そこに多くの事例を認めることが出来るわけである。繁雑になるが、それらを紹介すれば、青森県下北郡大間町・ドウマンチャ貝塚（三、一九五五年）、千葉県香取郡八都村・向油田貝塚（四、一九五五年）、同県同郡小見川町・白井雷貝塚（五、一九五七年）、同県同郡佐原市・大倉南貝塚（七、一九五八年）、埼玉県川口市・石神貝塚（第一次）（同前）、青森県三戸郡名川町・平貝塚（八、一九五九年）、埼玉県川口市・石神貝塚（第二次）（同前）、千葉県香取郡神崎町・古原貝塚（九、一九六一年）、同県木更津市・祇園上深作貝塚（同前）、同県館山市・鉈切洞窟（同前）、千葉県香取郡小見川町・阿玉台貝塚（一〇、一九六三年）、同県山武郡山武町・武勝貝塚（一二、一九六四年）、福島県磐城市・網取貝塚（一五、一九六七年）といった具合である。頻繁というにはほど遠いが、それでも、かなり出土していることは間違いないし、先生の取り扱っていない遺跡出土例が多いことも事実である。

『日本考古学年報』は、調査報告書ではないから、記述は簡略で、出土したカワウソの遺存体についても、その出土の事実を伝えるだけであるのは当然であろうが、報告書が出版されても、鳥獣魚類など自然遺物の生物学的な検討の結果が記載されることはほとんどない。『館山鉈切洞窟』（一九五八年）は、金子氏の詳細な報告が収載されているが、むしろ例外的な事例である。前掲の伊川津貝塚の場合など、報告書では、先生の鑑別結果が一覧表として掲示されただけで、「愛知県渥美郡渥美町伊川津貝塚発掘カワウソの上膊骨片」

の原稿と、すでに紹介した「愛知県伊川津貝塚発掘の自然遺物」（『直良信夫と考古学研究』所収）は、先生の手元に留められたままであったらしい。従って、報告書から遺存体の詳細を知ることは困難である。カワウソの生物学的な研究を試みるとすれば、各遺跡出土の遺存体を逐一確認することが要求されることになるわけであるが、ただ、私は、カワウソに関しては、先生が他の考古学研究者の収蔵する資料を積極的に探索して歩いた事実を知らない。館山鉈切洞窟の場合は、報告者が金子氏であり、調査委員の一人が瀧口宏先生であったから、調査に特別な手立てを必要としなかったのであろうが、他の研究者の場合、その採集資料の貸与を懇請するなどのことはなかったかのようである。オオカミの遺存体の調査では、執拗に所蔵者を探索して、たくさんの資料を実査しているのに、カワウソでは、他の研究者への遠慮があったのであろうか、先生は、鑑別を依頼して送付された資料と、自身で採集した遺存体の範囲での研究に終始したように思えるのである。

モズ（鵙・百舌鳥）

（一）一級のナチュラリスト

一九八四年（昭和五九）、『全集 日本動物誌』（二一）が刊行され、直良先生の『日本産獣類雑話』が収録されたが、その「解説」を担当した藤原英司氏は、

直良信夫氏はわが国の数多いナチュラリストの中でも第一級のナチュラリストの一人である。

と評している。ナチュラリストとは、自然現象のさまざまなことに関心を寄せ、その対象をあらゆる手段によって記録し、表現する者をいうが、確かに、先生は、身の周りにあるすべてのものが関心事であり、観察・

研究の対象であった。

私が知る東京・江古田のお宅は、もう家屋が櫛比《しっぴ》した住宅街のなかに在ったが、ずっと以前には、自然がふんだんに残る静かな土地であったという。敗戦直後の中野区松が丘一丁目附近を撮影した写真には、森や野原が一面に広がっているのが認められる（『野生動物観察記』八六頁）。先生の施したキャプションに、「終戦直後。現在はここに住宅が密集して建てられている」とあるように、私が訪れた一九六〇年代半ばでは、もう野鳥や野の草を楽しむことも難しかったことは間違いない。その点、出雲市高松のお宅は、周囲を広々とした田圃に囲まれ、庭先には野鳥も飛んでくるし、菜園には昆虫も集り、自然が溢れるばかりであった。出雲市への転居は、「病後の保養をかねて」のことであったが、先生も、そんな豊かな自然は満喫したようであった。『科学随想 山陰 風土と生活』（一九七九年）は、その田園生活のなかから生まれた身辺の観察記でもある。

『日本産獣類雑話』は、先生が上梓した最初の単行本であるが、その頃から、先生の執筆したものに、小動物の生態を観察・記録した内容、あるいはその必要性を指摘したものが眼に付くようになる。「邦産獣類寸感」（『科学知識』二一―三、一九四一年三月）や「農業と獣類」（『科学知識』二一―六、一九四一年六月）、「川蛇について」（『科学知識』二二―一、一九四二年一月）などがあり、後に単行本『蝙蝠日記』（一九四三年）に発展する「蝙蝠日記」（『科学知識』二二―五、一九四二年五月）へと続いている。

（二）　モズについての著作

『日本産獣類雑話』には、本来なら獣類でないモズが扱われるはずはない。が、そこにも「モズと鼠」の

モズの横顔

一項が設けられているのである。このことでも、直良先生がはやい時期から、この小鳥に強い興味をもっていたであろうことを察せられるのであるが、また、そのなかで、「昭和十一年以来東京市近傍に於てモズの、哺乳類早贄《はやにえ》について私は調査してみた」と記していることや、敗戦直後の混乱期に、もう、『モズの生活』（一九四七年）を上梓していることからも、十分に証明されると思うのである。一九四六年（昭和二一）九月に刊行された、『科学随筆 秋』（一九四六年）の一節では、

しかし何といつても、身辺の秋にふさわしい鳥は鵙である。秋になると、この鳥はまづ叫声をあげて、秋のよさを唄ふ。あのケ　ケ　ケ……と啼き叫ぶ、すつとんきょうな声は、どんな耳の遠い人でも、秋の声として聞き入れる。春に、雑木林で仔を育てゝ、それからしばらくは、ぐうの音もきかなかつたのに、一度秋の気が動き出すと、木立のてつぺんで、大地をにらむ。剣豪宮本武蔵（号を二天といふ）は大の画家だつた。彼はあらゆる山水花鳥を画にとり入れたが、とりわけ、この鵙（雁の絵もうまいものだ）の画をかくことが好きだつた。何物にも怖れない、豪気な鵙の性格が彼をして画をなさしめたのである。……鵙のハヤニエは、秋から春に亘つて見られる。九月二十日過ぎにはじまつて、十一月十二日が峠、それから春に向つて下り坂になり、私のとり得た記録では、五月六日が最終となつてゐる。人家の垣根、田畑の縁の棒杭、茅原の枯木や草の茎などに、鼠やヒミズ、カウモリのやうな小さい獣から、蛇、蛙、多くの昆虫、鮒やモロコ、カタツムリなどの雑多な生き物を突きさす。……

などと記しており、すでに『モズの生活』に詳述される内容が十分に盛込まれていることが知られるのである。一九四八年（昭和二三）にも、『野外手帖 秋』の一節で、チゴモズとモズの早贄の挿図を添えて、簡潔に記述することがあった。モズとその早贄については、多くのスケッチが残されている。

先生は、一九四三年（昭和一八）に、「足を折った鵙」（『科学知識』二三—二、一九四三年二月）を執筆しているが、この怪我をしたモズを飼育し、観察したことが、モズへの興味を掻き立てられる一層の契機になったようである。『野生動物観察記』の註記の部分で、

今から五十余年前、私は傷ついたモズを拾ってきてしばらく飼ったことがある。この文はそのときの観察を基にして書きつづったものである。また終戦後、焼跡がようやく緑によっておおいつくされた頃、一時野鳥が非常に集まってきたことがある。私の住んでいる中野あたりでさえ、カッコウが鳴いたり、ホトトギスが頭上を鳴きながらかけていったことがある。その頃私はモズの調査に専念したものである。昭和二十二年に鶴文庫から出版した小著『モズの生活』はその観察記である。

と書き伝えている。

その『モズの生活』は、札幌・鶴文庫の「珠玉叢書」の一冊として刊行された、六八頁の文庫版型の小冊子である。かなり趣味的な書冊という傾向もあったのか、上製本と並製本が刊行され、内容はまったく同じであるが、五〇部限定の上製本の表紙は川上澄生の木版画に手彩色を施し、本文用紙には手漉きの雁皮紙を用いた洒落た装幀である。小さな本ではあるが、モズの生態的研究としては委曲を尽くしており、その後、二〇数年の間は、モズに関しての先生の発言も少なかった。私の知る範囲では、「モズのはやにえ」（『科学画報』三七—一〇、一九四八年一〇月）、「モズと私」（『文藝春秋』三九—八、一九六一年八月）、「モズと古代人」（『春

秋』八―三、一九六七年五月）などを挙げることが出来るだけである。

が、一九七一年（昭和四六）になって、先生は、古稀を記念した『野生動物観察記』を上梓し、そこにヤマネ・アカネズミ・アナグマ・タイワンリスなどと並べて、「モズ」の項目を設けて、その生態を克明に記述したのである。『モズの生活』以来の集大成といって良いかと思う。『野生動物観察記』には、とくに「古稀の記念」とは書かれていないが、お贈り下さった同書の内扉に、「謹呈　古稀の記念于」とあることから、先生のお気持ちのなかでは、ご退職＝古稀を記念した出版であったと推測されるわけである。そして、一九八〇年（昭和五五）二月、『山陰中央新報』に寄稿した「孤影」がモズへの最後の言及ではなかったかと思う。

（三）　モズの早贄《はやにえ》の観察

『モズの生活』は、「モズの生活」「野外観察」「宮本武蔵とモズ」「くさぐきについて」の四つの項で構成されており、「モズの生活」と「野外観察」の二項が生態観察記である。いま、二項の内容を小項目で示すと、「モズの生活」に、〈日本のモズ〉・〈モズの姿態〉・〈巣と卵〉・〈育雛〉・〈秋の訪れる頃〉・〈早贄について〉・〈冬のモズ〉の七小項目があり、〈モズの姿態〉や〈巣と卵〉のような短いもので半頁、〈秋の訪れる頃〉と〈早贄について〉は長く、それぞれ五頁半と七頁に及んでいる。「野外観察」は、〈繁殖期のモズ〉・〈モズの育雛〉・〈親と仔〉・〈巣立後十日間の雛モズの生活〉・〈巣立つた雛モズ〉・〈モズの集合〉・〈鼠をとつたモズ〉・〈親からはなれたモズ〉・〈モズの餌の食べ方〉・〈母性愛〉・〈夜なくモズ〉・〈古巣をのぞいたモズ〉・〈五月のモズ〉・〈夕方のモズ〉・〈真夏の早贄〉・〈雀を追ふモズ〉の一六小項目で構成されている。〈巣立後十日間の雛モズの生活〉だけは五頁をかぞえるが、他は二頁ないし三頁と比較的短文である。

直良先生は、一九三六年（昭和一一）以来、東京近郊で、モズの早贄――とくに哺乳動物の早贄についての調査を継続していたというが、確かに、「早贄について」と「真夏の早贄」にかなりの頁数が充てられている。「秋の訪れる頃」にも言及があって、全体の四分の一を超えているのである。「早贄」とは、モズの習性で、捕獲した小動物を枯枝や棘に突刺したり、枝に絡みつかせたりしたものをいう。『日本産獣類雑話』所収の「モズと鼠」も、ネズミ（アカネズミ・ハツカネズミ・カヤネズミ）が早贄にされた事例とその分析である。

「野外観察」の部では、「鼠をとつたモズ」以外の各項目の最後に、「二十一年二月五日」といったような年月日の記載が施されているのが注目される。この日付が執筆時を示しているであろうことは、「N.Naora」と標題にあり、端に「昭和21」とあるノートに、「古巣をのぞいた鵙　九月十六日」の記述があって一致するから明白である。ノートには、数日おきに、「ミノムシと蟻」（九月二五日）・「ムカデ騒動」（九月二七日）・「秋日清香」（九月三〇日）などの随想が残されている。

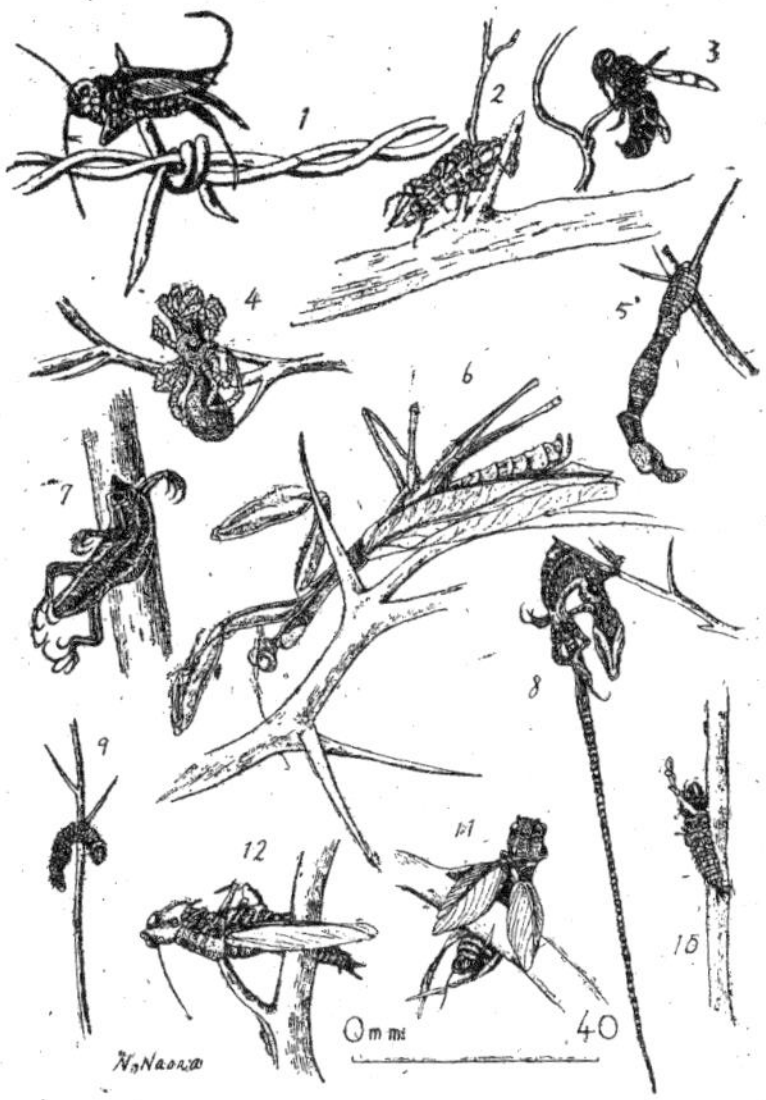
モズの早贄（はやにえ）（『モズの生活』）

ところで、〈早贄について〉には、「早贄の種類」と題した図が挿入されているが、エンマコホロギ（二種）・アヲヅムカデ・ムシヒキアブ・オニグモ・ミミズ・カマキリ・トカゲ・カナヘビ・

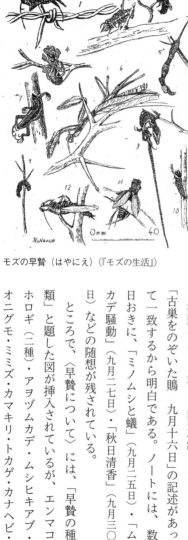

ホクトウガの幼虫・ヘビトンボの幼虫・コバネイナゴなどが早贄にされた状態を図示したものである。版が小さいので、線が潰れてしまったようにも見え、やや鮮明さを欠いているが、先生らしい繊細・克明な描写である。なお、本書には、「小鼠を咥えて飛翔するモズ」や「モズの親仔」を描いた挿図があり、『野外手帖秋』にも「チゴモズ」と「早贄にされたカマドウマ」ほかの挿図がある。いずれも小版であるが、巧みな絵図ばかりである。

先生が図示された早贄の昆虫や爬虫類は一二種であったが、モズが捕獲する動物は多岐に亘っていて、ハタネズミやヤマカガシ以下の小動物では、一通り、なんにでも及んでいたという。先生が列記しているところを示すと、

獣　類　イエコウモリ・ハタネズミ・アカネズミ・ハツカネズミ・カヤネズミ・ホンシュウヒミズ

鳥　類　スズメ・カナリヤ・ジュウシマツ・アヲジ・ウグイス・ジョウビタキ・サンショウクヒ・コカハラヒワ

爬虫類　トカゲ・カナヘビ・ヤモリ・ヤマカガシ・ヂムグリ?

両棲類　ニッポンアカガエル・アマガエル・アヲガエル・トノサマガエル・ツチガエル・イモリ

魚　類　コイ・フナ・ドジョウ・キンギョ・メダカ

多足類　ムカデ・蜘蛛類

環形動物　ミミズ類

昆蟲類　イナゴ・コオロギ・エンマコオロギ・カマドウマ・カマキリ・蜻蛉類・毛蟲・ヨトウムシ・ハナアブ・蛾類

などである。「昆蟲類は実に種類が多い。この事実は、何はともあれ、モズは、昆蟲を主食としてゐる事を物語つてゐると見ることが出来よう」と指摘している。時には、蜜柑の皮や焼き甘藷の皮までも見ることがあったらしい。

　モズは、こうした多様な獲物を早贄にしているわけであるが、それがなぜ作られるのかということについては、十分に解明されてはいないようである。モズは脚弱であるために、獲物を押さえ付けて食することが出来ないからだとか、後に食するための貯食説とかがいわれるが、容易には結論が出ないようである。先生も、永い観察のなかで、モズが虫を脚で押さえて食するのを目撃はしたが、早贄にした獲物を啄《ついば》んでいるのは見たことがないという。ただ、出雲市に移ってから四年ほど経った一九七七年（昭和五二）三月、朝七時過ぎに早贄にされたニホンアマガエルが、その日の四時過ぎには、この早贄を作ったと思われるモズによって咥《くわ》え去られるのを実見して、「ハヤニエはやはり貯食の一方法だったと考えてもよいのかもしれない」と考え始めたようである（「冬眠あけ」『山陰 風土と生活』）。貯食法である可能性を示す話は、「冬日是好」にも伝えられている（同前）。また、早贄の仕方には、五通りほどあることが指摘されている。冬芽や枝の折れ口、棘などに突刺す例がもっとも多く、また、枝の股に挟み、あるいは引っ掛ける場合もあり、さらには、枝の端や棒杭に巻付け、ごくまれには、禾本科植物の葉（ススキ）に扱《しご》き込んだものもあるという。ただ、この状態の早贄のスケッチが見当らないので、具体的に説明が出来ない。

　とにかく、先生のモズについての観察は精細で、巧みなスケッチも添え、その生態を詳しく描写しており、藤原英司氏が、

　　自分の足と目で確かめた実地調査にもとづく記録で、資料的価値が高い。

と評しているように、生態学的な研究として、十二分に意義のある仕事であったと私は確信している。

(四) 少ない生物学的研究

『野性動物観察記』は、『モズの生活』から四半世紀ほどを経過した後の刊行であるが、その註記にもあるように、モズを飼育していた若い頃の観察をもとにして記述したものである。従って、「早贄となった物の種類」の項などは、既に『モズの生活』で指摘したところと変るところがない。が、飼育中のモズの観察に新鮮味があり、「早贄の種類」と関連して、「モズの好食する動物と食べない動物」の項などは興味深い。モズが早贄にする動物の種類は多く、前項に提示した通りであるが、実際は、

やたらに、なんでも食べようとはしない。おのずから、食べ物には制限があって、好き嫌いの度合がはげしい。早贄には、ネズミ、小鳥、魚類、爬虫類、両棲類などがあって、さぞかしこれらのものの肉を好食するのではあるまいかとおもわれるのである。が、事実はけっしてそうではない。魚肉や鳥獣肉をあたえても、食べようとはしない。見向きもしない。

という。大好きなものは、蜂類の幼虫・ミノガの幼虫・カマドウマであり、蜂・ハエ類・クビキリバッタ・ツユムシ・カゲロウなどは好きなもので、ミミズやクモ類なども好物であったらしく、嫌いなのは、鳥獣魚肉・蛙肉などの肉類やモンシロチョウの幼虫・ゴキブリなどであったという。堅い動物体をもった昆虫類は食さないらしい。

また、「モズの遺体を出土した古代遺跡」では、わずか一例であったが、埼玉県秩父郡皆野町日野沢三角洞窟遺跡出土の右側上膊骨についての計測値を示し、現生のモズと比較して「現生モズ♂のものよりは、い

くらか全体に小さいことがわかる」と言及されているのが、古生物学者としての面目でもあろう。洞窟の資料は、縄文早期の包含層から検出されたものである。チゴモズやアカモズの骨骼標品がないので、正確には種名を決定出来ないとしながらも、

あるいはモズよりはやや小形のチゴモズやアカモズのような山棲まいのモズの遺骸ではあるまいか。

と判断したのであった。

先生は、三角穴洞窟の資料群のなかに、モズの遺存体を見付けたのは嬉しいことであったらしく、晩年になってからも、

今から二十四年前の昭和三十二年、埼玉県秩父郡皆野町日野沢三角穴洞窟遺跡で、非常にめずらしい動物の骨が発見された。この遺跡は縄文式文化期のものであるが、埼玉県立秩父高等学校社会部OBのグループが発掘したそれは、モズの翅の骨であった。

と記録しているのである（『学問への情熱』）。さらに、縄文人の狩猟について、

いったいに野獣狩りは上手であったが、鳥類の狩猟はさほど得意ではなかった。キジやカモのような、捕獲しやすいものは、それでも各遺跡の人びとが、機会のあるたびに採捕していたようである。といっても、もちろんその量は多くはない。木立におおわれた環境で生活していた人びとであったから、自分たちの住居の近くで、いろいろな小鳥類を、常に眼にしていたであろう。が、

ネズミを咥えて飛ぶモズ（『モズの生活』）

それらの小鳥を採捕する機会は、あまりめぐまれなかったらしい。その証拠に遺跡には、他の種類ほど、小鳥の遺骸はのこされていないのである。

という（『野生動物観察記』）。また、先生は、モズの習性を考慮しながら、

モズは木立のてっぺんにつったって、元気よく秋のうたをうたうことが好きである。さだめしあの特徴のあるかんだかい声で、ケケケ……と叫びつづけたことであろう。獲物の始末をしていた古代人は、仕事の手をとめて、立ちあがった。そして、小高い洞窟の入口でその声を聞き、声の主のありかを眼で追っていた。やがて、姿をみとめた古代人は、それが眼と鼻の先だったので、いそいで弓に矢をつがえた。

などと想像を逞しくしているのである（同前）。

この三角穴洞窟出土の遺存体については、既に、「モズと古代人」の標題で、『春秋』に紹介されていたが、「巻頭言」ということで、きわめて簡略で、計測値も示されず、内容も「モズの遺体を出土した古代遺跡」の書出し部分とほぼ同じである。だから、『直良信夫と考古学研究』に収載した「モズ科鳥類の上膊骨遺体」が、唯一の詳細な古生物学的報告ということになる。先生の提示している資料は、①三角穴洞窟出土の資料（縄文前期に訂正されている）に、②栃木県安蘇郡葛生町会沢大久保の採石場裂罅《れっか》出土の左側上膊骨（更新世期）と③千葉市稲毛園生長者山貝塚（縄文後期）で採集された資料を加えた三点である。①三角穴洞窟及び②大久保採石場裂罅出土の資料は、チゴモズの遺存体で、

骨学的には現生種のものと殆んど相違した点がみとめられない。ただ、化石種の方はごく少しく大きく、骨体はやや太くて頑丈である。いずれも骨体の彎曲度は鈍い。

という。③園生長者山貝塚のそれはオオモズと思われるとしながらも、上辺部関節面を一部欠損しているた

めに、種名に？を付けている。

が、先生の研究の特徴は、遺存体の種名を確定するばかりでなく、この場合でいうと、モズの採捕法にまで論考が及んでいることである。即ち、

縄文文化期の人びとは、ガンカモ科やキジ科のような大形に属する鳥類は、かなり採捕している。が、小鳥については、その資料が検出されていなかったがために、殆ど知られていなかった。しかし上記の二例と、神奈川県高座郡小出村行谷貝塚（後期縄文文化）出土のスズメ科鳥類のことなどおもいくらべると、将来この方面の調査が一層肝要であることを痛感するものである。トラップや吹き矢の発明、地域にもよるであろうが、鳥黐《とりもち》の調整などが、小鳥類の遺骸の存在から、当然考慮されねばならなくなってくるからである。

と指摘している。獣類にせよ、魚類にせよ、その狩猟・漁猟法まで考えるのは先生の常であった。

モズ啼く〔未発表原稿Ⅰ〕

すきとほった浅黄色の東空には、刻一刻と輝きが増してゆく。しかもそれが、だんだんと橙色から朱紅色に染まり、やがてひとしおあかくなってきた。だが空全体には、低く、うす黒い雲が、ゆったりと北々東へと流れている。別に草木の葉っぱがゆれてはいないが、スーッスーッと、私の肌にさわるつめたい気流からすると、そおっとしのびあしで、地面を匍って秋の風が、吹いているのかもしれない。東空が一段と朝焼けを増してくると、急に北東に浮かんでいた雲が、明るく橙色に変わった。突然近くのこずえでモズが啼き出した。この秋になって、はじめてきいた声だ。どうして今年はモズが啼か

ないのか、と毎日そう思っていたのに、とうとう元気な彼の声をきいた。やはり秋は、モズの声をきくのにいゝときだ。

西空が見事にあかく焼けている。東空の朝焼の反射によるのだろう。と、突然、大波が押し寄せてくるように、もの凄い音が、東の空から聞えて来た。何だろう。と、ふと空を見上げると、北をさして飛んでゆく、ムクドリの大群である。横に幅広く、帯をつくって、高々と、朝の空をついて飛んで行く。

西空の朝焼の反射色はまだあかい。どこかで太鼓をうっているようだ。鎮守さまの朝詣りの太鼓だったろうか。

3章　獣類化石の研究――シカ（鹿）とゾウ（象）

明石で、直良先生は瀬戸内海産獣類化石という新しい研究対象を見付けた。当時の明石附近は、海岸に臨む崖面の露出した砂質粘土層に多くの化石を包蔵し、海底にも沈潜していたという。銅鐸出土地や砂丘遺跡を追った時も、神戸市の薬師山に円筒棺群を、大歳山に縄文式土器を発掘した折りにも、療養中であることを忘れて没頭したように、先生は化石の採集にも寧日なかったと伝えている。なにしろ、海が荒れれば、波浪が崖を崩して化石が顔を出すし、漁網に掛った化石が引上げられることもあるとなれば、安閑として家に居るわけにはいかなかったのである。後年になって、その頃を回顧した先生は、

明石に落ちついて色々考えているうちに、このあたりには第四紀の洪積層（今から一万〜一〇〇万年前に堆積）の発達が著しいことがわかった。それならば、何かめぼしい化石でも出やしないだろうかと思った。こうして明石周辺の地層をしらみつぶしに実査しているうちに、万葉の昔から印南野原と呼ばれている、明石西方の洪積層が注目されるようになった。ぐあいのよいことには、その南側の小口が海岸に断崖となって露出している。そこで私は、日に一度はこの崖下を東から西へ、西から東へとかならず歩いてみることにした。というのは、明石は西風が強く吹く所である。その風が吹くたびに海が荒れ、

波頭が崖にぶつかると、崖は崩れ落ちていた。崖の崩壊は場所と海のあれ方にもよって、若干の差があった。が、とにかく土砂の崩れ落ちる量は、莫大なものであった。その崩壊土の中には、地層の中に包蔵されていた色々な化石（象や鹿、貝類、それに多くの植物）が、これまた実に多量に放り出されて、砂浜にころがり出ていた。

と伝えている（原稿「明石原人の骨」）。原稿用紙の余白に、鉛筆書きで「五三、四、一二」とあり、一九七八年四月に執筆された原稿であることが知られる。また、「太陽・五三、七、号原稿」ともあるから、雑誌『太陽』へ寄稿したものかと思われる。とすれば、「明石原人発見記」（『太陽』一八三、一九七八年六月）が該当するかと思われるが、いま、同誌のバックナンバーを所持していないので、確認は出来ていない。とにかく、「わずか三〇分くらいの間に、大型のルックザックが、化石でいっぱいになるような収穫は毎度のことであった」というし、「袋に収容しきれなかった象牙の化石二個を、左右の肩でかついで、明石の街中を一寸ずりに這うように歩いて、帰宅したこともあった」らしい（「明石原人の思い出」『続・日本列島のおいたち』一九八一年）。とにかく、膨大な量の化石群を採集出来たことは間違いのない事実であっただろう。この採集行では、時に、深さ一メートルもの潮溜まりに出会し、衣服を脱ぎ、「猿股一つになり」、頭上に掲げて渡ることもあったとは、一九七二年（昭和四七）一〇月の明石に於ける講演での述懐であった。

また、化石の採集者が先生独りというわけではなく、強力なライバルがいて、その人たちとの競争でもあった。

この地域での化石採集が、倉橋氏によってはじめられたのか、それとも私の方が早かったのか、そのへんのことはよくわからない。が、とにかく、象や鹿の化石をたくさん含んでいる地層が海岸にあらわれているので、倉橋さんと私との採集競争がはじまった。……そうしているうちに私はもう一人競争相手をつくってしまった。中八木で瓦焼きをしていた桜井松次郎氏が、崖の上から私のすることをのぞきこんでいたのである。……だから朝もおちおち寝ていられない。だれよりも早めにおき出して現場に行かないと獲物を他の人にさらわれてしまうのである。

などと書き伝えている(「明石原人骨の思い出」『考古学ジャーナル』四四、一九七〇年五月)。ただ、『日本旧石器時代の研究』(一九五四年)では、

当時の明石には、明石女子師範学校に広島高師出身の倉橋一三氏……がおられて、私より一足先きに、明石近在発見の象化石を蒐集されていた。

とも記しているので、あるいは、倉橋がはやく、先生が後から割り込んだのかも知れない。が、いずれにしても、先生は、土地の人びとと競うようにして、獣類や植物化石の採集に励んだことは確かである。やがて、その探索は、明石海岸ばかりでなく、瀬戸内海の島々にも拡張され、四国へも及んだという(同前)。

この瀬戸内海産の獣類化石に関心を抱き始めた頃の先生は、獣類化石の調査・研究の経験をそれほどは持たなかったはずである。が、この新しい研究課題を見付けた先生は、倉橋からチッテルの『Text Book of Palaeontology』(Mammalia)を借用し、一年近くをかけて、本文どころか、挿図のすべてを書き写すことで、獣類化石への知識

明石市中八木の海岸(『日本旧石器時代の研究』)

を深め、作図のテクニックも修得するなど、大変な努力を重ね、急速に獣類化石の研究者として成長していったようである（『学問への情熱』）。一九三二年（昭和七）になれば、高松市のコレクター真屋卯吉の訪問を受けるまでに、研究者としても名を知られていたのである。

シカ（鹿）

（一） 真屋コレクションのシカとゾウ

一九三二年（昭和七）一一月、上京した直良先生が従事した仕事は、早稲田大学に収蔵されていた獣類化石群を整理し、研究することであった。その頃、理工学部の教授であった徳永重康のもとには、先生が、

当時、日本の大学では、これほどたくさんな獣類化石を収蔵している研究室は、早稲田大学以外には類がなかった。外国のある博物館から、ぜひ譲って欲しいという申出があったのを、きのうのことのように、私はおぼえている。

と自負しているように、瀬戸内海産の獣類化石をはじめとする各地の化石群が大量に蒐集されていた（「這入りたての頃」『早稲田大学理工学部資源工学会会報』一三、一九七八年一月）。瀬戸内海産の獣類化石は、真屋のコレクションが中心であったが、徳永も調査のため、明石を訪れたことがあったのである。

先生が、徳永のもとで開設した獣類化石研究室は、赤煉瓦建ての恩賜館の二階に在り、当時としては、最大級の化石群を保有する研究室であった。が、詳細な収蔵品目録を刊行することもなく、第二次世界大戦の戦禍によって焼失したことで、〝幻の研究室〟と化してしまった。いまでは、先生の著作群の記述からその

一端を垣間見るほかには、わずかに残された「早稲田大学所蔵の獣類化石説明」と題したパンフレットによって、その概要を察知し得るばかりである。

そのパンフレットは、A3版の用紙一枚に印刷されたものである。おそらく参観者への配布を目的として作製されたものであろうが、執筆者名も発行年月日も記載がない。ただ、文体や内容などからみて、先生の執筆になることは間違いないと思われる。また、文中に、

一昨年来満蒙学術調査団の仕事として、満蒙の各地より発見したる化石及び旧石器時代人類の遺品を一時保管してゐる……。

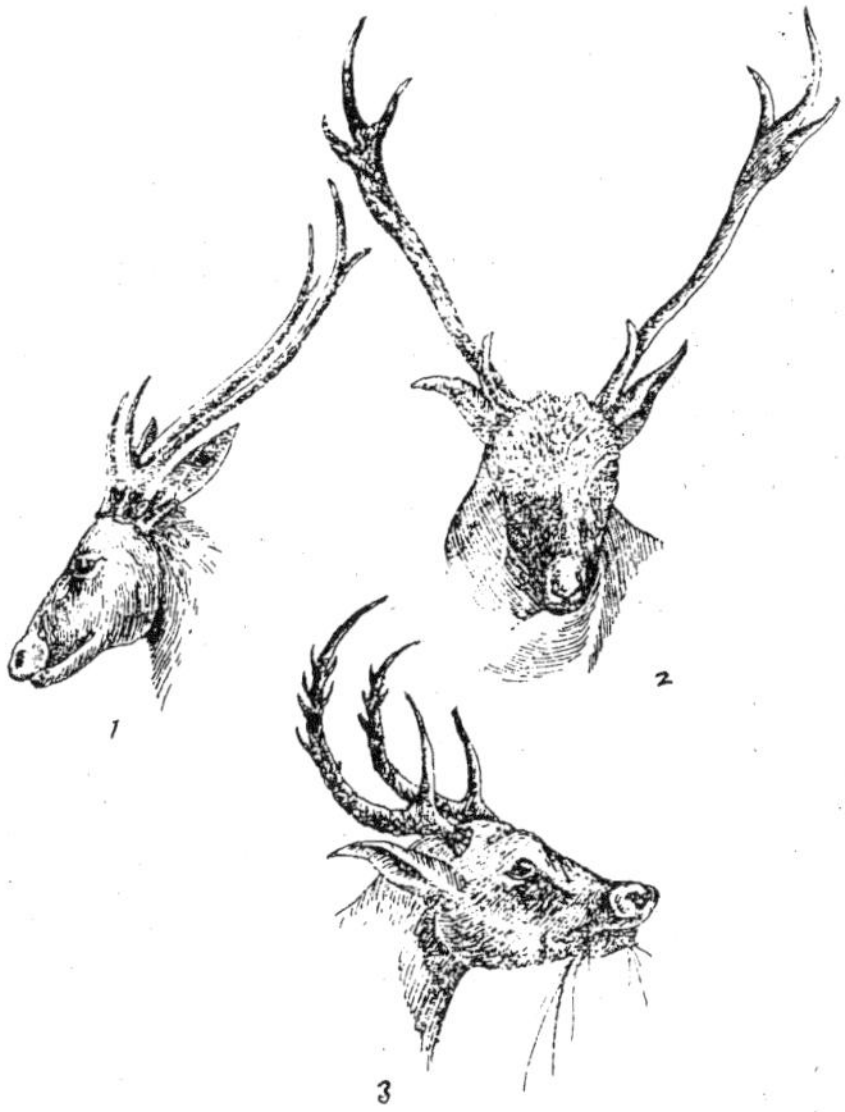

更新世期に棲息したシカの想像復原図
（『日本哺乳動物史』）

とあり、満蒙学術調査団の顧郷屯《クーシャントン》への派遣が一九三三年（昭和八）六月から八月であったことから、一九三五年（昭和一〇）の印行であろうことも推察されるのである。真屋コレクションの研究室への搬入は、一九三五年（昭和一〇）と一九三七年（昭和一二）の五月というから（『日本および東アジアの化石鹿』一九九七年）、一九三五年五月から一二月の間の刊行とすれば齟齬するところはない。

パンフレットの内容は、「はしがき」と「本

大学所蔵の獣類化石」の二項で構成され、「はしがき」では、

其数約一千点、主に高松市の真屋卯吉氏が、過去半世紀に亘つて瀬戸内海を中心として蒐集した（脱字）ものと、徳永教授が三十余年間苦心の長日月を費して集められたものとから成つてゐる。之等の化石は、瀬戸内海産を以て、主要なものとしてゐるとはいへ、実はその産地は広く全日本に亘り、曾見すれば、全日本産獣類化石を一堂にあつめたかの観がある。

と、収蔵品の総量と由来などについて伝えている。真屋コレクションの早稲田大学への寄贈を交渉したのは先生であったというが（「高等工学校時代の思い出」『稲工会報』六六、一九七三年七月）、その量はリンゴ箱に数十杯分（『学問への情熱』）、五〇〇余点をかぞえたようである（『日本哺乳動物史』一九四四年）。徳永も自ら採集して歩いたほか、山口県宇部市宇部興産株式会社沖ノ山炭坑などの企業からも寄贈を受けて、膨大な量の獣類化石を蒐集し得たのであった。

「本大学所蔵の獣類化石」では、冒頭にその種類を記して、

本大学に蔵せられてゐる日本産獣類化石は、その大多数は象の遺骨であつて、それに犀、野牛、数種の鹿、熊、猿、馬、犬、猪、アナグマ、鼠、モグラ、その他を含み、此等は大抵当今世界に絶滅した種類で、極めて珍奇であると共に、学術上の貴重品である。又満洲産の化石に至つては実に多種多様なものを、一堂に網羅してゐる。

とある。「満洲産」の化石というのは、満蒙学術調査団の蒐集品であろう。象の化石が多いのは、真屋コレクションにそれが多かったことにもよるが、その真屋コレクションについて、先生は、

食肉類二種（ニホングマとトラ）、偶蹄類十五種（オオツノ鹿、ニッポンムカシ鹿、ヤマト鹿など）、長鼻類

六種（インシグニス象、シナ象、トウヨウ象、トロゴンテリイ象、ナウマン象、アオモリ象）、その他野獣の四肢骨、脊椎骨などがあった。小さい野獣の遺体がないのは、収集の仕方によるものだろう。

と、別のところで、簡略に説明している（『日本の誕生』一九六〇年）。真屋のコレクションは、一部が国立科学博物館に譲渡され、戦災を免れることが出来たという。各種獣類化石の説明は、象に関する記述が多いが、他の犀や野牛、犬、鹿などにも及んでいる。

（二）　稿本「日本産化石鹿の研究」

直良先生は、獣類化石研究室に勤務することによって、徳永の蔵書や図書館・図書室が架蔵する文献を閲覧する便宜に恵まれ、データの入手なども、明石在住の頃とは雲泥の差を生じたものと思われる。そして、その研鑽の成果が、先ず『日本哺乳動物史』に結実していることはいうまでもない。が、先生は、一般的な読者を対象とした出版であるために、同書には「専門的な記載事項を省略した」といい、詳細なデータや総合的な考察は、別に用意した「日本産化石鹿の研究」や「日本産象化石」などに委ねたようである。ただ、それらは先生の生存中には刊行されず、とくに、後者に至っては、長い間、その行方さえ失っており、先生にとって不幸なことであった。

この化石象についての原稿は、先生との談話のなかでは、単に「象の原稿」とだけいっていたから、私は正確な標題を認識してはいなかった。先生は、この原稿に強い愛着を覚えていたようで、その見当たらないことを、「どっかに行ってしまいましてね」と繰返して歎いていた。そんなことで、一九七三年（昭和四八）一〇月、先生の出雲市への転居に際し、整理・荷造りのお手伝いに伺った私は、常に、原稿の探索を念頭に置いて仕事をしていたのであった。物置を片付けた時、もう、その床が現われる頃になって、私は分厚い原稿の束を見付け、それが問題の「象の原稿」だと直感し、直ちに先生に手渡したことであった。先生が喜ばれたのは当然であったが、時間に追われるままに、私は内容を一瞥することもなかったし、実は、題名も、はっきりとは覚えていない。とにかく「象」の一文字が眼に飛び込んできたから、即座に先生に手渡したのであった。本稿をほぼ脱稿した時点で、迂闊なことに、『直良信夫コレクション目録』(二〇〇八年)の存在を知り、愚息が架蔵していた同書を見る機会を得た。そこに原稿の写真が掲載されており、表紙には「日本産象化石」とあって、さらに、「一、焼失した早大獣類化石研究室標品」など、三項目が併記されているのを確認した。が、この表紙の記載は、私が見付け出した時のおぼろげな印象とは異なっている。

架蔵している「日本産化石鹿の研究」の稿本は、確か、出雲市に転居されてから間もなく、「これは君が持っていて下さい」と手渡されたものである。カーボン紙を用い、複写したものを製本し、背に「日本産化石鹿　I　直良信夫稿」と金箔押しした稿本である。内扉に、

一、この原稿は戦争のさ中にしたためたものである。二部つくり、一部は早大獣類化石研究室に、残余の一部は、上野公園内の国立科学博物館地学部に保存していた。

これらの中、早大保管のものは、戦災によって焼失、国立科学博物館保管のもののみがたすかった。この冊子が即ちそれである。

と、朱書きで追記されている。ほかに、刊行する場合の注意とか、戦後に発見された新種名の化石鹿が未記載であることの理由なども記し、最後に、

四、この原稿に登載してある鹿化石の標本は、その殆んどが、戦災をうけて灰化し、現存していない。

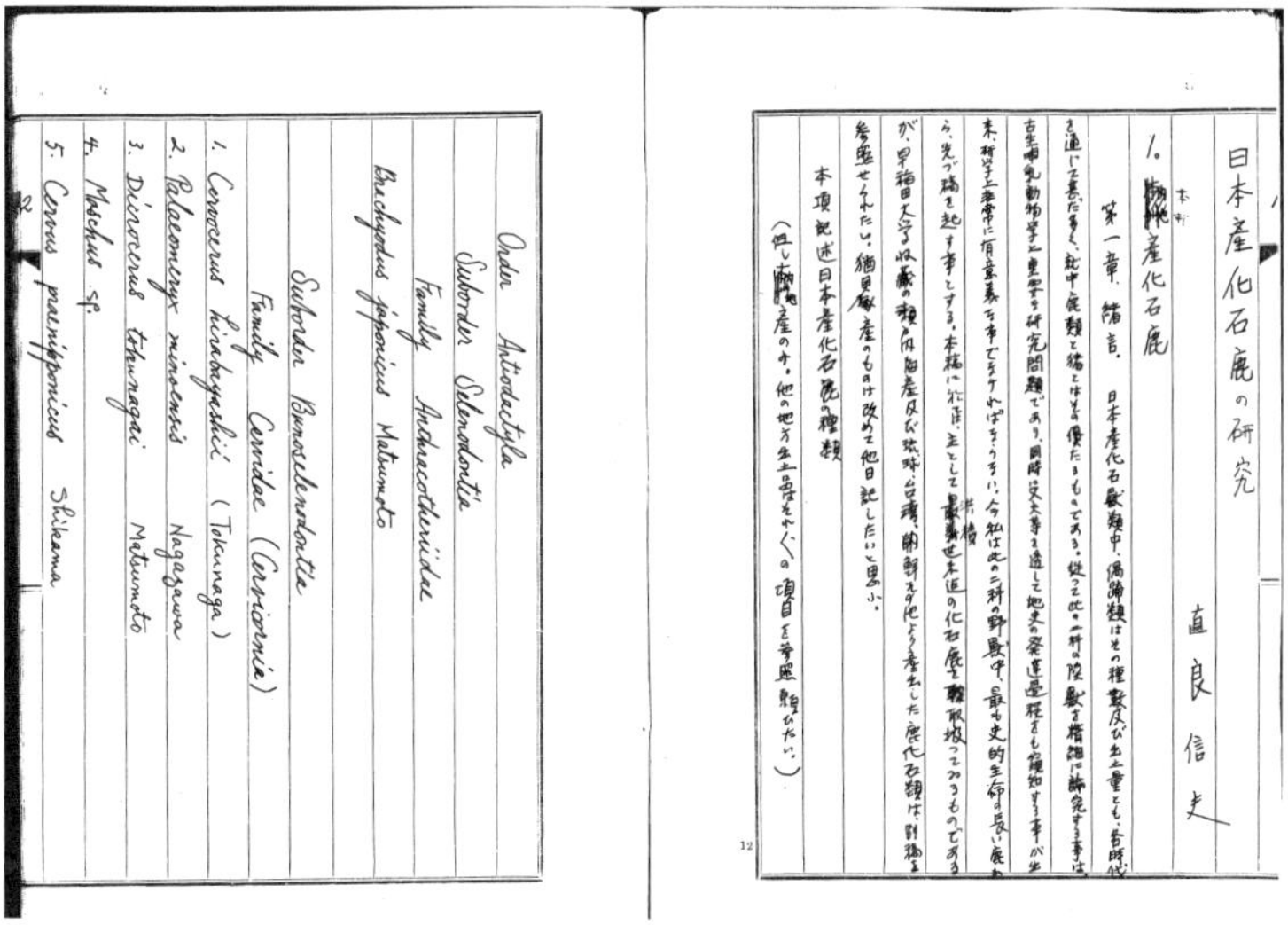

「日本産化石鹿の研究」の書影

したがって、この記録は、重要な意味をもつ資料ということができよう。

とまとめている。この朱書きからも、先生が、この「日本産化石鹿の研究」の刊行を望まれていたことが分かるが、一九九七年（平成九）に、関連論考も収録して、『日本および東アジアの化石鹿』と題して、国立歴史民族博物館の春成秀爾氏によって刊行されたのは、先生にとって、有難く、嬉しいことであると思う。

なお、その「編者言」によると、使用した稿本の「日本化石鹿」は、

　Ｂ４版の薄い罫紙にカーボン紙をはさんで自ら書いた原稿１３３枚を袋綴じにして製本したものであって、本文だけが現存している。

とあるから、現物を確認してはいないものの、私の所持する稿本と内容・仕様とも、同一であるように思われる。遺族から寄贈されたもののとのことで、先生のご記憶とは異なり、稿本は二冊とも遺っていた

かのようである。私の所持する稿本には、標題に「の研究」の三文字が添加されていることや、数個所に朱書きの補訂が加えられているのが異なっているだけのようである。なお、私は先生の遺志を尊重し、稿本「日本産化石鹿」を「日本産化石鹿の研究」と呼んでいる。

(三) 発表されなかった化石研究

化石鹿や化石象などへの直良先生の関心は、明石時代、瀬戸内海産獣類化石の蒐集に腐心していた頃にはずいぶんと昂揚していたはずであるが、その調査の記録を学術的に発表したものはきわめて少ない。満蒙学術調査団の仕事である顧郷屯遺跡の報告を除けば、『日本哺乳動物史』と、化石鹿では、『Deer fossils found in the Inland Sea of Seto』(『早稲田大学理工学部紀要』二六、一九六二年一二月)があり、また、『日本旧石器時代の研究』に於ける化石鹿と化石象に関する断片的な記述が知られるばかりである。その満蒙学術調査団の報告は、徳永重康との共著となっているが、「満洲帝国吉林省顧郷屯第一回発掘物研究報告」(『第一次満蒙学術調査研究団報告』第二部第一編、一九三四年七月)と、「満洲帝国哈爾浜顧郷屯発掘ノ古生物」(『第一次満蒙学術調査研究団報告』第二部第四編、一九三九年三月)である。あの日本旧石器時代の存在を主張した論考「播磨国西八木海岸洪積層中発見の人類遺品」(『人類学雑誌』四六―五・六、一九三一年五・六月)では、「当時の人類と何等かの生活的な交渉を有してゐたであらうと思はれる動植物」の化石について言及していても、獣類化石では象の臼歯や顎骨片、鹿角の小破片の存在を指摘する程度で、古生物学的に詳細ではない。

直良先生は、獣類化石研究室での仕事は、ほとんど学術誌に発表しなかったわけである。わずかに、「Deer fossils found in the Inland Sea of Seto」(瀬戸内海で発見された化石鹿)が関連する論考であるが、それも、戦後一七年も経過しており、しかも幸運にも戦禍を免れた記録を発表したものであった。内容的には、「早稲田大学収蔵瀬戸内海産化石鹿」の「結語」の部分を補訂したものと読むことが出来る。実際には、その「早稲田大学収蔵瀬戸内海産化石鹿」や、「日本産化石鹿の研究」、「琉球・台湾・朝鮮産化石鹿」、「日本産象化石」など、長大な論考を執筆していたのであった。が、それらは印行されることがなかったのである。「日本産象化石」は量的にも多く、図面を加えれば、分厚い一冊の単行本となるほどのものであったと記憶している。ただ、原稿を見付け出した時点で、すでに図版は伴っていなかった。

先生が、獣類化石研究室で得た知見を、順次、学術誌に発表するという方法を採らなかった理由について、私は聞き質すことがなかった。が、いまは、先生に確固とした考えがあってのことではなかったかと推量している。「私は、毎月、どこかに自分の名前が出ていないと、勉強を怠っているのではと不安になったものですよ」と、暗に私の不勉強を警《いまし》めた先生には、十分に発表の意欲はあったはずである。それをしなかったのは、獣類化石研究室での仕事は、徳永の指導のもとに、一括して上梓すべきであるとの信念を持っていたからではないかと推察しているのである。当時の早稲田大学理工学部にも、まったく発表機関がなかったというわけではない。すでに、一九二三年（大正一二）四月に、『早稲田大学理工学部紀要』が創刊されており、その第一号は徳永の「常磐炭田ニ就キテ」を内容としていた。一九四〇年（昭和一五）二月の徳永の急逝後は、先生の立場では遠慮が生じたのかも知れないが、徳永の生前（在職中）ならば、寄稿は可能であったと思うのである。また、「日本産化石鹿の研究」（「早稲田大学収蔵瀬戸内海産化石鹿」、「琉球・台湾・朝鮮産化石鹿」などを含む）や「日本産象化石」のように大部な稿本・原稿が残されているのは、先生が、収蔵資料の悉皆的な調査報告書の作製を目論んでいた結果と私は理解しているのである。

それにしても、先生の獣類化石研究室での研究は、『日本哺乳動物史』以下、未発表原稿であった「日本産化石鹿の研究」など、一九四〇年（昭和一五）頃の仕事であった。「日本産象化石」にしても、私はその執筆時期を知らないが、東京・江古田のお宅で、既に行方を失ってから久しかったわけで、ずいぶんと早い時期の仕事であったことに間違いない。おそらく、徳永の突然の逝去と一九四五年（昭和二〇）前後の社会的混乱のなかで、出版の機会を失ってしまったのであろう。

古生物学界に於いても、この五、六〇年間に於ける資料の蓄積と研究の進展は著しいものがあったことは確かである。そのことは、一例として、長野県信濃町の野尻湖に於ける数次に及ぶ大規模な発掘調査例をあげれば十分であろう（井尻正二監修『野尻湖の発掘』一九七五年）。従って、先生の原稿も、もう戦災によって失われてしまった化石群の記録というほどの意味しか持ち得ないことになってしまったのかも知れない。そのことは、化石鹿についての解説、大塚裕之氏「日本産の化石鹿」（『日本および東アジアの化石鹿』）を読んでも痛感させられるところである。刊行されなかった先生の原稿は、学問の発展に寄与することが出来なかったわけで、学界の損失であったばかりでなく、先生にとっては喩《たと》えようのない悲しみであっただろうと推察される。が、この事実も、直良信夫という一人の研究者の生涯を考えた場合には、やはり無視出来ないことであると思うし、その仕事を再確認しておくことも、あながち意味のないことでもなかろうと私は考えているのである。

（四）　オオツノジカ（巨角鹿）への関心

化石鹿および鹿遺存体などに関する直良先生の論文は、『日本および東アジアの化石鹿』に既発表・未発表の別なく懇切に集成されており、ほとんど遺漏はないかのようである。が、私の手元にも、二・三の未発表と思われる原稿が遺されているし、「早稲田大学所蔵の獣類化石説明」は未発表原稿ではないが、そこにもシカについての記述がある。『日本および東アジアの化石鹿』には転載されていないので、シカに関する部分を先ず提示しておこうと思う。

大形獣類に交つて、熊、オオカミよりも大きい歯をもつた犬等が昔し《ママ》日本に棲息して居り、鹿には今日我々の見る事の出来ないやうな、特異な角をもつたものがゐた。勿論、日本鹿がその主要なものであつた事はたしかであるが、その他では、ヨーロッパやシベリヤの一部で発見せられる、巨角鹿も発見せられる。つまり此の事実は、印度、南洋方面から、象がやつて来たと同じ方法で、之は又途を変へて、満洲方面から流れ込んだ事を示してゐる。しかし、此の種の獣類は、どちらかといへば好寒性のものであるから、……熱帯系の獣類とは、別個なある時代にのみ棲息してゐたと見る可きものだらう。

……北の日本が、北辺大陸のどこかで続いてゐた事は考へられるが、果してそれが、どこの辺であつたかは、尚残された問題となつてゐる。ベーリング海峡は昔し《ママ》はアラスカとシベリヤを、つないだ陸橋であつた。此の陸橋を渡つて、シベリヤのマムモスがアラスカに渡り、アメリカの牛や鹿が、シベリヤや日本に来たのかも知れない。

と、ニホンジカのほかに、「巨角鹿」の棲息したことも指摘している。

「巨角鹿」とはオオツノジカのことであるが、手元に保管している原稿に、「瀬戸内海底産 *Sinomegaceroides* の下顎骨」〔未発表原稿Ⅱ〕と題した一篇がある。『日本および東アジアの化石鹿』所収の「第一一五号標品」（二〇八頁）に関連する原稿である。同書写真図版一三「瀬戸内海産のオオツノジカ化石３」

を反対側から撮影した実大の写真一葉を提示し、と、写真に添えた簡略な解説である。「早稲田大学収蔵瀬戸内海産化石鹿」の記録は、各部の観察結果や計測値を提示して詳細であるが、この記事は写真図版の解説の範囲に尽きるようである。

戦前では、化石オオツノジカの出土例はあまり多くはなかったようで、『日本哺乳動物史』（「日本哺乳動物化石〈亞化石も含む〉出土地名表」）では、

オオツノジカの一種

①瀬戸内海小槌島北東沖

②栃木県安蘇郡葛生町宮本町大叶吉沢丁場

③山口県美弥郡秋芳村秋芳洞内

瀬戸内海底産 *Sinomegaceroides* の下顎骨 〔未発表原稿Ⅱ〕

昭和二〇年五月二五日の東京が空襲された際、標本室の焼失と共に失われた資料の中に、瀬戸内海底から採集された *Sinomegaceroides* の左側下顎骨片があった。P_4 M_1 M_2を残植している見事な標品だった。下顎骨体が太く臼歯の咬耗は進展していて、M_1 M_2の頰及び舌側葉境には、顕著な補足錐が発達していた。実物は既に失われたが、写真がみつかったので、ここに載示しておく。

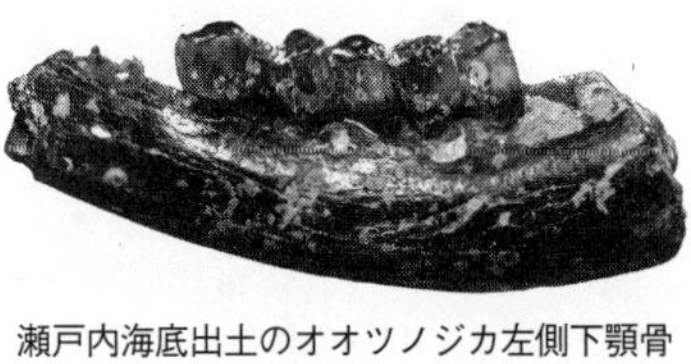

瀬戸内海底出土のオオツノジカ左側下顎骨

ヤベオオツノジカ

④栃木県安蘇郡葛生町大久保裂罅

の四個所が報告されているだけである。稿本「日本産化石鹿の研究」では、

②栃木県安蘇郡葛生町大叶吉沢石灰工業所第三採石場洞窟

③山口県美弥郡秋芳村秋芳洞

①香川県香川郡小槌島海底

⑤瀬戸内海海底

と四個所の資料が報告されている。③秋芳洞採集の資料のみを *Megaceros* sp. と区別し、他はニッポンオオツノジカ *Megaceros nipponicus* Naora sp. nov. として、「早稲田大学収蔵瀬戸内海産化石鹿」緒言では「新称」と註記されている。そのニッポンオオツノジカの特徴として、

この鹿は、豪壮な角相をもっていたらしく考えられるのであるが、特に、下顎骨体が大きくして、著しく腫脹している点に関心がもたれる。

と指摘している。栃木県葛生の大叶吉沢石灰採石場出土の下顎骨の特徴は、「既往発表せられている *Megaceros* 属の下顎骨のいずれのものとも相違している」とし、さらに、

Megaceros 属は西欧からユーラシアにかけての北辺に分布していた寒性の巨鹿である。本鹿がわが国にまで分布していたということは、先に述べた *Alces* とともに、古生哺乳動物分布上はなはだ注意すべきことである。

ともいっている。『日本哺乳動物史』でオオツノジカの一種とヤベオオツノジカに区分しているのは、一九三九

年（昭和一四）に鹿間時夫によって、栃木県葛生町の標品を標識資料としたヤベオオツノジカ *Sinomegaceros yabei* の命名があったことに斟酌したものであろう。先生の命名した *Megaceros Nipponicus* Naora sp. nov. ニッポンオオツノジカは、一九三五年の段階で、明らかに、その存在を指摘しており、稿本「早稲田大学収蔵瀬戸内海蒐集鹿化石目録」に、「第一輯　二五九六・六・一八、稿」とあるのを勘案すると、一九三六年（昭和一一）に成立していた可能性を認め得るのである。鹿間の命名以前の起稿であったからこそ、「新称」と註記したのであろうが、論考の発表が大幅に遅れたことから、学名としては効力をもたないことになってしまった。大塚氏の指摘（「日本産の化石鹿」）を受けるまでもなく、ニッポンオオツノジカが学名として成立しなかったことは先生も充分に認識しており、前掲「瀬戸内海で発見された化石鹿」では、*Megaceros yabei* Shikama ヤベオオツノジカに統一しているのである。

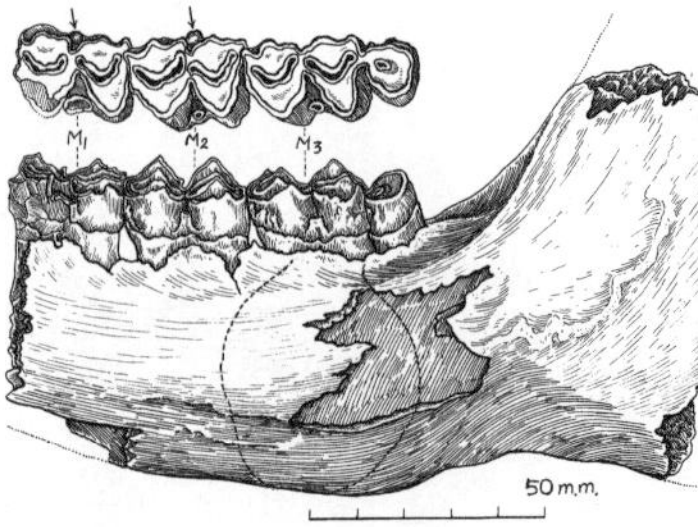

青森県尻屋崎洞窟出土のオオツノジカ左側下顎骨
（〔未発表原稿Ⅲ〕に添付された測図）

なお、香川県の小槌島沖出土で、東京科学博物館収蔵の二点の左側下顎骨については、はやく記録が作成されていたようで、『日本および東アジアの化石鹿』に、「瀬戸内海発見のオオツノジカ化石」の仮題で未発表原稿二編が収録され、さらに、「千葉県長浜発見のオオツノジカ化石」（仮題）も収載されている。が、少し後になれば、先生は青森県尻屋崎の日鉄鉱業尻屋崎採石場や岩手県花泉町（「花泉の遺跡発掘」『動物文学』一四〇、一九五九年三月）からも遺骸が出土したことを知っていた。未発表原稿「青森県尻屋崎日鉄鉱業株式会社尻屋崎採石場発掘の獣骨」に添えた「青森県尻屋崎洞窟産出獣歯」に、カモシカ・キツネ・オオカミ・褐色クマ・タヌキな

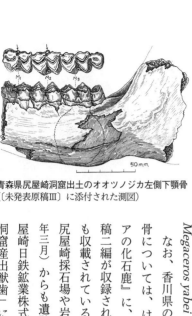

どどともに、オオツノジカの左側下顎第三後臼歯の測図を伝えている。その測図は『狩猟』に掲載された。別に、「尻屋崎洞窟発掘 *Sinomegaceroides* の左側下顎骨片」〔未発表原稿Ⅲ〕という短報があって、そこには、下顎骨片の測図（72頁参照）が添付され、

> **尻屋崎洞窟発掘 *Sinomegaceroides* の左側下顎骨片**〔未発表原稿Ⅲ〕
> 枝骨と下顎骨体はM_1から前方を失っている。M_1とM_2の舌側葉境に、顕著な補足錐（結節）が発達しているのがよく認められる。本土北辺の *Sinomegaceroides* の遺体として、貴重視すべき資料ということができよう。

と、簡略な説明がほどこされている。

ややくどくなるが、先生が、オオツノジカに強い関心を持っていたことは確かである。古生物学的な面では、

俗に、オオツノジカといわれているもののなかには、いくつかの種類がある。ことに、日本産のものには、鹿間時夫博士によって、シノメガケロスの属名があてられている。が、この鹿は、元来が北欧から極東へと移ってきた大形の寒系の動物である。したがって、ヨーロッパ産のメガケロスが東に移るにしたがって、角構えを変え、そのため北東アジア地域で、シノメガケロス属として取扱われるようになったといっても、けっして不当ではない。しかし、大きな眼でみると、属をわけなければならないほど、大きく変っているともいえないような気がする。地域差や個体差を考えのなかにいれる

と、なおさらその感が深い。時代も洪積世の初めから、最後の時期まで棲息していたことが考えられる。メガケロスといわれているもののなかには、そうでないものもあるように私には思われる。

と、鹿間のヤベオオツノジカ *Sinomegaceros yabei* を認めながらも、より精緻な研究の必要なことを指摘している（『狩猟』一九六八年）。さらに、人類との関係では、

オオツノジカは、今までのところ、正しく原人の遺骸とともに発掘した例はない。が、栃木県葛生町吉沢石灰工業株式会社の採石場の洞窟からは、骨片だけでなく、角片にも、明瞭に加工痕（刃物の刃跡）をたくさんとどめているものが出土している。……

こうしてみると、人骨の出土はなかったが、この第十一号採石場の洞窟では、そこに住んでいた古人類たちによって、オオツノジカ類が、ある時期に採捕され、その遺骸が生活用具に利用されていたことを知ることができよう。

と記して、葛生の石灰採石場での古人骨の発見に期待を寄せていたのである（同前）。

（五）　島根県のオオツノジカ

私の手元に、島根県下で出土したオオツノジカの右側大腿骨に関する原稿がある。出雲市へ転居されて間もない頃に執筆した、四〇〇字詰め原稿用紙六枚ほどのものである。が、図面を伴っていない。一九七六年（昭和五一）五月、小野忠熈氏から人を介して届けられた資料ということで、出土地の詳細も不明である。直良先生は、瀬戸内海産の化石群のなかにそれを検出し、顧郷屯遺跡や潼関鎮《どうかんちん》遺跡でも発掘したことなどから、はやくから、オオツノジカには強い関心を寄せていたが、もっとも新しい時期のオオツノジカに関する記述

であるかと思うので、多少繁雑になるが、次に全文を転載する。

オオツノジカ *Sinomegaceroides* の右側大腿骨〔未発表原稿Ⅳ〕

この資料は、昭和五一年一月一七日、島根大学に講義にこられた小野忠熈博士（山口大学教授）が、松江在住の恩田清氏に委託されて、私に届けてくださったものである。現在大転子の上半部を欠失、その他では内外上髁、膝蓋面縁などに少し破損部が存するだけで、全体としてはよく保存されている。化石化の状態もかなり進展しており、全体にチョコレート色を呈し、諸所に泥性の藍鉄鑛 Vivianite と水酸化鉄の因着が認められる。尚骨の網状組織の一部や骨面の窪みや神経孔などに微量の泥土がつまっている。おそらく埋没していた土地の母岩の一部の残留ではないかと思う。又本資料には骨体の上下両端部に少許青苔がはえていた痕跡が存する。発掘後若干地上に放置されていたことを伝えているのかもしれない。

骨体はやや長大なものであって、骨体が前方に向って彎曲する度合は左程顕著ではない。骨体の前面には、そのほぼ真中より少しく外側によった部分が（ほぼ縦に正中線位置）稜立する傾向をもち、これが下方に至るにしたがって、とがり方の鋭さを増している。大腿骨々頭は前後径×上下径四九・〇×四二・〇大のものであって球状をなし、大腿骨頭窩は長径一五・〇、短径一一・〇ほどの楕円窩である。浅く皿状に窪んでいる。大腿骨々頸は短かく転子間線は上辺において著しく発達、大転子はかなり強く上出していたようである。第三転子？は直径約二一・〇ほどの円形をなし心もち高まっている程度である。骨体はその前面ほぼ中央縦に稜が存するために中央位置での横断面形はまるみのつよい三角形様を呈している。後側面では転子窩ははなはだ深く（四〇・〇＋）広く窪み、小転子は鈍頭だがよく突出、恥骨筋線の走行はきわめて鈍い。臀筋の発達はやや著名、粗線もまたかなり強く稜状を呈して下走している。Planum Popliteum は浅い窪みをつくり、髁間線はやや強く稜立、髁間窩はかなり著明に窩状をなしている。内外上髁面には少許の破損部が存するので正しく原状を追求することはできないが、元来さほど強く突出していたものではなさそうである。膝蓋面は狭長で深く（縁から約八・〇＋窪んでいる）滑車上窩はさほど深く窪んではいない。尚この資料では膕筋窩の深みがやや顕著である。

現大腿骨長（大転子上端〈上辺少欠〉―大腿骨下端部）　三八三・〇±

〃　（大腿骨口頭―大腿骨下端部）　三六六・〇

大腿骨上端前後径（大転子部少欠）×内外径（大転子部少欠）　五三・〇×一一八・〇＋

骨体中央位（細小位置）前後径×内外径　四三・五×三六・五

大腿骨下端部前後径×内外径（内外髁部少欠）　一二四・〇×九五・五

重量一kg

この資料は骨面に水磨作用の著明さが認められないので、遠くから水流によって搬送されてきたものとは考えられない。埋没した地層は泥土底の部分であって、水質は水酸化鉄分に富んだ淡水であり、この水域は頻海性で泥性藍鉄鑛の生成し易い所であった。水深は少なくとも数メートル以上はあったものであろう。

骨は各関節部の縫合線がよく癒着しているので成獣であることが認められる。大きさは大きい方であり、筋肉の着痕がはなはだ強固であるところからすると♂の遺体とみるのがよい。

オオツノジカは、洪積世を代表する大型の鹿であって、洪積世全体を通じて、ユーラシア大陸の各地に分布し、各時代を経て、各地にいろいろな種類が棲息していた。ことに東部アジアでは古くは北京猿人と生活上の深関をもち、周口店の洞窟内には、この人類によって捕獲されたものの残骸が、化石として沢山発掘されている。今から五─一〇万年前のものと考えられる中国東北部の顧郷屯（クーシャントン）遺跡にもその遺骸の出土が多く、洪積世末期（約一万年前）の旧北朝鮮潼関鎮遺跡、シベリアの各地からもかなりの数量の化石がみつかっている。

日本では、これまでに、ヤベオオツノジカが栃木県安蘇郡葛生町の石灰洞と群馬県富岡市上黒岩（江戸時代に発掘、現在同所の蛇宮神社に雨乞用の神宝として収蔵されている立派な標品）、それから瀬戸内海底、山口県秋芳洞、野尻湖底、長野県吐中などから発見されている。

元来が寒冷気候を好み、若干小群を形ちづくって生活する習性が存するが、日本での遺体の発見個体数はそれほど多いという程ではない。

島根県では今回の発見が最初であるように思われるが、中国山地では二年前、帝釈峡の石灰岩地帯からその遺骸の破片が出土しているということである。将来中国地方からもっと沢山出土する可能性があるように考えられる。

残念ながら肢骨では、オオツノジカの遺体であることは判明しても、生物としての正しい種名は出てこない。少なくとも、頭骨標品がほしいものである。日本産としては、今日のところ、鹿間博士命名のヤベオオツノジカ *Sinomegaceroides yabei* だけがよく知られているオオツノジカであるが、調査が進めば種類はもっと増加することだろう。したがって現状では、オオツノジカの一種 *Sinomegaceroides* sp. として取扱い、今後第一級資料の検出に努力したいものと思考する。

種名が判然としないと、棲息していた時期も明瞭ではない。が、オオツノジカが既に洪積世の絶滅獣であることを思うと、化石骨であって、どんなに少なく見つもっても、今を去る一万年以前の陸獣であることに相違ない。

かりに、今から一―五万年前に生存していたものであったとすると、その頃は後期の旧石器時代に属し、現生人類の直系の祖先たちが活躍していた時期に相当するので、後期旧石器時代の人類とその文化を研究するものにとっては、十二分の関心がもてる獣類だということができよう。

そのような意味からして、この資料の出土地を中心として、今後いろいろな角度からさらに細査することの必要性が是認されることになろう。

(六) 日本にも棲息したカロク (花鹿)

『日本哺乳動物史』に、台湾左鎮庄《サチンショウ》で採集されたというカロク(花鹿)の下顎骨と瀬戸内海採集のカロクの図面が掲載されているが(八八頁・一二一頁)、それらは『日本および東アジアの化石鹿』で、台南州新化郡左鎮庄菜療《サイリョウ》出土の左側下顎骨(図三三)や瀬戸内海産右側下顎骨(図一六)と報告されている資料に該当する。戦前に採集された資料は、いま図面で残るものが少なく、貴重な事例である。『日本哺乳動物史』執筆時点では、カロクは台湾にのみ棲息するが、更新世に遡ると、我国にも分布していたことが化石の出土によって知られているとして、瀬戸内海採集の資料を紹介したが、別に、栃木県葛生町の築地裂罅や瀬戸内海備讃海峡でも出土したことを指摘している。いま、私の手許に、「栃木県安蘇郡葛生町大叶吉沢石灰

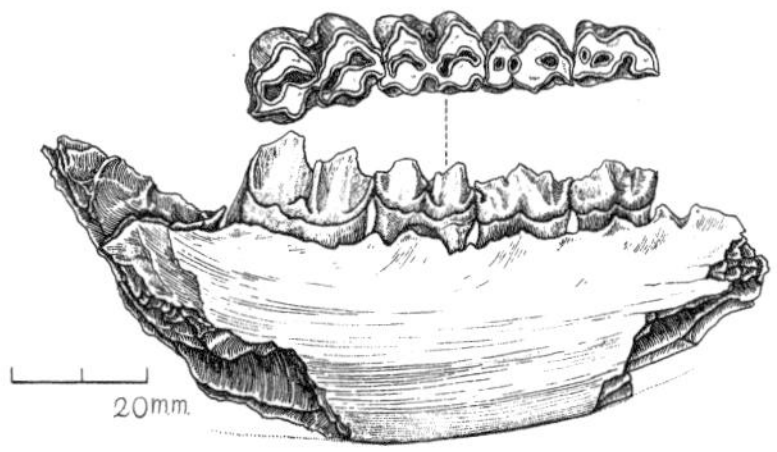

瀬戸内海底出土の花鹿？の下顎骨

工業株式会社大叶工場採石場第八丁場裂罅出土のクワロク *Cervs Taiouanus* Biyth の化石」と「瀬戸内海底出土の花鹿？の下顎骨」の二編の未発表原稿が保存されている。前者の記録は詳細であるが図面を伴っていない。後者には、幸いに戦禍を免れた測図を伴い、また、『日本哺乳動物史』提示の資料とは異なったものであるので、次に紹介しておきたいと思う。

瀬戸内海底出土の花鹿？の下顎骨〔未発表原稿V〕

与嶋発見。左側の下顎骨片。現在P_3―P_4、M_1―M_2を残植。臼歯の咬耗はかなり進んでいるので、立派な成獣遺体とみるべきである。資料は空襲を受けて焼失した。標品のもつ特徴は後臼歯（M_1、M_2）の舌側葉境に補足錐が存することである。この補足錐はごく稀に、ニホンジカにも存することがあるが、それらはいつの場合でも痕跡的である。はっきりと明瞭に存するのは台湾産の花鹿である。資料は焼失したが、戦前図を作っておいたのが、空襲の厄をまぬがれて残存していたので、ここに掲出することにした。

ゾウ（象）

（一）出版されなかった「日本産象化石」

「日本産象化石」の原稿は未刊であるから、直良先生の化石象への理解を探るとすれば、関連する文献を

東洋象の想像復原図（『日本哺乳動物史』）

博く捜さざるを得ない。が、化石象について書かれた先生の仕事も意外と少ない。『日本哺乳動物史』のほかには、わずかに、「早稲田大学所蔵の獣類化石説明」や「象」（『民族文化』三、一九四〇年六月）、「大昔の日本は象の安息地であつた」（『日本産獣類雑話』）、「祖山発掘の象の歯化石」（『越飛文化』）などに簡略な記述を見るばかりである。『日本旧石器時代の研究』での記述はかなり多いが、そこには古生物学的な専門的記述はほとんど見ることが出来ない。先生は、たくさんの化石象を実見しており、ナウマン象だけでも「千頭に近い数の遺骨を見た」というほどであったが（『日本哺乳動物史』）、その観察の結果を文献として詳述したものはない。「日本産象化石」にそのすべてを集約したものであろうか。

『日本哺乳動物史』に於ける化石象の記載は豊富である。「地質時代に於ける陸棲哺乳動物の史的発達」の項では、我国に於ける象の発達史を概観し、費やした紙数もかなりの量に達している。また、東洋象やナウマン象、マンモスなどの復原図が添えられているが、二本角の有毛犀やホクチ野牛（*Bison occidentalis* Lucas）の図面とともに見事である。先生は、

> 日本に、いつ頃から象が棲息するやうになつたかといへば、下部中新世の頃からである。此の時代の象は、マストドン科のものであつて、……日本産のマストドン科の獣類は、三属四種が知られてゐる。……岐阜県可児郡上之郷村番上洞と、同郡平牧村の平牧層からはヘミマストドン・アムネクテンスの臼歯が出た。……

と始めて、ほかに、トリロホドン・センダイクス、トリロホドン・パレインデクス、ペンタロホドンの一種などの出土を伝えている。少々余談になるが、上之郷村のマストドンを報告したのは佐藤伝蔵ということであるが（亀井節夫『日本に象がいたころ』一九六七年）、その佐藤は、別稿でも紹介したように、青年期に、帝国大学理科大学人類学教室の助手として、坪井正五郎のもとで考古学研究に従事し、山崎直方とともに、地質学の知識を考古学の世界に導入した研究者であった（「考古学への寄り道―地質学者佐藤伝蔵の青年期―」『新世紀の考古学　大塚初重先生喜寿記念論文集』二〇〇三年）。

次の鮮新世は、我国の「陸上は象の世界であつた」といい、この時代のゾウをステゴドンと呼んで、中新生のマストドンの仲間と後の時代の真正象との中間型を示す東洋特産のゾウ、このゾウの進化型であるパラステゴドンと、パレレハス及びパレオロックソドンの四属であるとし、それぞれについて詳説している。ステゴドン象は五種ほどが知られ、三重県河芸郡明村（現河芸郡芸濃町）出土のステゴドン・エレフアントイデスの下顎骨は、「現生アジア象の同年齢のものに比して……遙かに大形」で、「体軀が如何に偉大なものであつたか」、「一種の戦慄に似た恐怖を感ぜずにはゐられない」ほどのものであるという。そして、パレオロックソドンは「元来が第四紀のものなのだが、実際は少数のものが此の頃から、日本のあちこちに分布してゐたやうに思はれる」といい、富山県東砺波郡平村五箇山祖山から出土したトクナガ象（パレオロックソドン・トクナガイ）がその一例であるとした。もっとも、この祖山出土の化石象については、後になって、前記「祖山発掘の象の歯化石」によって、松本彦七郎の第三紀鮮新世末に属するという理解を排し、更新世期のナウマン象に含まれると訂正している。

その第四紀の更新世では、もっとも馴染みの深いものは東洋象（ステゴドン・オリエンタリス）で、第三紀の終り頃に出現し、更新世の初め頃にいっそう広く分布したものであるという。この時点では、我国のほかには、中国の四川省や甘粛省、雲南省と福建省で出土例があるばかりだとしている。東洋象のほかには、シナ象、インシグニス象、パラステゴドン、アカシ象、ナウマン象、マンモス象〈パレレハス・プロトマンモンテウス〉などを挙げている。

また、「日本産化石哺乳動物〈陸棲〉」や「瀬戸内海と哺乳動物化石」、「獣類化石の産地」〈日本哺乳動物化石〈亞化石も含む〉出土地名表〉などを「補遺」として掲載し、獣類化石とその出土地を全国的に総覧している。先生が「獣類化石の産地」で列記した化石象の出土地は、北海道から沖縄県まで、一都一府一道二六県で一〇二個所以上に及んでいる。「以上」というのは、ナウマン象の如きは、瀬戸内海の各地で採集され、判然としないところがあるからである。先生は、その瀬戸内海に於けるナウマン象の出土地として、小豆島など一八個所以上を列記し、備讃海峡での出土も記載している。その出土量は、「臼歯化石のみでもその数、千余に及ぶ」という。さらに、「瀬戸内海と哺乳動物化石」では、「瀬戸内海と獣類化石との関係が、どういふ状態に置かれてゐるか」察知するために、真屋卯吉の蒐集品について、その採集地点と採集状況を記録したものである。その結果は、

瀬戸内海に於ても、その中央地域である、瀬戸内海国立公園地帯の海底からの産出が、一番多いのであるが、その他にあつては、東方では、鳴門海峡から、明石の瀬戸にかけてが注意され、西方にあつては、周防灘までに及んでゐる。

といい、採集された化石象は、インシグニス象、シナ象、東洋象、アカシ象、タキカハ象、トロゴンテリイ象、ナウマン象などの種類があり、

偶蹄類にあつては、鹿科と牛科のものが多く、その他にあつては長鼻類が大半を占めてゐる。特に後者の中に於ても、真正象類が、絶対的に優位をもつてゐることは、深く注意しなければならない点だらう。言葉を換へてみれば、瀬戸内海地域は、真正象の安楽地であつた、といふ事が出来るのである。しかも、その殆ど凡てが、南亜系統のナウマン象であつたことは、驚異に値することでなければならない。

と指摘している。全国的にみれば、ナウマン象（四〇個所）に次いで、東洋象（一〇個所）やパレレハス・プロツキシマス（ムカシマンモス）（八個所）、トロゴンテリイ象（七個所＋一個所?）、ブスクインド象（六個所）、アカシ象（五個所）などの検出が眼に付くところである。

（二）　ゾウに関する研鑽の過程

「早稲田大学所蔵の獣類化石説明」は、一九三五年（昭和一〇）の刊行と思われるから、『日本哺乳動物史』よりは九年も前に執筆されたものである。獣類化石研究室の参観者用の解説資料であると思われ、内容は必ずしも学術的というわけにはいかないが、それなりに委曲を尽くした解説である。

日本産の象化石には、之を分類してみると少なくとも十数種以上に分けられるが、その多くは、熱帯系に属するものであつて、好寒性のものとしては、まだ知られてゐない。

という。後に訂正されるが、この一九三五年の段階では、未だ、マンモスの国内での出土を認識していなかったのである。その分、獣類化石研究室には、「満洲で発掘せられた真正のマンモスの立派な顎や牙が蔵せられてゐるから、御高覧願へれば幸甚である」といっている。

そして、我国に於けるゾウの進化変遷は、第三紀の中新世に、マストドンと呼ばれる古型の象類が出現し、次の鮮新世になるとステゴドンに変り、第四紀更新世ではナルバダ象が登場し、その終りから完新世に入る頃までは、インド象が棲息したと日本に於けるゾウの変遷を概観した。ナルバダ象とはナウマン象のことであるが、

此の象は、ヨーロッパ一円に群棲してゐた古象（アンチクウス）と酷似したものであつて、古い時代に或る一つの出発点から、東と西に分路して地理的に発達した象と思はれるものである。今日此の種の象は、日本の西南、長崎附近から、遠くは青森秋田及び北日本の一部にまで発見せられる。

と、後記する『日本旧石器時代の研究』にも見える所見が記載されている。この最後のゾウの残裔が、現在インドやスマトラに棲息しているインド象であろうという。

また、ゾウ渡来の経路については、

地理的に見て、北支那とは象化石についてはあまり連絡を保つてゐず、僅かに、南支那にその一脈がつながつてゐる。之は、フヰリッピン群島を経て、ジヤバに発見せられる象に似た象が、瀬戸内海沿岸の各所から見出される事実と共に、興味ある点である。

と考想している。『日本哺乳動物史』の要約的な記事であるが、ということは、すでに一九三五年（昭和一〇）の段階で、化石象についての直良先生の研究がかなり進展していたことを意味するように思われるのである。

「象」も専門的論考ではないが、

日本では、中新世に象は出現し、鮮新世に入つて印度から、日本にかけては全く亜細亜独特の象の国をつくり、最新世になると、何故か種類こそは少なかつたが、その産量は第一位を占るに至つた。

と指摘し、その理由は、地理的に日本がアジアの東縁にあり、多雨多湿でゾウの好む草木に富んでいたこと、鮮新世には、南方に於いて、大陸から切離されたか、島状に近くなり、ゾウは天然の柵飼いの状態となって、存分に繁殖し得たのではないかと推量したのであった。

「大昔の日本は象の安息地であつた」も、ゾウの歴史を概観した論考であって、『日本哺乳動物史』の記載に近い内容を備えている。「早稲田大学所蔵の獣類化石説明」の刊行が一九三五年、「大昔の日本は象の安息地であつた」の印行が一九四一年、『日本哺乳動物史』の出版が一九四四年と、それぞれ六年ないしは三年の時間的隔たりがあるわけで、この間に於ける先生の不断の研鑽の成果が盛込まれていることはいうまでもない。その一例を挙げると、「早稲田大学所蔵の獣類化石説明」での先生は、「好寒性のものとしては、まだ知られてゐない」としたマンモスについて、「大昔の日本は象の安息地であつた」では、

最後のある寒い時期には、マムモスがシベリヤ地方から樺太へ渡つて来たやうな形跡があり、槇山博士は北海道へもその姿がみられたと報じてゐる。

と訂正し、また、そこでは、中新世のマストドン科の獣類を二属二種（ブノロホドン、ペンタロホドン）と記録していたのを、『日本哺乳動物史』では、三属四種（ヘミマストドン・アムネクテンス、トリロホドン・センダイクス、トリロホドン・パレインデクス、ペンタロホドン）と補訂しているのである。

（三）　重視すべきナウマン象

『日本旧石器時代の研究』では、「瀬戸内海の化石床」の〈瀬戸内海及びその近域地方に於ける洪積世象化石産地〉を一六個所を図示し、その種類は、インシグニス象、シナ象、トウヨウ象、アカシ象、タキカハ

象、トロゴンテリイ象、ナウマン象、アオモリ象の八種であるとしている。『日本哺乳動物史』には記載のなかったアオモリ象が加えられている。ステゴドン・エレファントイデスなどは、「日本旧石器時代研究のためには如何なる地点を調査すべきか」の項に言及されている。また、「日本洪積世の自然環境」では、かなり雄弁に化石象について語っている。化石象の種類とその産出地が列記されているが、種類は、前記の瀬戸内海および附近出土の八種に、カガ象、スギヤマ象、カントウ象、ムカシマンモス、トクナガ象、マンモス象、旧象の一種、ブスクインド象を加えた一六種であるという。ただ、旧象の一種とされているものは、「おそらくナウマン象の臼歯だろう」と註記されているので、それをナウマン象とすれば一五種となる。『日本哺乳動物史』と較べて、中新世の長鼻類に属するヘミマストドンやトリロホドン、ステゴドン象などを除けば、記載順のインシグニス象以下では、アルキヂスコドン・プラニフロンスが見えないが、そのほかは一致している。このアルキヂスコドン・プラニフロンスは、「学者によつて、その見方が必ずしも一致してゐるわけではない」ということで、意図的に省いたものであろう。その各種の産出地数を比較してみると、両者の間に多少の増減がある。『日本哺乳動物史』に対し、『日本旧石器時代の研究』で産出地数を減らしているのはバレレハス・ブロッキシマス（ムカシマンモス）である。八産出地から一産出地へと大幅な減少であるが、その減じた理由は、千葉県君津郡秋元村（現君津市）の「東日笠階産をはじめ約七個所から産出しているが、すべて鮮新世後期の産として取扱われている。若干疑問とすべき点があるが、しばらく後考を俟つことにしよう」とあるように、直良先生が慎重な態度を採って削除した結果である。トウヨウ象、アカシ象、ナウマン象の三種で増加しており、なかでも、ナウマン象の場合は、瀬戸内海地域の産出地以外で、四〇産出地から四六産出地と増加している。瀬戸内海地域では増減はなく、ともに一八産出地が挙げられている。トウヨウ象で二産出地、アカシ象で一産出地のプラスである。が、詳細に検討すると、ナウマン象の場合、単純に六産出地が加増されたわけではなく、『日本哺乳動物史』の新潟県中魚沼郡橘村四十歩（現中魚沼郡川西町）が抹消されて、七産出地が追補されているのである。新潟県例が消去された理由は分明ではないが、新たに追加された七産出地のうち四個所が栃木県安蘇郡葛生町の石灰岩採石場である。山菅山野井採石場例は松本彦七郎の報告によるが、他の産出地は、戦後に、先生が関わったものである。

とにかく、直良先生は「下部洪積世の動物群中、私たちの最も重要視している旧象はナウマン象である」というが、その化石骨の出土地と出土量は他に抽んでて多く、産出地は北海道から九州・長崎県まで六四個所に及んでいるのである。瀬戸内海地域だけでも、

終戦前に採集せられた臼歯の数だけでも、千余個あった。これに牙や部分骨の出土物を合すると萬余を算することになろう。

というほどであった。大量の資料を実見・調査した先生は、

邦産ナウマン象、インド産ナルバタ象、欧州産アンチクウス象は何れも兄弟関係の位置にあって、……この三種の象は、大きな見地からして一種として差支えがないのである。おそらくこの象の故郷は南方アジア（ことにインド近郊）

ナウマン象（上）とマンモス（下）の想像復原図（『日本哺乳動物史』）

からアフリカの一部の地方にかけての熱帯地ではなかったかと思うのであるが、それが下部洪積世の初頭にあたって、一つは西北行してヨーロッパに移ってアンチクウス象となり、他は東北行して日本に渡り、ナウマン象となったものである。したがってこの象は暖系の巨獣としての典型的な存在と認めなければならない。日本に於ける分布をみると、九州にはじまって本州を北上し、その一部は当時本州と地続きであった北海道え《（ママ）》も渡って行ったことが知られている。しかし化石を出土率から判断すると、最も多棲していた地域は東では南関東地区、西方では瀬戸内海一円であったように思われる。

と指摘している。引用文中の「下部洪積世」は、現在では前期更新世というべきであろうが、そのナウマン象（進化型）の生存がもっとも盛大であったのは中期更新世の初期頃までで、以後は衰退の一途を辿り、その中頃になると衰滅してしまい、後期更新世になって、ナウマン象の一族であるアオモリ象が本州に広く分布していたという。中期更新世の終り頃には、暖系の獣類に代わって寒系の獣類が多く出現したが、その自然環境のなかで、ナウマン象の後裔であるアオモリ象が棲息したことは、「余程の理由がなければならない」し、また、ナウマン象は「遺体の出土率からして、他の何れよりも日本が最優位を占めている点は十分認識に価することでなければならない」とも主張している。

が、この「生態学的には、あくまでも熱帯獣」であり、中期更新世の中頃には衰滅してしまったとするナウマン象についての先生の理解は、現在では、かなり大幅に訂正されなければならないかのようである。

一九六七年（昭和四二）に、亀井節夫は

戦後における日本の第四紀の研究の結果は、ナウマン象の日本にいた時代は、これまで考えられていたよりはずっとあたらしい時代らしく、また、山岳氷河の遺跡や植物化石によって示されるかなり寒冷気候のもとで生活していたらしいことをあきらかにしてきた。

と記しているが（『日本に象がいたころ』）、その有力な根拠の一つが野尻湖の発掘調査の結果であった。一九六二年（昭和三七）の第一次調査以来、ナウマン象やオオツノジカの化石の出土があり、とくに、一九七三年（昭和四八）の第五次調査では、〝月と星〟と通称されるナウマン象の牙とオオツノジカの掌状角が同層準で検出されて、その同時代性が確認されたのである。しかも、ナウマン象の出土した同層準からサイドスクレイパーが検出され、ナウマン象とオオツノジカ、人類の共存が把握されたのは特筆すべきことであった。化石に伴出した木片の放射性炭素による年代測定の結果は、一万六一五〇±五二〇年B・P（深さ四〇センチ）、二万一六〇〇年±九〇〇年B・P（深さ六一センチ）と、二万年前後の数値が計測されているのであって、ナウマン象の棲息年代も更新世末期にまで引下げられたのであった（『野尻湖の発掘』）。

先生が、この野尻湖の発掘調査に強い関心を寄せていたことは、発掘調査を報じた『信濃毎日』（一九六四年三月三〇日）や『読売新聞』（同年四月二日）の記事が切抜かれ、「Palaeontology」（一九六二・Aug. 一九六四）と標記されたノートに添付されていることでも確かである。なによりも、『学問への情熱』のなかで、

野尻湖畔の五十六年度の発掘調査では、三万五千年前のものだという、ナウマン象の四肢骨を打ち欠いてつくった掻器（スクレイパー）が発見されたということである。古生物学者だけではなく、考古学者も、日本の骨角器文化にもっと眼をひらいてもらいたいものだと、つくづく思う。

といっていることで証明されると思う。が、もう、先生がナウマン象や骨角器について言及することはなかった。

4章　葛生の洞窟と花泉の化石床――葛生原人と骨器文化の提唱

葛生の洞窟――消えた葛生原人

(一)　明石海岸から葛生洞窟へ

獣類化石研究室の頃に、直良先生が執筆したシカやゾウ、瀬戸内海産の獣類化石についての原稿は、発表の機会もないまま、不遇のうちに永い歳月を経過してしまった。先生が、戦前に蒐集した資料や作製した記録は、戦禍によってほとんど失われてしまったというが、それを悔やみながらも、先生の獣類化石に対する研究心は衰えることがなく、戦後も、栃木県安蘇郡葛生町（現佐野市葛生町）や埼玉県の秩父地方の洞窟・裂罅などでの化石探索へと継続したのであった。私の知る範囲でも、一九五五年（昭和三〇）前後には、清水辰二郎・中沢保・小林茂・金子浩昌・杉山荘平さんたちを伴って、洞窟・岩陰の発掘を試みていたことが確かである。とにかく、先生にとっては、葛生の石灰岩洞窟や裂罅は、福岡県北九州市門司区の松ヶ枝恒見のそれとともに、もっとも関心を惹かれる遺跡であったようである。はやく、『日本産獣類雑話』（一九四一年）

栃木県葛生の石灰岩地帯（『日本旧石器時代の研究』）

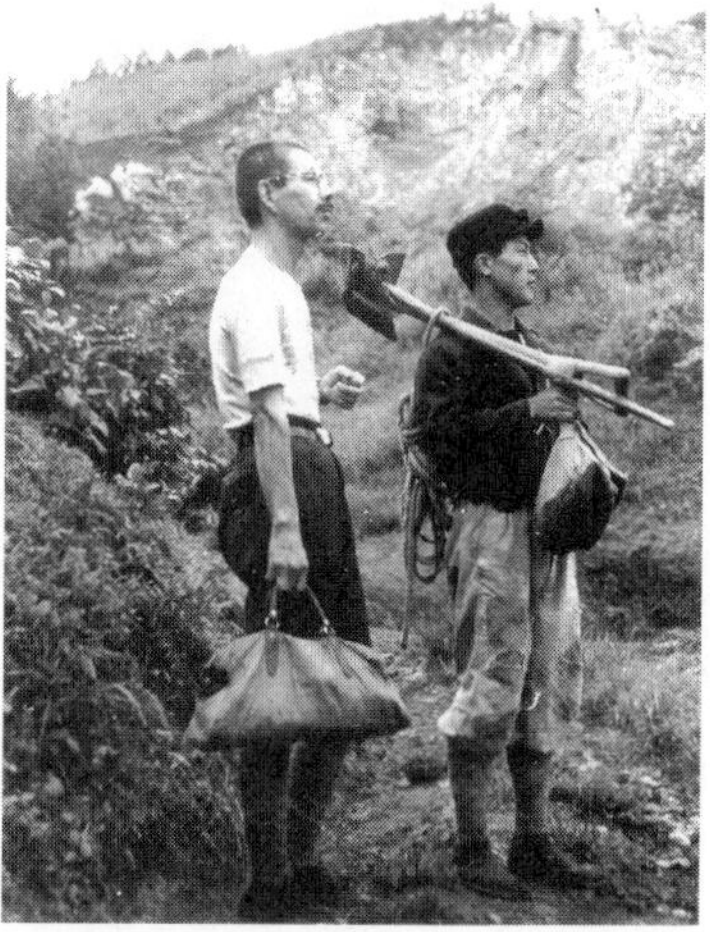

葛生の石灰岩地帯の調査・清水辰二郎と（佐藤光俊氏『語りつぐ直良信夫』）

のなかでも、

当時（下部最新世期……引用者註）の獣類は、その遺骸を石灰山の洞窟や裂隙等の中に止めてゐるのであつて、当時の湖沼からはあまり出さないのである。その最も代表的な遺跡は、西方では福岡県企救郡松ヶ枝村恒見地方の石灰岩洞窟と裂隙、東方では栃木県安蘇郡一帯の石灰岩洞窟が最も有名なものであり、湖沼跡としては明石市の西方に発達してゐる青色の泥板岩層がそれである。

と記述していた。同じ頃、葛生の大叶の石灰岩採取場の遠景写真に添えたキャプションにも、「旧石器研究上重要視す可き所である」と強調したのである（「日本の最新世と人類発達史」『ミネルヴァ』一－四、一九三六年五月）。一九三二年（昭和七）、明石から上京した先生にとって、葛生が大量の研究資料を提供してくれる貴重なフィールドであったことは確かであり、明石市西八木の海岸に向けられていた探索の努力が、新たに葛生の石灰岩地帯に傾注されることになったわけである。

一九三一年（昭和六）四月、兵庫県明石市の西八木海岸の崩壊した砂質粘土層中から採集された人類腰骨は、一時、Nipponanthropus akashiensis（ニッポナントロプス・アカシエンシス）と呼ばれたこともあったが、学界の正当な検証を受けることもなく、一九四五年（昭和二〇）五月の東京大空襲によって焼失してしまった。この人類腰骨をめぐっては、先生への不当な誹謗・中傷ばかりが姦しかったようである。

が、そんなことも、先生の強い探求心を挫くことにはならず、化石人骨の探索は以前にも増して実践されたのであった。先生の葛生地方の洞窟遺跡の踏査は、はやく、一九二三年（大正一二）の姫路・明石転居以前にも行われたかのようであるが、それは「ひょっとすると獣骨にまじって人骨も出ているのではないかしら……」といった程度の軽い気持ちであったといっている。が、私の確認し得た限りでは、一九三二年（昭和七）一一月が最初の葛生行きであったと思われる。その後は、古生物学者鹿間時夫と競うようにして探訪を繰り返したという（『学問への情熱』）。とくに、安蘇郡赤見町の出流《いずる》ヶ原《はら》洞窟は、一九四四年（昭和一九）までの一三年間、毎月一度は出掛けるといった熱の入れようであったと伝えている。電車を利用し、片道三時間ほどの行程であった。結果として、多くの化石群を採集出来たが、他の洞窟採集の資料も含め、戦禍は記録とともにほとんどを灰化してしまった。先生は、その報告のなかでも、

私の手もとに集った洞窟堆積層出土の化石骨はこの地のものが一番量的に多かった。……ただ残念なことには、私の収集した資料の一切は記録と共に戦災を受けて灰燼に帰した。

と書残し（『日本旧石器時代の研究』）、「失った戦前の資料の補填はどうすることもできず、今さらのように失った物への愛惜が胸をつまらせる」と歎息しているのである（『日本および東アジア発見の馬歯・馬骨』一九七〇年）。

従って、戦前採集の資料の詳細な記録はほとんど伝えられず、『日本旧石器時代の研究』でも、わずかに、先生が「旧石器様」（ないしはエオリス様）とした石片を含むチャートの角礫群と、トウヨウゾウ（鹿間・直良）ないしアカシゾウ（高井冬二）の左側下顎第二後臼歯の出土を紹介し、鹿間の仕事によりながら、採集された化石群の一覧を提示している程度である。とにかく、葛生地方の諸洞窟・裂罅の場合、戦前に先生が調査した成果は、『日本旧石器時代の研究』にはほとんど盛込まれず、一九五〇年（昭和二五）から五二年（昭和二七）の三か年の調査にかかるものを主体として叙述されているばかりである。四四年（昭和一九）の段階で、先生が葛生で確認した獣類化石の種類は、アヅマモグラ以下四三種に及んでいることが知られるが（「日本哺乳動物化石〈亜化石を含む〉出土地名表」『日本哺乳動物史』一九四四年）、資料・記録の焼失によって、それらに言及することはきわめてまれであった。

が、戦前に執筆された「日本産化石鹿の研究」には、葛生採集のジャコウジカ・ニッポンムカシジカ・ヤマトジカ・ニッポンジカ・カロク・シカの一種・ニッポンオオツノジカなどについての詳細な報告があり、そのオオツノジカやシカの一種（おそらくニッポンムカシジカ）の下顎骨の測図が、『日本哺乳動物史』に掲載されている。また、同書には、ヒグマの牙化石の測図も収載され、大叶の石灰山の遠景や洞窟、さらにトウヨウゾウの右側下顎第一後臼歯の写真なども掲載されている。私の手許にある「戦禍によって焼失したアナグマの遺骸」（未発表原稿）は、文面は新しいものであるが、測図には「(二五九六・一〇・一四）木下氏標本」とあるから、一九三六年（昭和一一）の作図であることが分かる貴重な資料である。

（二）　葛生産化石への言及

戦後、一九五〇年（昭和二五）頃からの葛生への探査は、清水辰二郎の報告に触発される部分が大きかったらしい。この辺りのことを、直良先生は、

栃木県安蘇郡田沼町上多田の奥まったところに、南に口をあけているタカノス沢洞窟がある。昭和二十四年の春、早稲田の大学生であった清水辰二郎氏が、卒業論文作成用の資料蒐集で、この地域の石灰山を踏査しているときに発見したものである。

…………

私と清水氏は、その後、この洞窟内の堆積層を、数度にわたって調査した。

と伝えている（『日本の誕生』一九六〇年）。

一九五〇年（昭和二五）六月、国立科学博物館の化石採集会に講師として参加した先生は、吉沢石灰工業株式会社の大叶第一〇丁場第一号洞窟から出土した化石群を譲渡され、そのなかに、人類遺骸と判断した肢骨片を認め、歓喜したのであった。その時の喜びを、

葛生町に足しげく通っていた私は、昭和二十五年（一九五〇）六月二十五日、ちょうど朝鮮戦争が勃発したその日に、この町で第二の化石人骨にめぐり会った。

よみがえったかに見えた「明石原人」が、さまざまな学者によってさまざまに否定された翌年のことである。

と感慨を込めて書き残している（『学問への情熱』）。

こうした経緯、とくに化石人骨と思われる資料の出土があって、先生の葛生地方の洞窟や岩陰への関心

は昂揚し、以後、葛生町の洞窟への踏査・研究が執拗に繰返されるようになったのである。とくに、その一九五〇年には、六月一〇日から一二月二四日まで、断続的ではあろうが調査を続け、タカノス沢洞窟では、化石群に混じて、二個の加工痕のある骨片を採集することに成功したと報じているのである（「栃木県安蘇郡葛生町洞窟」『日本考古学年報』三、一九五五年四月）。いま、先生の著作・文献目録を辿ると、日本考古学協会で発表を繰り返し（「葛生洞窟とタカノス沢洞窟」『日本考古学協会研究発表要旨』七、一九五一年四月、「葛生前河原洞窟」『日本考古学協会研究発表要旨』八、一〇月）、『人類学雑誌』（「栃木県葛生発見洪積世人類の遺骸」六三―二、一九五二年二月）や『考古学雑誌』（「葛生前河原洞窟と同所出土の人類化石骨」三八―二、一九五二年四月）、『古代』（「栃木県葛生会沢の一遺跡」七・八、一九五二年一〇月）などの学術誌への寄稿が続けられたのであった。『科学朝日』（「日本で洪積世人骨を発見」一〇―一二、一九五〇年一二月）にも、速報的な紹介がある。第一一回総会の「研究発表要旨」では、吉沢第十一号採石場洞窟で、人骨の発見こそなかったにしても、「少量ではあったが、人類の加工跡と認定された骨角片が出土している」ことを報告し、「明瞭な石器」の検出に期待を寄せたのであった（「葛生吉沢第十一号採石場洞窟」『日本考古学協会第十一回総会研究発表要旨』一九五三年四月）。

『古代』に発表された論考は、鉄製鋤頭の出土によって、古墳時代後期と判断された裂罅内の出土物を紹介した内容であったが、他に発表した文献の多くは出土人骨に関するものであり、獣類化石などの古生物学的な報告は顕著ではなかった。私の知る範囲では、『日本古代農業発達史』（一九五六年）に、その会沢宮田石灰工業株式会社採石場裂罅出土の大形オオカミ（シベリヤオオカミ）の頭骨及び左側下顎骨、前上顎骨と下顎骨破片の測図、家犬の左側下顎骨などの測図が提示されているが、その説明は『古代』に発表した論考を多く出るものではなかった。また、同じ裂罅内で出土した貝類（七種）・爬虫類（一種）・両棲類（四種）・鳥類（二種）・哺乳類（一四種）の合計二八種の遺存体を列挙したものを『古代』収載の論考と較べると、貝類（軟体動物）で七種を増補し、哺乳類にニホンジカ一種を追補しているのが新しい指摘である。なお、『古代人の生活と環境』（一九六五年）の巻末に、「弥生式文化期――古墳時代（須恵文化期）の動物群」と題した一覧表が掲載され、そこにも同裂罅からの出土遺存体が提示されているが、そこで示されているものは、『日本古代農業発達史』記載のものとは多少の出入りがある。一々対比するのは繁雑であるから省略するが、なによりも、哺乳類でイヌの抜けていることは疑問である。

この雑誌『古代』と『日本古代農業発達史』に紹介されたオオカミの遺存体については、『日本産狼の研究』（一九六五年）に採り上げられて、ここでは詳細な説明が施され、『日本古代農業発達史』の刊行以後に検出された資料、左側上顎骨や上膊骨、薦骨なども追補されている。さらに、「北関東地方の化石オオカミ」の項では、大叶吉沢石灰工業株式会社大叶工場第二採石場洞窟出土の上・下顎骨片ほかの資料の報告があり、「結論」では、更新世から縄文期にかけてのオオカミの特徴を概説して懇切である。また、『古代』・『日本古代農業発達史』と繰り返して紹介していた宮田石灰工業会沢採石場の裂罅内出土動物遺存体に、ここでも言及しているが、合計二八種とし、総計では差違はないとしても、内容的には、鳥類でヤマドリが加えられ、哺乳類でニッポンザルを欠いているなど、わずかではあるが出入りが認められる。『日本および東アジア発見の馬歯・馬骨』（一九七〇年）には、山菅清水石灰工業株式会社採石場裂罅で、清水辰二郎が採集したウマの右側下顎第四前臼歯（縄文期？）や左側前膊骨（江戸期？）などの報告が収録されているが、ほかに詳細な報告は見当たらない。先生は、たくさんの葛生採集の化石群を実見しており、その記録を作製していたはずである。『日本および東アジアの化石鹿』（一九九七年）に、「栃木県葛生町大叶発見の鹿化石」と題した未発表原稿が採録されており、「日本産アナグマ―その遺存体と生態―」（『動物考古学』一三、一九九九年一一月）にも大叶第二採石場出土の頭骨などが取り扱われている。私の手許にも、前掲「戦禍によって焼失したアナグマの遺骸」ほか、サルの下顎骨やムカシニホンジカなど数篇の短報が保管されているから間違いはないであろう。が、なぜか、この葛生での戦後の採集品でも、詳細を発表することが少なかったようである。

（三） 消えた「葛生原人」

その「栃木県葛生発見洪積世人類の遺骸」で、*Homo? Tokunagai*（葛生原人）を提唱した直良先生は、譲渡された大叶工場採石場の第一〇丁場第一洞窟で採集された化石骨、右側上腕骨下端部破片と左側上腕骨骨体中央部破片を参考に、別に採集された左側大腿骨下端関節部破片を模式標本としての提言であった。もっとも、右側上腕骨破片については、

肘頭窩の様相と筋痕降下の強い点に疑問をもって、*Ursus* の幼体ではあるまいかとも考えたのであるが、その後の調査によって本化石骨は所詮 *Primates* の上膊骨以外に該当するものはなく、……かくて *Homo* を含めての *Primates* の骨骼について調査した結果、この化石骨を *Homo* もしくはそれに近い属以外のものに嵌当《かんとう》することの出来ないのを知った。

と記載しているように、多少の疑問点を残しての提言であったのである。左側大腿骨片についても、当初は「ネコ属 *Felis* のものの大腿骨破片ではあるまいか」と疑っていたらしいが、結局、「この形態のものとしては霊長類以外にはないこととなり」、現生の類人猿やその他の猿、さらには人類の大腿骨とも比較して、「極めてマカカ様の脚をした人類の大腿骨片と認めなければならないだろう」と結論したのであった。

対象とした化石骨に、「クマの幼体のものではないか」とか「ネコ属 *Felis* のもの」ではあるまいかというー抹の不安もあったらしいが、上膊骨を実見した清野謙次の保証もあり、『人類学雑誌』などへの発表となったものである。

清野は、この化石骨について、

　昭和二十五年六月三十日に私は早稲田大学に直良信夫氏を訪うたところが、同氏から第二の発見を示された。……五日前（六月二十五日）出土した上膊骨下部の一断片である。……時代は多分中部洪積世（ことによると下部洪積世）だという。

　手掌に載せて、先ず重いのが気に入つた。これは新石器時代人骨に無い重さである。洪積層人骨を手に取つた経験のある人には感ぜられる重さである。……これはよさそうだと私の第六感がいつた。

　精検して淡い失望が生じた。それはこの一片が未成年者の右側上膊骨だからである。この上膊骨下端部は現存部の長さ約九糎で、三角筋粗隆部が見られない大さである。既知の如く上膊骨の遠位骨端には四個の化骨柱があるが、この例では四個共に消失して骨体と融合していないから年齢一七歳以下であろう。……

などと書残している（『人類の起源』一九五〇年）。

また、明石市出土の人類腰骨を中期最世人類の遺体と認めた長谷部言人も、

　長さ約一〇センチの、やや薄弱な右上膊骨の下部破片で・体・肘頭窩など稀有の奇形を呈してはいるが、人骨以外のものでありえない。この奇形は、早期脱臼後の異常運動機構によって生じた特殊な変化と推定され、このために健常な同名骨と比較して、時代を推考することが、不可能である。そのうえ、

化石獣骨の伴出関係は不明で、中期または後期最新世のいずれにあたるかも明確でない。と、問題点を指摘しながらも、更新世の人類遺体とする肯定的な理解を示していたのであった（「日本人の祖先」『図説 日本文化史大系 一』一九六五年）。

が、出土資料が増加し、古人骨の研究も進展した一九八四年（昭和五九）になると、「これには疑問が多い」とされるが、それでも、先生が慎重な検討の末に、「*Homo* もしくはそれに近い属以外のものに嵌当することの出来ない」とした右側上腕骨破片に、埴原和郎は「消去法で、いろいろの可能性を消していけば、ギガントピテクスの一派」と理解出来る可能性もあると指摘したのであった（『日本人の起源』一九八四年）。

学問の発展は非情なもので、現時点では、葛生出土の人骨を更新世のものとする先生の理解は完全に否定されてしまった。資料群のフッ素年代測定による結果では、新旧二つのグループに分類され、古いグループに属する一群は獣・鳥？ 類化石であるが、その新しいグループに位置する人骨二点の放射性炭素の年代測定では、いずれも一五世紀前後のものと判定されたのであった（近藤恵・松浦秀次「日本列島の「旧石器時代人骨」―古人骨の年代推定とその信頼性―」『生物の科学 遺伝』六一―二、二〇〇七年三月）。先生が一抹の不安を感じていた右側上腕骨も、熊の幼体のものと判定され、「この同定結果が今後覆されるということはもはや考えられない」と断言されているのである（春成秀爾「解説」『日本旧石器人の探究』一九八五年）。肝心な葛生原人の模式標本とした左大腿骨下端部破片も、小型のトラであろうとされた。こうして葛生原人も幻の存在となってしまったが、学問とは、こうした旧説を真摯に検証し、誤りがあればそれを正し、その上に新説を提示していくべきものであるから、葛生人骨の処遇には、先生も納得していることと私は思っている。

（四）　葛生の化石館

葛生の自然地形の成立ちと環境について、直良先生は、

栃木県安蘇郡葛生町一帯には、古生代の石灰岩の発達がいちじるしい。現在では、大きく馬蹄形を呈して西南方に口を開いている。が、もとは環礁として、熱帯圏の海に浮かんでいた珊瑚礁であった。長い年代のあいだに石灰岩化して、石灰岩の岩山になり、ここに洞窟や岩蔭が生ずるようになったのは、第三紀の終りから、第四紀の洪積世の初めにかけての頃であった。当時、この地方にはステゴドンやパレオロックソドンなどの象が群をつくって生活していた。象ほど数は多くはなかったが、サイもまた、この地の顔役の一員であった。このようにして、海岸近くの北関東の低山地帯には、アフリカのジャングルを思わせるような環境がひらけていた。

と記している（『狩猟』）。私が、その葛生に化石館を訪ねたのは、一昨年（二〇一四年）七月二九日のことであった。いまでは、葛生町は佐野市と合併したから、化石館の正式な名称は佐野市葛生化石館と呼ばれている。が、私には佐野市葛生より安蘇郡葛生町のほうが親しみ易い。葛生は、戦前戦後、先生が足繁く通い詰め、たくさんの化石骨を採集するなかで、一九五〇年（昭和二五）に、ようやく人類の遺骸を発見し、やがて更新世の人類としての葛生原人説を提唱した土地であったから、たとえ原人説が否定されてしまっても、一度は訪ねてみたいと思い続けていた場所であった。出雲のお宅での談話でも、葛生は何度か耳にした地名である。暑い最中であったが、意を決しての訪問であった。

葛生原人説が発表された一九五二年（昭和二七）二月では、田舎町の中学二年生であった私には、葛生原人などまったく遠い存在で、それを知る由もなかった。が、大学入学後の間もない時期に、神田の古書店で、

「葛生前河原洞窟と同所出土の人類化石骨」の載った『考古学雑誌』(三八―二、一九五二年八月)を購入した記憶があるから、高校生時代に明石原人を学び、葛生原人の存在も知ったのかと思う。考古学には無関心であった私も、少しだけではあったが、〈原人〉ということで興味をもったのであろう。『人類学雑誌』に掲載された原稿は拝見しなかったが、その「葛生前河原洞窟と同所出土の人類化石骨」は、学史的に貴重な資料になるだろうと思い、乞うて頂戴したことであった。

化石館へは、数日前に電話で連絡をしておいたが、学芸員さんばかりか、元町長の立川氏まで待っていて下さったのは、懐かしく大変に嬉しいことであった。立川氏が我家を訪れて下さったのは、葛生原人が否定される少し前であったから、一昔を超える以前のこととなるだろう。

もう一つの懸案だった足尾銅山跡にも立寄ったから、鬼怒川と鹿沼に宿泊し、鹿沼からは二九三号線を南下して葛生に至った。途中、日光例幣使街道を通ったが、杉並木が続き、涼しく静かで、時折眼にする山百合の花が美しかった。葛生に近づくにつれて、ダンプカーの往来が激しくなり、採石場が活発に稼働しているのであろうことが感じられた。山は削られ、路面も白っぽく汚れているところが眼に付き、盛業中の採石場の街らしい印象が強かった。前々日の足尾銅山が廃坑であったので、ことさらにダンプの動きが気になったのかも知れない。街に入る辺りで、道端に、「原人まつり」の立て看板を見たように思うが、後から来るダンプに追われて、停車し、確認することは出来なかった。原人説が否定された後も、商工会の人びとによって、「原人まつり」は継続しているらしかった。

化石館は、旧文化会館の一部を利用したということで、標本が室内を埋め尽くしているように見えた。立川氏から、将来、新装して開館したいという話などを伺い、また、学芸員の奥村さんからは、葛生原人に関する研究のコピーなどを頂戴した。新装・開館時には、鹿間と先生の記念室も構想されているらしく、いまも、葛生では先生が大切に思われていると実感したことであった。

二時間ほどもお邪魔してしまった。その間、「人骨の展示もしてあるから、ご覧になりますか」とお誘いを受けたが、残念ながら、私は拝見する気持ちにはなれなかった。入口から、部屋いっぱいに展示された標本を眺めるだけで充分であった。人骨など私の理解のほかということ以上に、結果的には報われなかった先生の努力の痕跡を、先生の長逝後三〇年、まだ直視する気持ちになれなかったのである。学問は冷徹でなければならないとは充分に承知していながらも、私には甘いところがあるらしい。ふたたび化石館を訪れることが出来たなら、その折りには、じっくりと拝見したいと思っている。

（五）　葛生産の化石

明石原人も、そして葛生原人も、学問的には承認を得ることはなかったが、洞窟や岩陰遺跡に包蔵されていた獣類化石などの調査報告は、学問の進展によって、補訂を必要とする部分があるとしても、いまも、基礎的な資料として、十分にその価値を主張し得るだろうと私は考えている。戦後、葛生の洞窟や裂罅で採集された獣類や鳥類、爬虫類や両棲類などの化石群は、『日本旧石器時代の研究』に総括的に紹介されているが、化石オオカミを除くと、古生物学的な記録として報告されたものはほとんどない。『直良信夫コレクション目録』を検索しても、「栃木県タカノス沢洞窟出土のイタチ頭骨」（№五四）と「栃木県安蘇郡野上町清水石灰工業株式会社採石場出土顎骨」（№二八〇）のほかには、見るべきものはない。ただ、『日本および東アジアの化石鹿』には、「栃木県葛生町大叶発見の鹿化石」の標題で、ニッポンムカシジカ・ジャコウジカ・カロクについての三篇の報告が掲載されているから、直良先生が何篇かの関係する報告文を作製していたことは間違いない。私の手元にも、ニッポンムカシジカやサルなど数篇のレポートが存在することは前記した。しかし、執拗な調査を繰返したほどには、先生の執筆した報告は少ないようである。なにが先生の執筆を滞らせたのであろうか。

一九五五年（昭和三〇）に、清水辰二郎と中沢保は『栃木県葛生地方 遺化石出土遺蹟集録』を刊行したが、同書に「序」を寄せた先生は、

葛生地方の石灰山は、北京原人……のいがいを出土したことでしられている、（中国）華北周口店の石灰山と、いろいろな点で非常によくにていて、地質学、古生物学、古人類学、考古学上では、重要な研究場所である。

といい、標題も「葛生は学問の道場として大切な所である」として、古生物学の研究上、葛生が極めて重要な土地であることを強調している。

清水と中沢は、その一月時点で、葛生地方に於ける洞窟及び裂罅の悉皆的調査の結果を整理し、洞窟・列罅五二個所を一覧化し、各洞窟・裂罅に於ける化石出土の有無、出土化石の種類などを逐一記録している。その仕事のなかで、先生が強く関心を寄せたニッポンムカシジカについて、大叶近傍地域では、吉沢石灰採石場第二号丁場洞窟、第四号丁場洞窟、旧第八号丁場第一号裂罅、第十号丁場第一号洞窟、第三号裂罅、第四号裂罅、会沢地域では、会沢磐城セメントＫＫ第一鉱山（旧常磐第一）丁場裂罅、会沢日鉄鉱業（旧葛生苦灰、旧吉沢石灰）丁場裂罅、会沢大久保宮田石灰丁場宮田第一洞窟などで、その化石が採集されていると伝えている。『日本および東アジアの化石鹿』に収録された未発表報告の一篇（「栃木県葛生町大叶発見の鹿化石」）は、

第十号丁場第一号洞窟とその第一号裂罅から出土し、国立科学博物館に収蔵されている資料を報告したものという。その臼歯群の一部は、測図が『日本旧石器時代の研究』に収録されていたが、詳細な報告は発表されないままであったわけである。とにかく、葛生では、ニッポンムカシジカだけでも、膨大な量の化石群が出土していることは確かである。

いま、私の手元に保管されている原稿の一篇、

ムカシニッポンジカ *Cervus praenipponicus* ♀の頭骨化石

栃木県安蘇郡葛生町発掘　葛生公民館収蔵資料　　三八・八・一・調

と標題にあるものは、図面のキャプションに、「大叶吉沢石灰株式会社採石場裂罅出土」とあって、大叶吉沢採石場裂罅の出土品であることは分かるが、細かい地点は不明である。ただ、眼窩の附近で二つに破損した資料で、「栃木県葛生町大叶発見の鹿化石」とは明らかに別の化石の報告であるから、その全文を紹介しておきたいと思う。

ムカシニッポンジカ *Cervus praenipponicus* ♀の頭骨化石　〔未発表原稿Ⅵ〕　写真・実測図

眼窩の附近で二つに破損。頭頂骨から上部後頭骨、顔面骨などに土圧をうけて、骨がゆがみを生じ、頭頂骨基底には角礫岩が固着していて、かなり原相を究めにくい。しかし左右両側とも、歯列に何等の損傷も歪みもなく、完相を保有している。したがって、この標品は、*Cervus praenipponicus* の♀の歯列を究めるためには貴重な資料ということが出来よう。

頭頂骨は多少ゆがみを生じているが、上面は元来が心もちふくらみのつよいものであったらしい。頭

頂骨両脇に見られる稜は痕跡的に走っている。前頭骨は頭頂骨と接合する□状縫合線のあたりが、もっとも強くふくれあがっており、眼窩に至るまでの両側縁は、やや庇様に突出している。眼窩は類円形で少しく大きい。そして左右両眼窩間の上面ほぼ中央部が、ことさらに浅く皿状に窪んでいる。眼窩前孔はM^1の上辺にあって大きく窪み、鼻骨には歪みが存するために正しく原相を究めにくいが、後方は楔状に深く前頭骨にくいいり、前方に至るにつれ鼻骨はかなりふくらみをもって高まっていたらしい。鼻腔には角礫土が充填しているので、原形を究めることができない。上部後頭骨の正中位置はやや棘状となって後出、後頭三角面は幅の広い凸字状で、案外高さは高くない。しかし、後頭髁の突出が強く、かつ幅が広くして非常に頑丈であった。後頭孔には角礫土がつまっているが、その概形は類円形を呈している。わずかに角礫土中から姿をあらわしている骨質聴道外口は、やや小形の円孔であり、下顎関節窩は深く窪み、相当に頑健のものであったらしい。

左右両側ともP^2—M^3を完全にそなえ、咬合の進展は中等度、左右ともほぼ均等に咬合研磨されているが、心もち右側の方が進展度はつよい。各臼歯とも歯列の弓状度はややつよめであって、各臼歯はよく接植している。

ただ土圧をうけて若干変形したせいか、上顎骨底が非常に深い（左右のM^1間が最も深い。歯槽舌側縁から計測してみると、一五・〇±ほどの深さを保っている）。

P^2割合にきゃしゃな歯である。歯冠舌側葉は前後葉を通じてまる《(脱字)》みがつよい。歯冠は後側に少しく傾植。歯冠の後側はとがっているが、前側がはなはだまるい。頬側では後葉の大きさに比して前葉が小さいのが目立つ。咬合面では前葉部よりも後葉部の方がつよく研磨をうけている。

P^3 歯冠下面形は馬蹄形様の概貌をもち、前葉はやや弘さを増し、その境を頂として、咬頭はいちじるしくとがっている。

P^4 大体P^3に似た歯相のものであるが、歯冠長に比して幅がずっと広くなっている。咬頭の突出ははなはだ強い。

M^1 割合にきゃしゃな感じが与えられる。ことに前葉が後葉に比して小さく、頬側面では前後葉の側柱の発達が顕著である。そして舌側葉も、つよく三角形様をなして発達している。

M^2 M^1同様の特色をそなえているが、前葉がずっと大きくなって、後葉とほぼ同大もしくはそれに近い大きさを呈している。頬側面での前後葉の側柱が、かなり強く柱状をなしているのが注目される。

M^3 M^1、M^2は歯冠がはなはだ厚みをもち、みた感じが方形に近い状態であった。それがM^3では著しく偏平さをまし、頬側での側柱の発達が相変わらず強く、舌側前葉の正中部が、少しく柱状を呈している。これに対し後葉がまるみをつよくもつようになってきていることも、特長ということができよう。

頭蓋骨（現長・上部後頭骨後端 — 鼻骨現前端）　二二三・〇（実際は二五〇・〇±であろう）
頭蓋骨基底長（後頭髁端 — 前上顎骨匚）　二二四・〇（実際には二五〇・〇±であろう）
頭頂骨長×幅×高さ（後頭基底骨面より）　四五・〇×六六・七×六三・〇
前頭骨長（正中線にそうて）　九二・三
前頭骨幅（眼窩上縁後辺にて）　九五・三
前頭骨幅（後辺最狭部）　五五・〇
鼻骨長（現）×基部での幅　八一・五×二六・三±

眼窩前後径×上下径　四三・二×三一・五±

鼻腔上下径×左右径　三〇・〇±×二七・三±

後頭三角基底辺幅×高さ　八二・七×五八・四

後頭髁幅×高さ×突出度　五一・〇×二四・六×二六・二±

後頭孔上下径×左右径　一八・四×二三・八

左側骨質聴道外口前後径×上下径　六・〇×六・一

現上顎骨幅　P^2＝四一・〇±　P^3＝五二・六±　P^4＝六二・〇±　M^1＝六八・一±

M^2＝七〇・九±　M^3＝六七・八±

右側歯列長（P^2―M^3）　八九・六

左側歯列長（〃）　八九・八

右側P^2―P^4　四〇・〇

左側P^2―P^4　三九・六

右側M^1―M^3　五六・一

左側M^1―M^3　五六・七

P^2	歯冠長	歯冠幅	頬側歯冠高
R	一三・三	一三・四	一六・〇
L	一三・四	一四・一	一五・八

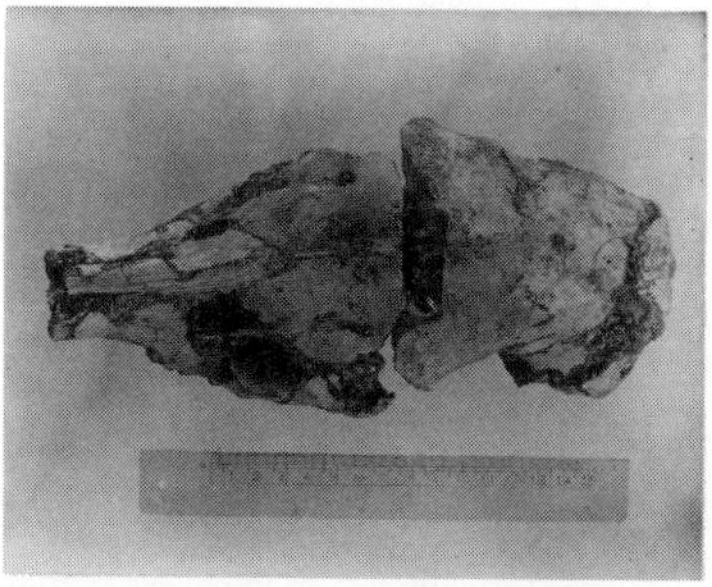

葛生出土のムカシニッポンジカの頭骨

P^3 R	一二・九	一三・四	一六・六
P^3 L	一二・〇	一三・四	一六・〇
P^4 R	一二・二	一五・九	一四・五±
P^4 L	一一・九	一五・二	一六・〇
M^1 R	一八・六	一七・二	一六・〇±
M^1 L	一八・三	一七・七	一五・九
M^2 R	二〇・三	一六・七	一三・七±
M^2 L	一九・八	一七・二	一九・一
M^3 R	一九・二	一四・三	一八・六
M^3 L	一九・六	一六・九	二一・六

琺瑯質褶襞厚（左M^1頬側）　〇・六

花泉の化石包蔵地 ― 骨角器文化の提唱

（一）　大量な牛骨の堆積

葛生の石灰岩洞窟とともに、岩手県の花泉金森の化石包蔵地のことは、何度も耳にした遺跡名である。直良先生は、私が旧石器文化や獣類化石に格別な興味をもっていないことをご承知であっただろうし、明石原人に及ぶような問題は、私も避けて通っていたように思う。それでも、明石原人骨に関する松村瞭の書簡を

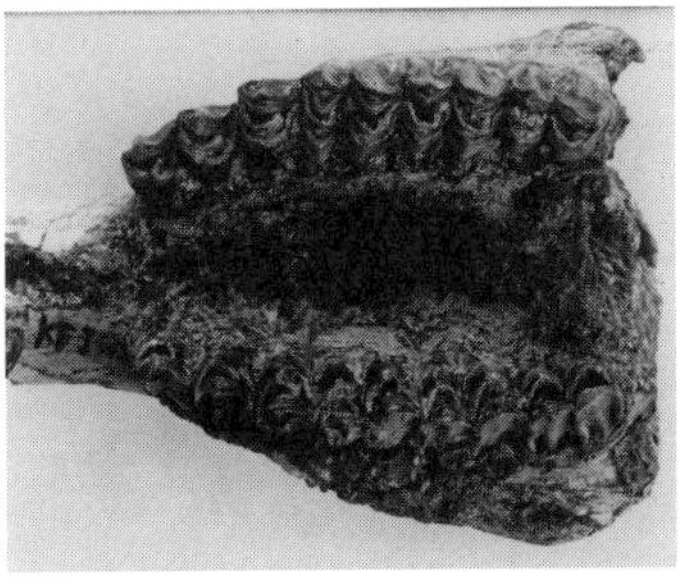

葛生出土のムカシニッポンジカの歯列

見せて下さったこともあり、その折りには、乞うて、私どもの雑誌への掲載を許して頂いたものである（「明石原人腰骨についての故松村瞭博士の書信」『小田原考古学研究会会報』六、一九七二年一二月『直良信夫と考古学研究』に再録）。出雲市へ転居されてから間もなくだったと記憶するが、花泉出土の骨角器のことが話題となり、「加藤晋平さんが花泉の骨角器を認めてくれました」と嬉しそうに話されたことがあった。私の出雲行きは三月下旬か七・八月の休暇を利用してであったから、加藤氏の論考（「岩手県花泉化石床出土の人類遺品」『月刊 文化財』一三八、一九七五年三月）を私も読んでいて、私から話出したのかも知れない。とすれば、一九七五年（昭和五〇）の春か夏のこととなろう。

この花泉金森の化石包蔵地では、「泥炭をはさんでレンズ状に *Bison* などの牛骨がぎっしりと堆積していた」という事実と、その泥炭層中の植物遺体から復原される植物相によって、そこにはシベリアカラマツなどの大森林が発達し、バイソンなどの野性牛が大群団を形成して彷徨していたと往時の風景を復原したのであった（『古代遺跡発掘の家畜遺体』）。ハナイズミモリウシという和名をもつ *Leptobison hanaizmiensis* Matsumoto プリスクス野牛（*Bison priscus* Lucas）やオオツノジカ（*Megaceros kinryuensis* Matsumoto）、原牛（*Bos primigenius* Bojanus）などの化石群の出土量が多かったという。また、その化石包蔵地の成立について、

この遺跡を調査された松本彦七郎博士は、獣類化石の種類が、たいへん少ないのは、人間が採捕して、後にその残骸を投げ捨てたからであろう、と論じられたことがあった。私もまた、この見解には賛成である。

といっているが（『狩猟』）、ハナイズミモリウシの生存年代をめぐっては、その松本と先生との間で、大きな意見の相違が生じていたらしい。新聞報道ではあるが、松本は一〇〇万年前説を唱え、先生は五万年前説を

採っていたとある（『朝日新聞』一九四一年一月五日）。
「花泉の遺跡発掘」（『動物文学』一四〇、一九五九年三月）では、

> 獣類化石層は上下の二つの層に分れているらしく、下層からは暖系のパレオロックソドン（この象はアフリカ象の系統）と鹿角が、象牙などと共に出土し、上の層からは、寒系のプリスクス野牛やオオツノジカなどの遺骸が沢山掘り出された。……上下両層の間には、地層の堆積状況にギャップがなかつた、といわれている。もしそれが真実であつたとすると、この地では、寒暖両系の野獣が、当時ごつちゃになつて棲息していたものと認めなければならない。が、私には動物群の構成要素だけではなく、その出かたなどからみても、若干時代を異にして、それぞれの群の動物が、別々にすんでいたようにおもわれたのである。……おそらく、上層のものは、アルプス氷河期の最後であるヴルム氷河期（第四氷河期）に、あてることが許されるだろう。……したがつて、それは、おそらく、今から数万年前のできごとであつたとみてよいだろう。……上層からは、多数の野牛類がしられているが、これらの野獣は、この大氷河期に、大きな群をつくつて、シベリアやカムチャッカあたりから、はるばると、やつてきたものであることがわかつた。

岩手県花泉遺跡の調査風景（『古代人の生活と環境』）

といっている。長い引用になってしまったが、先生が、花泉金森遺跡検出のプリスクス野牛などを、更新世末期のものと理解していたことは分かると思う。

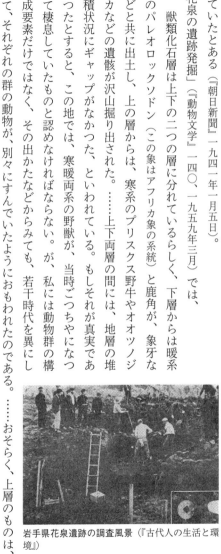

（二）　大陸に於ける骨角器の確認

岩手県西磐井郡花泉町の花泉遺跡では、大量のヤギュウやオオツノジカの棲息を認め、その動物化石相は中国顧郷屯動物群的であり、植物群は江古田植物化石相に類似するとし、同時に、ヤギュウやオオツノジカなどの獣骨を利用した骨器の存在を指摘していた。が、直良先生は、その晩年になってからも、

江古田の植物化石層の発見をのぞいて、私が世に発表したものはことごとく否定され、あるいは黙殺されつづけた。

といい、その黙殺された事例の一つとして、この花泉金森の化石層出土の標品（骨角器）の査定結果を挙げている（『学問への情熱』）。

花泉金森の化石層については、西村正衛先生（元早稲田大学教育学部教授）の教示によって存在を知り、その膨大な化石群、なかでもヤギュウの出土量の多いことと、人工品と考想される骨角器の併存することに学問的な興味を覚え、一九五八年（昭和三三）に発掘調査を実施している。調査には、国立科学博物館の援助を得て、早坂一郎（島根大学教授）や三木茂（大阪市立大学教授）等の協力があった。調査結果は、「花泉の人類遺物」（『科学読売』一〇―一三、一九五八年一二月）や「岩手県花泉町金森の化石骨と人類遺物と考想される骨角器について」（『第四紀研究』一―四、一九五九年一月）、「花泉の遺跡発掘」（『動物文学』二五―一、一九五九年三月）、『古代人の生活』（一九六三年）などに紹介されている。『狩猟』（一九六八年）にも、「花泉発掘の骨器」の一節を設けて、この花泉遺跡では、「骨器の文化を形成していた」と主張したのであった。『第四紀研究』や『科学読売』に寄せた論考では、ヤギュウの肋骨を、一定の長さに揃え、一方の先端を尖らせた粗製の遺物や、シカ角製と思われる尖頭器状の骨角器などを、写真や測図を添えて紹介している。また、『学問への

情熱』に提示されている測図は、後記する加藤論考で、（三）・（四）と扱われている骨製尖頭器に該当するように見受けられる。

はやく、先生は、中国顧郷屯《クーシャントン》遺跡で少量の石器とかなりの量の骨角器＝とくに骨器の存在を確認し（徳永重康・直良「ハルビン近郊発掘の洪積期人類遺品」『人類学雑誌』四八―一二、一九三三年一二月、同「満洲帝国吉林省顧郷屯第一回発掘物研究報告」『第一次満蒙学術調査研究団報告』二―一、一九三四年など）、また、北朝鮮人民共和国の潼関鎮遺跡の調査でも、鹿角製（オオツノジカ・アカジカ？）の角器の出土を認め（「朝鮮潼関鎮発掘旧石器時代ノ遺物」『第一次満蒙学術調査研究団報告』六―三、一九四〇年）、中国や韓国に於ける旧石器文化の存在と、骨角器の発達とを指摘していたのである。ついでに記すと、『人類学雑誌』四九―八（一九三四年八月）には、「顧郷屯の発掘」の標題で、松村瞭宛の徳永重康の書簡が掲載され、そこには、

本年は地表を少くとも二～三米掘下げ其の下に化石層を探査致すこととて多大の労力と費用とを要し候 然し昨年よりは収獲を得 殊に哺乳類化石に極めて面白きもの多数を得候 骨器は驚く可き多数にて数百点に達し（素人が見ても人工と分るもの）内に多数精巧のものも出で候 石器は矢張り少く候へども こぶし大以上の大石器より細石器まで種々の大さと形のものが出で……骨器にはマンモスの牙の尖端を利用せしもの今回多数出で候

などと、発掘の成功のことが伝えられている。また、徳永は、一九三三年（昭和八）一一月開催の第四七五回例会で、「哈爾浜の発掘物に就いて」と題した講演を行っている（『人類学雑誌』四八―一二）。

先生は、「満洲の旧石器時代」（『ドルメン』四―六、一九三五年六月）でも、

満洲に於て、最も多数に人類の遺物を出土した地点は、私共が、前後二回に亘つて発掘を続行した、

中国黒竜江省・顧郷屯の調査風景

ハルピンの南郊クーシャントンの遺跡であらう。此の地では、遺物の大部分は骨器であつて、石器はまことに僅少であつた。又骨器の絶対的に多量であるのに比して、何故か、角器に乏しく、牙器に至つては、わずかにマムモスの牙の先端を使用してゐるのにすぎない。石器は玄武岩、チヤート、石英等を原材としてゐて、……石器の材料とされた玄或《（武）》岩は、興安嶺中の諸所にその露出があり、石英岩はハルピンを六、七〇粁離れた地方でないと見る事が出来ないといはれてゐる。

と、分りやすく説明しているのである。

が、顧郷屯遺跡はともかく、潼関鎮遺跡の事例など、当時の日本考古学界では簡単に受容されるはずもなかった。顧郷屯遺跡については、中国北辺（内モンゴル自治区）のジャライノール遺跡の例もあり、受容れ易かったようで、「満州帝国吉林省顧郷屯発掘の古生人類遺品」（『第一次満蒙学術調査研究団報告』六―二、一九三六年）への三上次男の書評も、

東亜に於ける旧石器時代文化の闡明は、誠に考古学上の一大問題である。我々はかゝる大問題の解明に努力される著者の熱意に多大の敬意を表すると共に、松花江氾濫地帯に臨み、複雑なる地質的問題を包蔵すると考へられる現地の地質的諸関係を明かにされて、更にこの問題の解明に尽されん事を希望する。

と好意的である（『考古学雑誌』二六―一一、一九三六年一一月）。この書評で扱われた第二回の調査、つまり

一九三四年（昭和九）の調査結果については、先生は、一九三五年（昭和一〇）六月開催の考古学会例会でも報告したことであった（「彙報 北満クーシャントンの発掘に就いて」『考古学雑誌』二五―八、一九三五年八月）。また、駒井和愛他『東洋考古学』（一九三九年）にしても、

> 昭和八年六月、満蒙学術調査団の徳永重康氏、直良信夫氏等は、何家溝《ホーチャコー》に於て大発掘を試みて、動物化石と共に五個の石器並びに加工石片を得、又明白に加工の痕跡ある鹿角を原位置に於て発見した。

と肯定的な記述がされているのである。ジャライノール遺跡出土の骨器については、先生も実見する機会があり、『考古学雑誌』（二四―一一、一九三四年一〇月）に、「ジャライノール出土の骨器について」と題する記録を遺している。ただ、満蒙学術調査団の研究成果については、中国の考古学者の間ではかなり懐疑的な発言が行われている（鄭徳坤著・松崎寿和訳「先史時代の中国」『中国考古学大系』一、一九七四年）。

潼関鎮に於ける先生の研究は、山内清男や江上波夫による割合に好意的な発言があったが（「座談会 日本石器時代文化の源流と下限を語る」『ミネルヴァ』一、一九三六年二月）、一般には、冷淡な対応が採られていたように思われるのである。潼関鎮遺跡の石器に関し、江上は、

> （更新世の遺跡は、……引用者註）日本内地は別として朝鮮では発見されたらしい。場所は咸鏡北道潼関鎮で最初森氏が発見され、徳永重康博士も行つて調査された。黄土のうちから哺乳動物の化石が多く出土《(脱字)》し、そのうちに加工されたものがあり、黒曜石の石器らしいものもある。今遺物が早大の徳永博士のもとに来てをり、私も拝見させて頂いたが先づ確かなものでせう。位置から行《(ママ)》つてもハヴァロフスクや哈爾浜など旧石器時代遺物の確実なもの丶出土した地方に近く、さういふことはあり得ます。

などと、肯定的な意見を述べているのである（同前）。さらに、山内も、

今迄で一番条件を揃へて報告されたのは矢張り直良君の例でせう。同君は引続き熱心に研究を続けて居られるから何時かはよい結果に恵まれるでせう。と期待を寄せていたことが知られるが（同前）、日本考古学界に於ける趨勢は、これを積極的に検証しようという方向にはなかったようである。

例えば、藤田亮策の「朝鮮の石器時代」（『東洋史講座』一八、一九四二年一一月、『朝鮮考古学研究』一九四八年に再録）では、一見、学問的に慎重な姿勢を採りながら、結局は、充分な検討をすることなく、葬り去ってしまったといえるのである。その批判部分を転載すると、

右（「朝鮮潼関鎮発掘旧石器時代ノ遺物」『第一次満蒙学術調査研究団報告』六―三……引用者註）は森為三博士の昭和八年六月の調査並に昭和十年夏徳永重康・森為三両博士の調査の際の蒐集品によつて直良氏が報文をまとめたるものにて、直良氏自ら遺跡を調査したものではない。森博士のいふ所によれば……、此処に哺乳動物其他の化石の含有さるることは明かであるが、同時に此断崖の中腹以上の急傾斜面に……新石器時代の多数の古墳の存在は、昭和七年頃鉄道工事関係者の立証する所で、……この種古墳の内部又は附近に細石器の如き石刃・鹿角製品等と共に多数の動物の骨を発見することは、雄基松坪洞・龍水洞貝塚にても経験する所で、右報告書に示された遺物が、化石と如何なる関係に発見されたかを明示されない限り、遽に之を以て旧石器文化遺産と即断出来ない。朝鮮半島に於ける最初の旧石器の存否に関する問題だけに慎重な再調査を必要とする。

とある。要するに、問題の遺物は先生が直接に採集したものでなく、徳永と森の二人の非考古学者による採集資料である。石刃や鹿角製品は附近の新石器時代の墳墓から発見されることもあって、それらが間違いな

く更新世に属したという確証がないわけで、簡単に旧石器と判断することは出来ない。従って、再調査が必要であるというのであった。

確かに、先生の報文を読むと、その本文部分では、「哺乳動物化石産地ヲ発掘シ、多クノ古生物ト共ニ、明ラカニ人為工痕ヲ止メタル最新世人類ノ遺品ヲ発見セリ」とあるが、石器や骨角器の個々の解説に多くが費やされて、人類遺品と化石との関係、出土層位などは詳説されていない。ただ、藤田が問題としなかった骨角器の原材が、オオツノジカやアカジカ、マンモス？　などの更新世の動物群、絶滅動物であることを勘案すれば、容易に、旧石器時代の遺物であろうことが理解されたかと思うのである。また、添えられている英文摘要に眼を通したならば、先生が表層から出土する遺物と峻別するために最大限の注意を払い、提示する遺物が河川の堆積作用によって形成された黄土の地下三メートルの地点から、象や犀、他の化石群とともに発掘されたものであることは理解されたのではないかと思うのである。

潼関鎮遺跡出土の遺物は、日本の考古学界では、ほとんど問題とされることがなかったようであるが、むしろ、韓国の考古学者金元龍や金廷鶴の方が好意的な研究姿勢であったといえよう。金元龍は、潼関鎮遺跡の調査が不可能であることから、真偽に口を挟むことは出来ないが、仮に、先生の論考がまったくの誤りであったとしても、「韓国における旧石器時代遺跡存在の可能性を予言した最初の人」となると先生を評しているのである（『韓国考古学概論』一九七二年）。さらに、金廷鶴は、藤田や梅原末治の批判について、

徳永・森両氏の報告書には、それらの文化遺物が出土した層位関係についてははっきりとのべられており、……藤田氏・梅原氏は先に刊行された直良信夫氏の文化遺物に関する報告書のみを見ての意見のようであり、後に発表された徳永・森両氏の報告は見なかったかも知れない。

と再批判し（「先土器文化」『韓国の考古学』一九七二年）、一応、骨角器など、肯定的に捉えていたようである。

（三）　認められた骨角器

花泉遺跡に於ける骨角器を確認する直前にも、直良先生は、栃木県安蘇郡田沼町のタカノス沢洞窟や葛生町の吉沢石灰工業株式会社の第一〇号採石場第一洞窟などで、骨器あるいは骨器様骨片を採集していた（『日本旧石器時代の研究』）。その以前にも、沖縄県伊江島の隆起珊瑚礁の裂罅中出土のシカの化石とともに、加工痕のあるシカやカモシカの肢骨片の検出されていることを知っていたから（「日本に於ける旧石器文化」『あんとろぽす』二―二、一九四七年九月）、我国の旧石器時代に於ける骨角器文化の展開を確信しての提言であったと思われる。が、これが学界で承認されるためには、実に一六年の永い歳月を必要としたのであった。もっとも、この間にも、鹿間時夫が、

問題は一番多い野牛の遺骨が、所々、けずられたり、折られたり、磨かれたりしていることである。

直良博士は槍状の角製品を報じている。私も見たが立派なものだった。

と発言したこともあったが（『石になったものの記録』）、古生物学者の理解ということであったためか、考古学界では無視されたままであった。

花泉遺跡出土の骨角器が再確認されたのは、『マンモスハンター』（一九七一年）などの著書がある、北方旧石器文化の研究者加藤晋平氏によってであった。花泉遺跡の化石出土地が、人為的に形成されたものであることに興味をもった加藤氏が、国立科学博物館に保管されていた骨器の再検討を試みるまでは、ほとんど顧みられることもなかったかのようである。加藤氏による再検討の結果で、調査した五点のいずれもが「人

工的な痕跡をもち、平らな面をもつ砥石によって仕上げられた」尖頭器などであることが再認識された。加藤氏は、その論考のなかで、「直良信夫博士の一連の業績にたいして衷心から学問的敬意をはらうものである」と記しているが（「岩手県花泉化石床出土の人類遺品」）、先生にとって大変に嬉しいことであったであろう。

なお、伊江島第二号洞窟出土の骨器は、『日本旧石器時代の研究』に記載・説明されており、先生が「叉状骨器」と呼称した、鹿の肢骨を長さ四センチ強に切断し、その切口を抉り込んで、二叉ないし三叉とした資料を図示し（七四図）、「かかる製品はおそらくこの地だけで知られている特殊なものではなかったかと思う」といっている。鹿野忠雄等の採集品であった。また、葛生吉沢石灰第二採石場で出土した「骨斧状をした象の肢骨片」（五八図）は、芹沢長介によって、「その製法から見ても、北京原人が用いた骨器に共通する立派なものである」と評される資料であった（『日本旧石器時代』）。先生は、実測図は提示しているものの、詳しい説明を加えていないが、芹沢は「全長約一四・三センチメートル、先端を片面から打ち欠いて尖らせてあり」と解説している。

（四）　ノート「Palaeontology」から

なお、先生の「Palaeontology　一九六一」と表記されたノートに、「花泉の骨器」の題で、オオツノジカやヤギュウの肋骨、シカ類の大腿骨を原材とした骨器の記録がある。一九六一年（昭和三六）の調査と思われるが、どのような機会にこのレポートを作成したものか判然としない。ただ、『第四紀研究』に紹介されている骨器とは別の資料である。『狩猟』に、花泉出土の骨器二点の測図が掲載されているが、その二点は、ノートの端にあるごく簡略なスケッチと形態的に類似し、また、加藤氏の論考で提示されている計測値と一

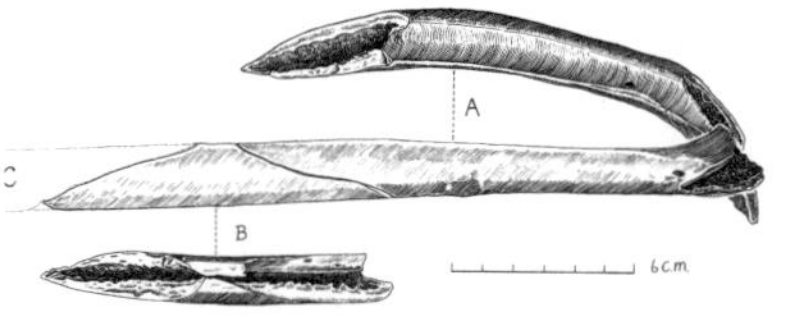

花泉出土の骨器Ⅰ（実測図）

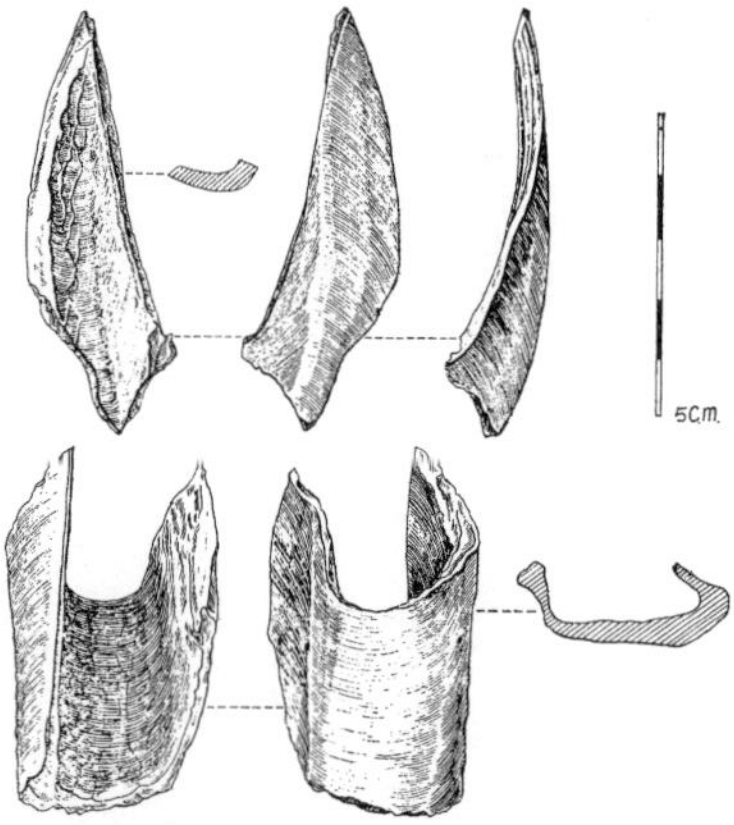

花泉出土の骨器Ⅱ（『狩猟』38頁から転載）

致ないし近似するものもあり、同一資料であることが確認できるものもある。先生は報告することがなかったようなので、参考のために、以下に転載しておこうと思う。なお、ノートには、各項に赤鉛筆で「AⅠ」とか「AⅡ」、「AⅢ」、「BⅢ」、「CⅡ」などの記号が付けられているが、この記号は資料に貼付されたラベルのそれと思われる。

花泉の骨器〔未発表原稿Ⅶ〕

Megaceros の第□肋骨と推想されるものを原材としている。この肋骨の下底面を上向きにしてその中央部を図のように割截し、骨のもとの方（A）はその割れ口（a）、中央部の骨片（B）にはその先

端の破截部（b）に加工している。もし（C）の部分が発見できたとしたら、おそらく前方の先端（C）に加工してあったことだろう。

Aには別に刃器のようなもので、削ったような跡方は認められない。ただ切截面をかんたんに研磨して、一層先端を鋭利にとがらしている。肋骨のもとに近い部分は、□□を破砕し去ったままであり、又刃部以外は凡て自然の面そのままである。現存全器長は一七八・〇、器のほゞ中央位で幅一六・四、厚一四・八で、刃部の長さは五六・七。あらづくりのものではあるが、機能としてはなかなか鋭さをそなえている。〔赤鉛筆でCⅡとある〕

Bは、Aを切截した面には殆んど加工痕をみないが（ただ骨の外側縁にわずかに縁とりのため研磨されたような跡方が存するが、これとてもわざわざ縁取のために加工されたものか、それとも使いふるしたから縁がまるく滑らかになったのか、その辺のことは詳知されない）。末端の切截面には全体的に加工が施されている。この場合、若干石片のようなもので削ったような跡が器の右側縁に三ヶ所並行してのこされている。が、全体として切截面を粗放に研磨して、刃部を調整していることが窺われる。研磨の場合、縦主軸にそうてほぼまっすぐに走っている研磨痕の上をかすめて、器の横主軸に対して、約四〇～四五度に刷毛目様の条痕（併行）となって明瞭に斜めに残留しているので、研磨が二階程《ママ》にわたって行われた最後の仕上げが比較的に面の平らな（たとえば砂岩のような）石で、こすってみがいていたことが納得される。研磨する場合、やたらに乱雑にこすったのではなく、おそらく左手で骨片をもち、右手に小さい石片をにぎって、後方から前方斜めに向って（ちょうど私たちが平ヤスリで金属面をみがくように）断続的に力をかえてみがいていたように看取される。器の全長一一二・六、中央での幅一五・〇、厚二〇・六。〔赤

鉛筆でＡⅡとある〕

尖頭器　原材はおそらく鹿類の大腿骨骨体後側（下端部に近い部分）の破片であろう。木葉状を呈した破片の両側辺（骨体からすると上方に向った部分）に研磨を加えて器としての形をととのえたものである。右側辺では、縁の内側にわずかな研磨が施されているだけで面全体には研磨は及んでいない。しかし左側辺ではかなり入念な研磨が加えられている。まず側辺の全体を研磨し、その後さらに中央部を縦にこすっている。（これはおそらく、全面を研磨した際、元の面が若干まるみをもって︵状を呈したために、尖鋭さを必要とする関係から、その上面を縦に研磨し直したことによるのだろう）。そのために、縁は一層のするどさを増し、内側では、骨の内面にまで研磨が及んでしまった。こうして、一層先端はとがったはずであるが、器としての性能を完全にするために、左側と上面からさらに研磨を加えて先端をとがらしている。現存研磨面には器の横主軸に対して約（数字分空白）を保ってあとつけられたヤスリ目が相並行して、無数にのこされている。器長六八・〇　幅一九・五　骨の厚み二・四（右側）～四・五（左側）〔赤鉛筆でＡⅠとある〕

おそらく*Bison*の肋骨の先端に近い部分を原材としたものであろう。写真にみられるように、器としての先端（肋骨としても先端である）が二叉し、その部分に加工が施されて、尖頭器をかたちづくっているものである。肋骨の内側部は大きくえぐり込まれているが、外側面はすっかり骨面を取りのぞかれ、その縁にそれぞれ研磨が加えられている。ことに叉状を呈した先端部は、縁と骨の内側の両方から局部的に研磨して、一層薄くかつ鋭くとがらしている。器としての尾部は縁も割れたそのままの面をあらわしているが、骨の内側には、圧迫によって生じた面のすれとその痕跡が横にあとずけられている。おもうに、ここには柄頭がきつく挿入されていたために、このような圧痕がのこされたものであろう。器長五八・五　幅一四・八　厚み三四・九　骨の厚み二・一（骨の外側）～五・二（内側）。柄頭が挿入されてあったと推想される器体内側の最大幅二五・七　細小幅一五・六　厚み（最厚八・七　尾部の厚四五・〇±）（赤鉛筆でAⅢとある）

左側第□肋骨片、この骨の基部に近い部分に不規則な割れ口があって、下方から上方に向ってやや斜めに破截されて、おれ口そのものは破截されたままの面を保っている。が、その一部の縁に明かに研磨された面が各所に少しずつ残存している。加工途上の骨器といえば、それも一応うなづけようが、粗悪とはいえ、これで一つの武器を形成していたものではなかったろうか。現長□□骨のもと近くでの幅一八・〇　厚二四・三　先端での幅一六・〇＋（現在では骨が割れてしまって原相を保っていない）厚三五・五＋（赤鉛筆でBⅢとある）

このレポートには、測図や写真を伴っていたことが確かである。『狩猟』に、「AⅠ」と「BⅢ」に該当する骨器の測図が掲載され、『日本旧石器人の探究』（一九八五年）には、尖頭器状骨器と、『狩猟』に紹介された二点の実測図が掲載されている。加藤論考には、測図はないが、「AⅠ」「AⅡ」「AⅢ」「CⅡ」の四点とラベルの貼付されていない尖頭器の写真が掲載されている。別に、私の手許に、「岩手県花泉出土骨器」とあるトレースされた図面が一葉遺されている。台紙の隅に「⑩」とあるから、なにかの図面群のなかの一面であったかと思われるが、判然としない。描かれている骨器は、加藤論考の「第三図　骨製尖頭器」に類似するが、計測値に多少の差違があって、確定は出来ない。

5章　現生動物の研究――イヌ（犬）とニホンオオカミ（日本狼）

現生動物＝貝塚あるいは洞窟・岩陰産の鳥獣魚骨についての研究は、久しい間、直良先生の独壇場の感が強かった。つまり、完新世の自然遺物は、その鑑別のために、考古学者の採集した多くの事例が先生のもとに送附されたから、結果として、先生は膨大な資料を調査する機会に恵まれ、従って、多くのデータを入手し得たのであった。が、それは、はやくからの先生の真摯な啓蒙的活動があってのことであった（「貝塚研究」『直良信夫と考古学研究』、本書「7章　考古学的研究」）。

一九五九年（昭和三四）のことになるが、私が訪れた先生の研究室は、各地から送り付けられたものであろう、出土遺物を収納した整理箱でいっぱいであった記憶がある。卒業論文の指導の折々に、獣骨の二、三を取出し、それらについて説明して下さることもあったが、考古学に関心の薄かった当時の私は、それを積極的に学び取ろうとする姿勢に欠けるところがあったと反省している。

先生に、『日本および東アジア発見の馬歯・馬骨』（一九七〇年）や『古代遺跡発掘の脊椎動物遺体』（一九七二年）、『古代遺跡発掘の家畜遺体』（一九七三年）などの著書がある。いずれも、七〇歳前後の著作である。『日本産狼の研究』（一九六五年）は多少刊行年次が遡るが、この四冊の大著を、古生物学者としての先生の

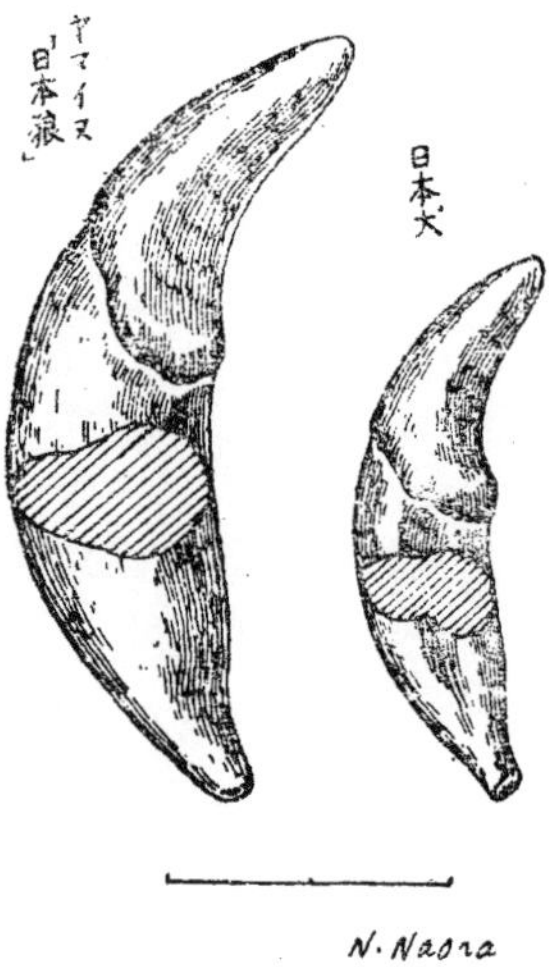

ヤマイヌとイヌの牙の比較図(『古代の漁猟』)

集大成的な論述と評価することが出来るだろうと思う。なお、『日本馬の考古学的研究』(一九八四年)と題した長逝前年に上梓された著作もあるが、これは『古代遺跡発掘の家畜遺体』所収の「日本および東アジア発見の馬歯・馬骨 補遺」を加えて、『日本および東アジア発見の馬歯・馬骨』を再版したものであるから、一応除外しても差支えないであろう。

もっとも、『日本産狼の研究』以下四冊の著作に収載されている獣類の遺存体が、すべて現生動物というわけではない。例えば、『日本産狼の研究』では、「日本の化石オオカミ」や「大陸産のオオカミ」の項目があり、栃木県安蘇郡葛生町や中国顧郷屯遺跡出土などの化石オオカミが扱われているし、『日本および東アジア発見の馬歯・馬骨』でも、「洪積世末ヨーロッパ平原およびアメリカ大陸の野馬」の記述がある。「東部アジアおよび日本出土の馬歯・馬骨」では、中国顧郷屯遺跡や朝鮮潼関鎮出土の馬歯化石の報告などに、多くの頁数が費やされている。『古代遺跡発掘の家畜遺体』の「長野県千曲川流域の千曲層出土馬歯化石」や「アジア地域発見の牛科獣類化石」にしても、更新世の化石資料を紹介したものである。さらに、『古代遺跡発掘の脊椎動物遺体』には、鳥取県境港市出土の更新世末期の真正人類(夜見ヶ浜人)の報告が収録されたりしている。が、これらの著作の多くの部分が、現生獣類=ウマ(馬)やウシ(牛)、イヌ(犬)、ネコ(猫)、オオカミ(狼)、そして家禽としてのニワトリ(鶏)の報告や考説に充てられていることは事実であり、これらの刊行の後には、現生動物の遺存体についての論考はない。

なお、『古代遺跡発掘の脊椎動物遺体』の「日本産狼の遺体」は、既に刊行されている『日本産狼の研究』以後に確認したニホンオオカミの遺存体を紹介し、資料的な補充を行ったものである。先生の執拗な探求心は、一冊の研究書を上梓しても、一仕事終えたというような感覚でなく、常に探究を心掛けていたことが知られるわけである。一九七〇年（昭和四五）一月には、「最近東京都で発見された狼の遺体」（『武蔵野』四九―一・二）と題するレポートを発表されたりもしている。出雲市へ転居されてからも、「直江の大神神社」（『山陰風土と生活』）を発表しているから、ニホンオオカミへの関心は終生持続けていたようである。が、もう、生物学的な論述はなかった。

これらの著作に扱われたウマやウシ、イヌ、ネコなどの獣については、先生ははやくから関心をもっていたらしく、一九三三年（昭和八）には、「日本新石器時代家畜としての馬牛犬に就いて」（『日本原始農業』）を発表して、それらの家畜としての飼養が、縄文期から始まっていた可能性を示唆していたのである。そして、『日本産獣類雑話』（一九四一年）では、ウシについての言及こそなかったが、ウマに関しては「日本に於ける馬の史的発達」を概観し、また、「北海道の野犬」「史前日本人と犬」「古代日本犬に疾患の多いのは何故か」「オホーツク海沿岸の史前家犬」「極東の古代家犬」など、イヌへの発言は多い。また、「根室地方に於けるエゾオオカミ」とか「猫は史前から飼はれてゐた」といった項目もある。が、ウマやウシについても興味のある指摘はあるが、ここでは、家畜としてのイヌと野性獣オオカミ（とくにニホンオオカミ）の研究を回顧してみたいと思う。

イヌ（犬）

（一） イヌについての執筆一覧

直良先生のイヌへの関心は、一九三三年（昭和八）頃には芽生えていたという。以来、発表したイヌに関係する論考・随想の数は多く、その著作・論文目録から摘出してみると、次のように一四篇をかぞえることが出来る。

①日本新石器時代家畜としての馬牛犬に就いて　『日本原始農業』　一九三三年

②オホーツク海沿岸の史前家犬に就いて　『犬の研究』　一九三九年一月

③日本産獣類雑話（史前日本人と犬・古代日本犬に疾患の多いのは何故か・オホーツク海沿岸の史前家犬）（単行本）　一九四一年二月

④史前遺蹟出土の獣骨（九・一〇）　『古代文化』　一三―五・六　一九四二年五・六月

⑤日本哺乳動物史　（単行本）　一九四四年

⑥宮城県上川名貝塚発掘の家犬の遺骸　『古代』　三　一九五一年九月

⑦古代の日本犬　『愛犬の友』　一―六　一九五二年六月

⑧日本古代農業発達史　（単行本）　一九五六年

⑨オホーツク海沿岸遺跡発掘の家犬下顎骨　『古代』二五・二六　一九五七年一〇月
⑩日本犬の祖先　『日本犬』　一九七二年四月
⑪古代純日本犬の発見　『早稲田』一六一　一九七二年六月
⑫幻の原日本犬　『動物と自然』二—三　一九七二年八月
⑬古代遺跡発掘の家畜遺体　（単行本）　一九七三年
⑭古代の出雲犬　『山陰風土と生活』（単行本）一九七九年

以上の著作や論考のほか、「貝塚から発見せらるる哺乳動物について—日本新石器時代民衆の生活と獣類との関係—」（『ドルメン』四—七、一九三五年七月）にも論及があり、貝塚検出のイヌを安易に家犬と判断してはならないこと、家犬と野犬の相違は歯牙に現われ、貝塚産のイヌの臼歯は一体に鋭く尖っていることを記し、日本新石器時代のイヌの系統を論ずるには、なお、隣接するアジア大陸産や日本産化石種の検討が必要であるなどと指摘している。また、『狩猟』（一九六八年）などにも関連した記述が少なくないし、「栃木県葛生会沢の一遺跡」（『古代』七・八、一九五二年一〇月）には、古墳期のオオカミに伴った家犬下顎骨の出土が報告されている。「古墳時代の唯一の遺存体」ということであるが、この論考には生物学的な記録はなく、

その有する性状は、従来知られていた、新石器時代以降の日本犬のものとも異なるものがあり、中型の家犬ではあるが、屈強な番犬として、この地の上代人の生活にとつては、重要な益畜であつたろう。

とあるばかりである。その左側下顎骨は、⑧『日本古代農業発達史』の「日本古代農業と家畜」の項に、精緻な実測図が紹介されている。

（二）　先生に於けるイヌの研究史

犬に関する直良先生の最初の発言である、一九三三年に発表した①「日本新石器時代家畜としての馬牛犬に就いて」では、

銅鐸製造者たちは、犬を家畜として、之を既に、狩猟等に使役してゐた事は確実であるけれども、今まで、犬の遺骨を出した縄紋式遺蹟の人口が、当時果して、犬を家畜として飼養してゐたか否かは、尚、幾つかの考へなければならない問題を包蔵してゐるのではないだらうか。

と、縄文期に於ける犬の飼育には可能性を認めながらも、まだ懐疑的であった。

が、八年後の③『日本産獣類雑話』になると、縄文期の貝塚から出土する犬科獣類を、オオカミ・ヤマイヌ・ニッポンイヌの三種に分類し、そのニッポンイヌは「全くの野生犬と、よく馴致せられたもの」との別があるとして、「家犬」の飼養を積極的に肯定しているのである（「史前日本人と犬」）。そして、縄文期に起源をもつ家犬は、この時期のうちに全国的に広まり、「南は琉球から北は本州の北端まで、更に多少時代は降つて北海道、千島、樺太地方まで隈なく広く飼養せられてゐた」と指摘している。先生の調査の結果では、「二頭分以上を出土する遺跡は極く普通であつて、多い例では、神奈川県下の菊名貝塚のやうに二十数頭分の骨を出土してゐる所もある」が、弥生期になると、家犬の遺骸の出土量は激減し、その差違は狩猟生活から農耕生活に移行したことによるものと推定している。先生は、農耕民は「家犬はむしろ田畑をあらすので、狩猟をたのしむ人以外は、畜養していなかった」と考えていた（「栃木県葛生会沢の一遺跡」）。ただ、縄文期の家犬には、非常に病犬が多かったようで、その理由を「不自然な人為環境のもとに、無制限な繁殖生活をなし、

且つ又犬を飼養する風習が無批判に急激に伝播し、それに乗じて不良体質の犬が根強く隅々にまで分布拡延した事にはじまつてゐると見る事が出来やう」とも指摘している（「古代日本犬に疾患の多いのは何故か」）。

④「史前遺蹟出土の獣骨」では、「本州に於て、全石器時代の遺蹟を通じて本遺蹟程一遺蹟で多数の家犬骨を出土した所は他にない」という、横浜市上の宮貝塚（菊名貝塚の一部）出土の家犬骨について詳細な生物学的記録を報告し、さらに、神奈川県平塚市五領ヶ台貝塚、東京都大田区上沼部貝塚、北海道花咲半島のトーサムポロ貝塚などで採集された資料を紹介している。⑤『日本哺乳動物史』（「日本哺乳動物化石〈亜化石も含む〉出土地名表」）では、ニッポンイヌの出土地として、北海道から長崎・高知県まで一都一道一七県で五〇個所〈縄文期＝四〇個所、弥生期＝五個所、オホーツク文化期＝二個所、不明＝三個所）が列記されていたが、この一覧では、一都一道一六県の範囲で、総計七三個所の出土地が計上されている。その時期別内訳は、縄文早・前期＝一七個所、中期＝六個所、後・晩期＝四七個所、弥生期＝三個所である。一六県と一県減じているのは、名古屋市西志賀貝塚が抹消されているからである。⑧『日本古代農業発達史』は、古代農業に関する著作であるが、その「日本古代農業と家畜」の項で、ウマやウシとともにヤギ、ブタ、そして家犬にも言及している。葛生町会沢宮田石灰工業株式会社の採石場裂罅出土の家犬下顎骨の測図を提示したほかに、「日本古代遺跡に於ける家犬骨発掘地」一覧を併載している。

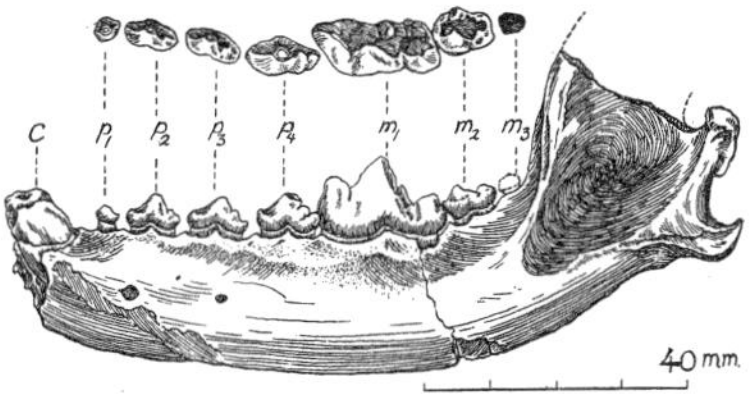

栃木県葛生出土のイヌの左側下顎骨（『日本古代農業発達史』）

⑬『古代遺跡発掘の家畜遺体』には、「日本および日本周辺地域の古代家犬骨」の項があって、周辺地域の古代家犬としては、朝鮮半島や中国大陸、

サハリン（旧樺太）などで検出された遺存体が報告されている。また、国内では、網走市のモヨロ貝塚、宮城県柴田郡柴田町の上川名貝塚、福島県相馬郡新地村の三貫地貝塚、秩父市品沢遺跡、刈谷市本刈谷貝塚などの出土遺存体を報告した後に、「縄文式文化人と家犬」と題して、縄文期の家犬についての総括的な考察（家犬の起源・古代日本犬の飼養始源ほか）を論述している。

本書には、北海道を含め、サハリン（旧樺太）やシムシル島（旧北千島占守島）など、北方地域の家犬についての記述が豊富である。オホーツク海沿岸部では、シムシル島の別飛遺跡出土の頭骨や下顎骨（「旧北千島占守島別飛竪穴遺跡発掘の家犬骨」、サハリンの鈴谷貝塚や東多来貝塚ほかの出土資料（「オホーツク海沿岸の古代家犬骨」）を紹介し、北海道では網走市モヨロ（モヨリ）貝塚発掘の遺存体などの報告が詳細である（「オホーツク海沿岸の北海道古代家犬骨」・「北海道〈北見国〉網走市モヨロ〈モヨリ〉貝塚発掘の家犬の頭骨」）。北方の家犬について詳述しているのは、本州の縄文・弥生期の家犬と「直接に結びつく性質のものではない」としても、家犬文化の根源をなす地域が北方地帯に存すると考えられること、日本の古代家犬のなかに、北方の家犬文化圏から将来されたと思われる系統のものが存在するなどのことから、先生が北方地域の古代家犬に強い関心を寄せていたためである。そのサハリン＝旧大泊郡鈴谷貝塚採集の資料は、そこに「昭和一五年一一月一〇日発掘」と註記されているように、先生自身が鈴谷貝塚に赴き発掘したものであった。サハリンへの調査行は、オホーツク式文化の遺跡からは大量の家犬の遺存体が出土するのに、縄文式文化の遺跡ではそれほどでもないという相違を問題とし、家犬の文化史的観察を目的とした探査であったと伝えている（⑨「オホーツク海沿岸の史前家犬に就いて」）。

比較検討の結果、オホーツク海沿岸の家犬には、下顎骨に二つの型があって、A型（上顎骨は大型で、骨体は重厚であり、前臼歯列から後臼歯列にかけての骨体の下底縁がまるみをもって強く膨出している）は樺太各地の貝塚検出の遺存体に多く、オホーツク海南岸の遺跡にはまれであるが、B型（下顎骨は概して大型であるが、骨体はさほど重厚でなく、かつ前臼歯列から後臼歯列下の体下底縁が、A型のようにまるく膨出しない）はサハリンから北海道に及び、北千島にもその類縁が見出され、また、北海道の各地をはじめ、渡島半島を経て本州にも同型のものが分布しているという。この種の家犬は、サハリン中部のオタス地方で飼養されている大型樺太犬に類似した下顎骨を有し、結局、A型もB型もサハリンに根源地をもつと推察している。が、A型は、文化の南下などの事情で北海道のオホーツク沿岸にもたらされ、北海道では他の系統の家犬との雑婚が行われて、モヨロ貝塚のA型を形成し、しかも、その系統の家犬が千島列島に沿って北上した気配があると指摘している。⑨「オホーツク海沿岸遺跡発掘の家犬下顎骨」と重なる部分が多い。

上川名貝塚ほかの出土資料の検討から、縄文期の東日本には、大型・中型・小型の三種の家犬が存在し、宮城県柴田郡柴田町上川名貝塚（早・前期）採集の頭骨は、大型犬のもので、「現在のシベリア狼のものに比してみると、やや小型であるが、ニッポン狼にはやや近い大きさを示している」ということで、先生は、「現生樺太犬の大型に属するものの一類ではなかったろうか」と推察している。福島県相馬郡新地村三貫地貝塚（縄文後期）や埼玉県秩父市品沢泥炭層（縄文後期）出土の資料は、中型犬に属し、アムール地方出土のある種の犬（*Canis intermedius Newelskii Brauner*）に似た特徴を有し、日本の古代犬の原郷を探る際に、重要な手掛かりを与えてくれるのではないかとしている。小型犬は、愛知県刈谷市の本刈谷貝塚で、埋葬された状態の遺存体が検出されている。この類の小型犬は、関東から東海、中部地方にひろく飼養されていたのではないかとされる（「古代日本の家犬」）。

以上の遺存体の調査報告を主体とした後に、「縄文式文化人と家犬」の項目で、「家犬の起源」「古代日本犬の飼養開始」「家犬臼歯の構造上の変異」「畜犬と野犬」「家犬の厚葬儀式」「骨疾と抜歯」などの問題についても論じている。

(三) 大型犬への関心

前項で紹介したように、直良先生の家犬への論考や随想は多い。しかも、一九三三年（昭和八）から一九七九年（昭和五四）まで、半世紀に近く関心をもち続け、論考・随想を発表してきたわけであって、家犬の研究も、先生にとって終生の研究課題であったことが分かる。さらに、「紀州犬　生後一一年♂　梅沢英三氏飼育　自宅　昭和四三年六月二五日調査」と標題にある原稿が遺されている。四〇〇字詰め原稿用紙一二枚と実測図一葉（右側下顎骨）で構成された、神奈川県秦野市の梅沢英三が飼養していた紀州犬の頭骨の生物学的な調査記録である。一九六八年（昭和四三）の調査ということであるが、発表されることはなかったようである。

縄文期の遺跡に於いて検出された家犬の頭数は、すでに万を以て算えるほどの膨大な数に達しているらしいが、前記上川名貝塚出土の資料を除外すれば、すべて中型ないし小型犬であって、上川名貝塚出土例のような大型犬は他に例がないということであった。はやく、一九五一年（昭和二六）に、⑥「宮城県上川名貝塚発掘の家犬の遺骸」を発表しており、強い関心を寄せて、この大型家犬の由来や後裔のことを意識していたのであった。サハリンのオタスの人びとが飼養する現生家犬と「骨学的性状及び大きさを異にしていない」という事実から、「オタスの現生家犬は、どうしても日本の貝塚種の後裔もしくは、同じ系列に属するものゝ一種とみなさなければならない」としても、両者の間に「千を以て単位とする時の経過がある」わけで、その空隙を埋める新資料の出現を期待していたのであった。が、『古代遺跡発掘の家畜遺体』の刊行までには、そうした新資料の発見はなかったようである。

ただ、先生にとって、一九七二年（昭和四七）に、「シマ山犬」と命名され、「日本古代人によって飼養されていた大型家犬の残裔獣」と推定されるイヌの存在を知ったことは、家犬研究の上で嬉しいことであったらしい。その「シマ山犬」は、和歌山県の吉野熊野連峰の南辺、大塔山（一一二二メートル）近辺の産で、そこは古くは狼の多棲地として知られていた土地柄であるという。この「シマ山犬」の頭蓋骨を鑑定した先生は、それが、

宮城県柴田郡槻木町上川名貝塚で発掘された大型犬と、骨学上の特徴および大きさがほぼ同様同大のもので……同時にまたかつて中部カラフトの土着人が飼養していた家犬骨とも、その大きさと骨学上の標徴が、非常によく似ていること……

を確認し、縄文早・前期の頃に飼養されていた大型犬の一部が、山犬として生き残ったものと推定したのであった⑫（「幻の原日本犬・シマ山犬の頭骨について」）。そして、⑪「古代純日本犬の発見」などの標題でも紹介している。ただ、資料提供者の村上和潔は、「このシマ斑の山犬の体毛は、北方犬のものでなく、東南アジアの犬と同じ南地向きのものである」とし、「狼（*lupus*）の特殊型として南の地で発生」したものとし、北方大形犬よりはやく日本に入っていたように考え、さらに、

このシマ斑の山犬を日本の豺（やまいぬ）としたい。日本には、狼（*lupus*）とこの狼（*lupus*）の特殊型と考えられる豺（やまいぬ）の二種類の犬科のものが棲息していたことになる。

などといっている（『紀伊山中の日本狼』一九九七年）。

ニホンオオカミ（日本狼）

（二）オオカミへの関心

私が、直良先生のお宅を訪れ始めた頃には、もう、先生は日本産オオカミの研究を一段落されて、あの大部な著作をまとめ上げられた頃であったと思う。が、研究に執拗な先生は、なお資料を探索しておられたから、何度かは、その調査にお伴させていただいたのであった。そんな先生との思い出もあって、二〇〇四年（平成一六）六月に、友人吉川國男君が主宰するＮＰＯ法人野外調査研究所の協力を得て、「丹沢周辺のオオカミたち」と題した展示とフォーラムを、私の住む南足柄市で開催したことがある。その折りには、『狼―伝承と科学―』を刊行し小原巖氏（「ニホンオオカミの分類と変異」）、丸山直樹氏（「オオカミをめぐる生態系」）、八木博氏（「ニホンオオカミ探訪記」）、吉川國男君（「ニホンオオカミ研究の現状と今後」）ほかの論考・随想を収載して、斯界に貢献出来たかと思っている。

先生のオオカミへの関心は、かなりはやく、一九三三年（昭和八）に遡って芽生えていたようである。一九三二年（昭和七）一一月に、三度目の上京を果した先生は、早稲田大学の徳永重康のもとで、瀬戸内海産の獣類化石の整理・研究に従事していたが、徳永が、「満蒙学術調査団」の団長を務めたことから、徳永に従って、中国黒竜江省の顧郷屯遺跡を発掘する機会に恵まれ、三か月ほどをその地に過したのであった。オ

オカミへの関心は、この大陸行によって惹起されたようで、『日本産狼の研究』（一九六五年）の「あとがき」で、

私が家犬の研究と共に、狼の研究を思いたったのは、昭和八年の夏、北満州におもむいたときにはじまっている。

北満州には現在なお多数に狼が棲息している。ことにこの地方に散在する遺跡をみると、どの遺跡からも、狼の遺骸の出土が多い。それが旧石器時代の遺跡になると、さらにその出土量を増し、狼と人間との生活上の関連性がいよいよ強かったことが知られる。さらにそれがシベリアになると、北満州以上に多量の出土が報ぜられている。こういうことから、私は狼が北半球での人間の生存には重要なつながりをもつ獣類であることを、あらためて深く認識した。

ニホンオオカミ（上）とシベリアのオオカミ（下）（『食物の歴史』上）

と書残している。顧郷屯遺跡で後期旧石器時代のオオカミの化石を発掘し、その後の研究で、シベリア地方にかけての多くの遺跡でオオカミの化石が出土することを知って、人間とオオカミの関わり合いが強かったことを認識し、それが契機となって、オオカミへの学問的な関心が生まれたというのである。

確かに、顧郷屯遺跡では、オオカミの化石も出土しているが、その資料については斎藤弘吉が調査し、実際に、先生が検討されたのはずっと後のことであり、しかも、蒐集した資料のごく一部であったようで、先生にとっては心残りであったと思われる。同

じ『日本産狼の研究』の一節で、

調査中に採掘した犬科獣類の遺骸については、故斎藤弘吉氏の乞を容れて、同氏に研究を委嘱し、その報文を一九三三年、『満蒙学術調査研究団報告』（二―四　九～一二ページ）に登載しておいた。これらの資料は、昭和二十年五月二十五日、早稲田大学が空襲をうけた際、資料室の炎上と共に消失した。ただオオカミ化石の一部だけが、その頃東京大学理学部人類学教室の長谷部博士にお貸ししていたために消失を免れた。しかし、同博士から、戦後、早稲田大学に返送されたのは、当初の資料総数の三分の一程度で、他は行方をたしかめることができない。

と伝えている。先生が調査し得たのは、わずかに一個体に属する右の上顎骨片と左側下顎犬歯一個であったということである。

また、『野性時代』（一―七、一九七四年一一月）に掲載されている畑正憲氏との対談（「オオカミの裔」）では、顧郷屯遺跡の調査中、夜間、トラックに併行して疾走するノロの大群を見て、それがオオカミに追われているのだと聞き、「野性の状態にあるオオカミを見たい」という、「まぼろし」のオオカミへの憧れとなったとも話しているのである。先生は、大陸の果てしなく広がる暗闇のなか、獲物を追って疾走する野性のオオカミの姿を想像して、オオカミへの関心を抱いたというのが案外本当のところかも知れないと私は思っている。大陸産のオオカミの遺存体については、東亜考古学会の委嘱によって、羊頭窪遺跡出土の資料などを調査する機会もあった（「羊頭窪貝塚出土の鳥獣骨について」『羊頭窪』一九四三年）。

（二）　オオカミに関する論考

数多い直良先生の著作・論考群のなかから、日本のオオカミを扱った仕事を摘出してみると、

①史前遺蹟出土の獣骨　八・九	『古代文化』一三―四・五	一九四二年四・五月
②日本古代農業発達史	（単行本）	一九五六年
③日本の化石オオカミ	『自然科学と博物館』二五―九・一〇	一九五八年一〇月
④秩父地方産オオカミの頭骨	『秩父自然科学博物館研究報告』一〇	一九六〇年六月
⑤奥多摩産ニホンオオカミの遺骸	『多磨考古』二	一九六一年一月
⑥日本産狼の研究	（単行本）	一九六五年
⑦ニホンオオカミは生きているか	『どうぶつと動物園』二二―一	一九七〇年一月
⑧最近東京で発見された狼の遺体	『武蔵野』四九―一・二	〃　〃
⑨日本人と犬と狼	『日本読書新聞』	〃　一一月
⑩秩父多磨丹沢（狼の話）	（単行本）	一九七二年
⑪古代遺跡発掘の脊椎動物遺体	（単行本）	〃
⑫オオカミの裔（対談）	『野性時代』一―七	一九七四年一一月
⑬日本産動物雑話（日本の狼）	（単行本）	一九七五年

など一三篇を挙げることが出来る。これらのほかにも、断片的ではあるが、『日本産獣類雑話』（一九四一年）や『日本哺乳動物史』（一九四四年）、『狩猟』（一九六八年）、『野生動物観察記』（一九七〇年）などにも関連す

る記述を見出すことが可能である。

また、先生には、「日本産の化石アカオオカミについて」（『早稲田大学理工学研究所報告』一〇、一九五八年一二月）と題する報告もあるが、アカオオカミはイヌ科でも、*Canis* 属ではなく、*Cuon* 属に分類されるわけで、名はオオカミでも、ここで問題としているオオカミとは関係ない。従って、紹介などは省略するが、前頁の一覧を見ても、かなり先生にとっては、数多い論及であったことが分かり、それだけ関心の深い研究対象であったことは間違いない。

(三) 研究の経緯

直良先生のオオカミ研究の経緯を回顧した場合、その前半期には、旧石器時代の化石と縄文期などの遺跡から出土した遺存体（旧くは、「亞化石」と呼称していた）に研究が限定されていたことを指摘し得ると思う。

先生は、戦中から戦後の困難な時期にも、化石や遺跡出土の遺存体を求めて精力的な調査活動を展開していたようである。北九州市門司区所在の恒見洞窟へは三度も足を運んだと聞くし、栃木県安蘇郡葛生町の石灰岩洞窟では、一九五〇年（昭和二五）前後からは、清水辰二郎や中沢保等の協力もあって、多くの資料の蒐集に成功したようである。清水と中沢は、『栃木県葛生地方 遺化石出土遺蹟集録』（一九五五年）を作成し、吉沢石灰丁場の旧第八丁場第一号裂罅など五個所にオオカミの化石の出土を報告している。巻頭には、先生の序「葛生は学問の道場として大切な所である」が附されている。③「日本の化石オオカミ」などは、先生の執拗な調査活動の成果である。

また、「史前日本人の食糧文化」（『人類学・先史学講座』一～三、一九三八年）や①「史前遺蹟出土の獣骨」などの啓蒙的な著作や講演によって、考古学者の間にも、遺跡出土の自然遺物に対する認識が高まり、採集資料の鑑別を依頼され、縄文期の貝塚などから出土したオオカミの遺存体を調査する機会も増加したようである。その頃、原始文化研究会という学会で、八幡一郎・山内静男・甲野勇などの人びとに交じり、先生は、貝塚出土の動物遺存体について詳細な解説をされていたという滝口宏先生の証言もある（「静寂不動の境地」『小田原考古学研究会会報』五、一九七二年四月）。高知県高岡郡佐川町城ノ台洞窟や浜松市の蜆塚貝塚などは、鑑別を依頼された資料のなかに、オオカミの遺存体を検出し得た事例である。

が、一九五〇年代も後半になると、江戸期から明治期にかけて捕獲されたというニホンオオカミの遺存体へも関心が拡大したことを指摘出来る。もっとも、一九四六年（昭和二一）五月には、上野の科学博物館に保管されていた剝製標本の調査を行っていたというから、この種の遺存体に関心がなかったわけではないだろうが、とにかく、一九五八年（昭和三三）からは、堰を切った奔流の勢いで、各地に調査活動を展開したことが知られるのである。いまになって、先生が新しい時期の遺存体に興味を抱かれた理由を確認しておかなかったことが悔やまれるが、あるいは、一九五六年（昭和三一）四月、神奈川県教育委員会主催の「民俗資料展」で、足柄上郡山北町の大野公麿氏所蔵のオオカミ頭骨を眼にしたことなどが契機になったかとも想像されるのである。⑥『日本産狼の研究』の挿図一一一のキャプションには、

ニホンオオカミ調査のために、秩父連山を踏破中の早稲田大学古生物学研究室員

昭和三十二年夏

とあって、一九五七年には、もう、ニホンオオカミの痕跡を求めて、調査活動を開始していたことが知られるのである。が、この時の調査行の具体的な目的や成果は不明である。

ニホンオオカミの頭骨調査中の直良先生（浅井徳正氏撮影）

記録によって、この新しい時期の遺存体への調査の経過を辿ってみると、前記した一九五八年（昭和三三）一〇月から六九年（昭和四四）二月の間に、多くの資料調査を実施し、とくに、一九六三年（昭和三八）までの五年間に、集中的に資料の観察・計測を試みていたことが分かる。秦野地方の調査には、秦野文化協会の人びと（梅沢英三・安本利正・柳川定春氏等）の協力があったし、小林茂や吉川國男君等との交わりが、秩父地方の調査の便宜となったことは確かである。

一九六五年（昭和四〇）六月に刊行された④「秩父地方産オオカミの頭骨」は、この種の資料の報告の嚆矢であり、小林茂との連名で発表されている。この頃、青梅の浅井徳正も先生に情報をもたらし、所在地を案内したこともあったようである（『多磨』一九六五年）。調査では、遺存体の観察・計測ばかりでなく、その遺存体の由来を聞取り、さらに、その地方のオオカミにまつわる伝承も採訪されたらしく、⑥『日本産狼の研究』には、そうした方面の調査結果が収録されている。

一九五九年（昭和三四）から六四年（昭和三九）にかけての先生の備忘録が、私の手元に何冊か存在するが、その所々にオオカミに関するメモや新聞の切抜きが見出される。一例を紹介すると、「一九五九・Dec.」と標記されている一冊に、

埼玉県狭山市、長谷川友枝氏（六二）市議会議員所蔵ニホンオオカミ

狭山市柏原一〇四三番地　長谷川氏宅
……

と書込まれた貼付けがあるが、その長谷川友枝氏所蔵の資料は、⑥『日本産狼の研究』に、「埼玉県秩父郡大滝村三峯近傍産？」の標題で紹介されているものである。備忘録に、オオカミに関するメモなどが頻出するということは、当時、先生が、ニホンオオカミについて、強い関心を抱いていたことの反映といって間違いないはずである。

⑥『日本産狼の研究』など一連の著作によって、考古学者以外のオオカミに関心を寄せる人びとにも、先生のオオカミ研究のことが知られるようになって、資料の提供を受ける機会が生まれたようである。『山村動物誌』の著者である松山義雄氏は、伊那谷に伝えられていたニホンオオカミの下顎骨というものを、先生に鑑別を依頼したところ、ツキノワグマの下顎骨であると教授されたという話が、『狩りの語部』（一九九七年）に伝えられている。

一九六三年九月に、報知新聞社と丹沢宣伝協議会が主催して、小田急百貨店に於いて、「丹沢展」が開催され、秦野市や津久井郡清川村などに遺存する資料群が展示されることがあった。もちろん先生も参観されたらしく、メモ入りの「丹沢展出品目録表」が残されていて、いまにそのことを伝えている。

（四）　研究の成果

①「史前遺蹟出土の獣骨」は、各地の貝塚から出土した獣骨に図を添えて解説し、貝塚を発掘する考古学者の獣骨鑑別の参考に供しようとしたものである。そこで、直良先生は、イヌ科の動物に、1アカオオカミ、

2オオカミ、3ヤマイヌ、4タヌキほかを挙げている。2オオカミは、北海道やシムシル島の貝塚出土の遺存体であったが、3ヤマイヌでは、横浜市杉田貝塚出土の左側下顎骨の実測図を添え、詳細な計測値を記し、その特徴を説明したほか、東京都板橋区小豆沢貝塚などで採集された資料にも克明な説明を施している。杉田貝塚出土の資料は、「全体の大きさは家犬の大型種よりもやゝ小さい」ものの、「下顎骨相及び臼歯の大きさと、咬頭の著しい尖塔的である点」から、ヤマイヌと判断したものであった。

なお、この稿で、先生がヤマイヌといわれたのは、ニホンオオカミのことであり、ニホンオオカミをオオカミの亜種と考えていたことは、*Canis lupus hodohylax* とされていることから明確であった。オオカミは *Canis lupus lupus* とした。なお、先生はこの時期の論考では、*Canis lupus hodohylax* としているが、『日本産狼の研究』になると、*Canis lupus hodophilax* としている。

この頃、先生は、史前遺跡出土のイヌ科 *Canis* 属の動物を分類して、三種に大別する立場を主張していた。一九三八年（昭和一三）、「史前日本人の食糧文化」を執筆した段階で、陸棲哺乳類四三種、海棲哺乳類一〇種のほか、貝類二二二種、魚類三六種、鳥類八種などを集成しており、

両三年来暇のある度に諸所をかけ回つて色々の方面から資料を蒐めてみた。

という記述も誇張でないほどに、膨大な資料を蒐集していたが、とにかく、イヌ科動物をオオカミ（*Canis lupus lupus*）・ヤマイヌ【ニッポンオオカミ】（*Canis lupus hodohylax*）・ニッポンイヌ（*Canis familiaris japonicus*）の三種に分類して記述しているのである。

『日本産獣類雑話』（一九四一年）の「史前日本人と犬」に於いても、亞種を含めて四種（1ヤマイヌ、2アヲシマイヌ、3ニッポンイヌ、4ニッポンイヌ×ヤマイヌ）に分類する松本彦七郎や、五種（1カニス オオカミ、2

カニス ハミリアリス ニッポネンシスブリマス、3カニス ハミリアリス ニツポネンシス セカンダス、4カニス ハミリアリス ニッポネンシス テルチウス、5カニス ハミリアリス ニッポネンシス クアルタス）に分類する長谷部言人の理解を、

結局は細別した物差しで自分自身が首を絞められるといったやうな案配になつて行き、可成り困難な問題がいくつも、もち上がつてくるのである。

と批判している。結論的には、「犬の場合には、あまりやかましく細別しない方針」を採るべきであるとして、三種（1オオカミ、2ヤマイヌ、3ニッポンイヌ）に大別することを主張していたのである。先生は、松本が挙げるアヲシマイヌとニッポンイヌをニッポンイヌで一括しているわけである。

「史前日本人の食糧文化」を執筆した段階では、アカオオカミは確認していなかったようで、犬科にアカオオカミが挙げられるようになるのは、①「史前遺蹟出土の獣骨」からである。そこでは、イヌ科に属するものとして、1アカオオカミ、2オオカミ、3ヤマイヌ、4ニッポンイヌ、5タヌキ、6オクダヌキ、……と一二種を列記しているが、イヌ属（*Canis* 属）とするのは、オオカミ、ヤマイヌ、ニッポンイヌの三種であった。1アカオオカミは、（*Cuon alpinus*）と区別されているのである。一九四四年（昭和一九）刊行の『日本哺乳動物史』収載の「史前日本の哺乳動物」でも、まったく同じ分類である。一九四一年とか一九四四年という時点でも、先生が、イヌ科の動物を、イヌ属（*Canis* 属）とかアカオオカミ属（*Cuon* 属）とか、細分する認識をもたれていたことは確かであるが、資料の僅少性と論考の性質により、敢えて、イヌ科動物を細分することはしなかったかのようである。また、私は、この分野はまったくの門外漢であるので、断言することは憚られるが、先生は、問題の獣類をニホンオオカミと呼び、*Canis lupus hodohylax* と認識したもっ

ともはやい時期の研究者の一人であったといえるように思うのである。「史前日本人の食糧文化」と前後して刊行された黒田長禮編『日本産哺乳類目録』（一九三八年）には、

Canis lupus hodohylax　ヤマイヌ（山犬）、日本狼、豺【当字】

とあり、さらに、一九四〇年（昭和一五）刊の『原色日本哺乳類図説』（黒田長禮）にも、

やまいぬ　山犬・日本狼・豺【当字】 *Canis lupus hodohylax*

とあるが、これら以前には、「ニホンオオカミ・*Canis lupus hodohylax*」と呼称した例を知らない。あるいは、先生は、一九二〇年（大正九）には、農商務省の臨時窒素研究所に勤務したから、同省が編纂した『哺乳動物図解』（一九二五年）を眼にしたとしても、「*Canis lupus hodohylax*・ヤマイヌ」とはあっても、日本狼ないしニホンオオカミの呼称は見えない。遡って、一八七六年（明治九）の田中芳男訳纂『動物学 初篇哺乳類』では、「*C. hodohilax*、日本産豺」とあって、「豺」は「ヤマイヌ」と訓まれている(1)。

③「日本の化石オオカミ」では、一九五八年（昭和三三）までに確認した、北九州市門司区の恒見洞窟や青森県下北郡東通村の採石場列罅中、栃木県阿蘇郡葛生町の石灰岩地帯出土の化石群と、高知県高岡郡佐川町の城ヶ台石灰洞など縄文期以降の遺跡から出土した遺存体群を整理、紹介している。なかでも、東通村で検出されている下顎の第一後臼歯の現存歯冠長三四・五ミリ（若干の破損があり、三五・〇ミリと推定している）を計る資料は、「世界最大の第一後臼歯」であると評するなど(2)、それぞれの特性を指摘しながら、日本列島に於けるオオカミの消長を描いて、

最初に日本に渡って来たオオカミはユウラシア大陸に分布していた大型のものの一類であったが、それも時代を経るにつれて小型へと変転して行った。日本産の化石オオカミも、本来ならば、いくつか

の種や亜種に分類される筋合いのものであるかもしれない。が、あまりにもその発見例が乏しい。この乏しい資料に、標品のもつ大きさやわずかな骨学的標徴を摘記して種類わけをすることは早計のそしりを免れない。そこで私は本稿では殊更に *Canis lupus* 一種として扱い、大型から小型へと変転して行った跡をしのぶことにとどめた。

とまとめている。先生は、小型化の原因を、島嶼化によるものと「簡単にけりをつけてしまうことは無理」で、「体軀の小型である点と臼歯の特徴から、南アジアに分布しているジャッカルと関係をもったオオカミであったように考えられ」、「ニホンオオカミの出現については、ジャッカルとの問題が考えられる」とも指摘しているのである。

④「秩父地方産オオカミの頭骨」は、埼玉県秩父市品沢川向や高篠栃谷出土の資料など六点を紹介して、なかでも、秩父郡野上町や秩父市橋立洞窟産の資料に強い関心を示し、それらは、長谷部言人や清水大典がいう大小二種のオオカミ（「体毛が灰色に黒ずみ形の大型のもの」と「体の小さい体毛の灰褐色系」のもの）のうち、大型オオカミの部類に属するものであり、「普通にニホンオオカミと呼んでいるものは後者の小型オオカミであったということになろう」と結論している。これらの資料によって、秩父地方に、「大小型のオオカミが生息していた事情が遺骸からも察知し得られる」という先生の指摘は興味深いものがある。

先生によれば、その野上町岩田産の頭蓋骨は、現存長二一五・〇ミリであるが、捕殺時の切截やその後の削り取りなどがあって、復原長は二三五・〇ミリから二四〇・〇ミリを計ると推算されている。もし、これが正しいとすると、斎藤弘吉が計測した一五個体の頭蓋骨全長の平均値二一六・九ミリを大幅に上回り、その最大値（二三六・〇ミリ）に近いか、あるいは超えることにもなる（『日本の犬と狼』一九六四年）。さらに、

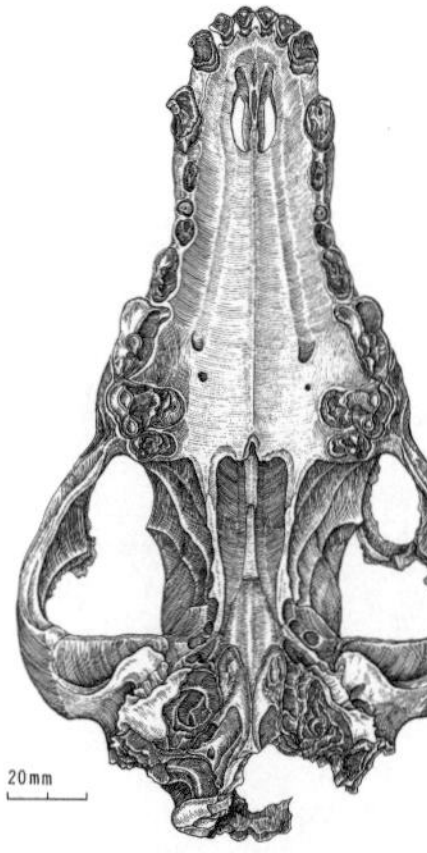

ニホンオオカミの頭骨測図（埼玉県秩父品沢川向産）

種としての特色を割合に保有している歯牙の示す数値は、「ニホンオオカミ特有の価をもっている」ものの、「その一面、大陸のオオカミに近い価を示していることが知られる」と結論しているのである。

⑤「奥多摩産ニホンオオカミの遺骸」では、西多摩郡御嶽大塚山で捕獲した資料や同郡檜原村採集の遺骸を報告したものである。

⑥『日本産狼の研究』は、先生が、「機会のあるたびに、日本をはじめ近周大陸産の狼の研究にはげんできた」、三〇有余年の成果をまとめたもので、全体を、「過去のオオカミ」「ニホンオオカミの遺体」「日本近周地域産のオオカミ」の三部に分け、さらに、「附」として「狼とその生活」の一項を加えて構成している。一部から三部までは、先生が調査することの出来た資料の報告で、頭骨の計測や歯牙の調査を主とし、⑤稿までに紹介した論考を核として構成したものである。ただ、先生は、はやい時期に集められた資料群を、一九四五年（昭和二〇）五月二五日の東京大空襲によって消失してしまったため、戦後に集めた資料が論考の根幹をなしているわけであるが、二九〇頁に及ぶ大著で、本書が先生のオオカミ・ニホンオオカミに関する集大成的著作であることは間違いない。

オオカミ研究家として知られる平岩米吉も本書を購読しており、その著『狼―その生態と歴史―』（一九八一年）の一節で、

直良信夫氏は神奈川（丹沢）、静岡（十里木）、長野、山梨、埼玉（秩父）等の各地で見聞した多数の狼

の骨骼を調査し、昭和四十年十月、大冊『日本産狼の研究』を著わした。おもに頭骨の計測であるが、特に歯の研究に重点がおかれている。

と、先生の仕事の特徴を紹介している。ただ内容的には多少の批判もあり、先生が「福井県下のオオカミ」の項で、明治末期に、福井城内で射殺されたオオカミを、主として、頭蓋全長に対する顔面長（眼窩前縁から上顎骨端までの長さ＝吻部《ふんぶ》長）の比によって、ニホンオオカミと推定されたことについては、「直良氏が眼窩下部（吻部）の長さを重視しているのも……首肯できる」としながらも、

直良氏は頭蓋全長をこの吻部の長さで割ったため、却って、まぎらわしい指数が出て、氏自身思いちがいをする結果を招いた。というのは、その指数が少なければ吻部の長いことを示すのに、氏はこれを逆にとって、当然、朝鮮狼とすべき個体（福井市で脱走して射殺された）を日本狼と判定したからである。

と訂正している。つまり、先生は、チョウセンオオカミと比較して、ニホンオオカミは顔面長（吻部長）が短いという特徴を正しく理解しながら、係数処理を誤って、逆の判断をしてしまったというのである。

先生は、『日本狼の研究』刊行後も、資料の蒐集には努力を継続しており、⑧「最近東京都で発見された狼の遺体」は、一九六八、六九年（昭和四三、四四）に、新たに東京都下の青梅や西多摩郡瑞穂町で調査した遺存体四例（頭蓋骨＝三　毛皮＝一）の報告である。それらのうち、瑞穂町石畑で捕獲されたという資料は、

下顎骨からみると、かなり大形の狼であったことが知られる。下顎骨のもつ骨学上の特色は、丹沢山系の菩提で採集され、今梅沢英三氏の収蔵に帰している下顎骨が、石畑産のものにはなはだよく似ているようにおもわれる。すなわちニホンオオカミとはいえ、その原種的な特徴を多分に具備していた狼であることが是認されるのである。

と指摘し、さらに毛皮標本から、頭胴長を一二六〇ミリと計測、報告しているのである。この頭胴長一二六〇ミリというのは、以前、私が調べた範囲で最大級の数値であった(3)。

⑪『古代遺跡発掘の脊椎動物遺体』では、⑥『日本産狼の研究』に「こぼれ落ちた資料」を探索、収録するということで、⑧「最近東京都で発見された狼の遺体」で報告した資料のほかに、長野県茅野市栃窪岩陰遺跡や高知県高岡郡佐川町城ノ台洞窟出土の縄文早期の遺存体(4)や埼玉県と東京都そして秦野市内で採集された資料などの調査記録を収録している。栃窪岩陰遺跡出土の遺存体は、ニホンオオカミの臼歯と比較してみると、「はるかに大形であり、その歯相がかなり豪快さ」をもっていることから、「シベリアオオカミと査定しておくのが妥当」とされ、城ノ台遺跡出土のそれも、大小二形があるものの、「概して大形でその骨学的特徴が化石狼的であった」ことを確認し、「北方系の狼と考えなければならない」と指摘している。城ノ台洞窟出土の遺存体については、一九四一年(昭和一六)に、長谷部言人によって、佐川狼 *Canis lupus Sakawaensis* と命名されていたが(「石器時代遺跡出土日本産狼二種」『人類学雑誌』五六―一一)、先生は、その大形オオカミを、四国が分離した時に閉じ込められた「化石狼」の後裔が、縄文早期まで遺存したものと推定した。なお、東通村出土資料と同様、ここでもニホンオオカミほどの小形オオカミの棲息も確認されたという。

⑫「オオカミの裔」は、畑正憲氏との対談で、オオカミへの信仰、日本に於けるオオカミの消長、家犬との関係など多方面にわたって論じたものである。

いま、一般には、ニホンオオカミは絶滅したものと理解されているが、斐太猪之介など、その生存を信じて、積極的に痕跡を求め歩いていたようであるし、なお、残存説を唱え、探索を継続している人びとも少なくないようである。生存を信じ、追い求めることに「ロマン」を感じるのであるが、この問題に対する先生の理解は、⑥『日本産狼の研究』などに示されている。先生は、一九〇五年（明治三八）以来、「真実のニホンオオカミが一頭も捕獲されていない」ということから、*Canis lupus* としての真正なオオカミの生存については否定的であったが、

今日関東地方に遺存しているニホンオオカミの頭骨類を検してみると、狼本来の標徴を有しながらも、なおかついちじるしく、家犬化した頭骨類がはなはだ多い。

という事実を重視し、

古沖積世以降、島となった日本では格子や鎖のない柵飼いの状態となったのと同然である。……爾後約一万年のあいだ、最も不自然な生活環境のもとで、生存を余儀なくされた狼は、その間に家犬と雑婚せざるを得なくなり、あるものは家犬に同化吸収され、またあるものは家犬のために追放され、次第に姿を没し去っていったものとみなければならないだろう。

と推察しているのである。犬とオオカミの雑婚が行われた事例として、アラスカのイビウタック遺跡に於ける事例などを紹介しながら、ニホンオオカミと家犬や野犬との雑婚が行われていたことは間違いなく、従って、「現生の日本古来の家犬の中に、また狼的な骨学上の特徴をもったものが、あるいはまったくないとはいいきれない」といっているのである。さらに、「先祖がえりしたものが出るということは十分に考えられる」とも指摘している。そうした事情から、これからのニホンオオカミの探索には、

単に生活状態だとか姿態だとか、あるいは排泄物やなき声や足跡だけに注目しないでできれば骨学上の特徴を十分配慮していただきたいのである。

と、研究の方向性を示唆してもいるのである。もっとも、このニホンオオカミの頭骨に、家犬的特徴をもつものが認められるのは事実としても、

これをもって家犬との交雑が進行したと短絡してはならない。人間による攪乱により個体群の行動圏が縮小され、個体群サイズが小さくなったことで低質個体群化が進行した結果、頭骨の形状に変異が表現された可能性も残されているからだ。

という中村一恵氏の指摘もあり（「CGで見る丹沢産オオカミの生息地」『オオカミとその仲間たち』一九九八年）、事実はそう簡単ではないようであるが、先生が研究をされていた時点では、一つの見識であったことは疑いないであろう。

先生は、終始、ニホンオオカミは捕獲や疾患によって絶滅したのではなくて、生態的には、大陸性のオオカミが、劣勢な立場に置かれ、やがて家犬のなかに同化吸収されて跡を断つに至ったと考えていたのであった。ただ、こうした先生の理解にも、平岩米吉は批判的で、とくに先生の名を挙げているわけではないが、

狼は家犬と混血することがあるから、たとえ、日本狼はいなくなっても、日本犬のなかに吸収されて残るのではないかという説があるが、そのようなきわめて希にしか、あり得ないことに全部を託すのは、夢想家の抱く幻影というほかはない。

と記していることも付け加えておく。

註

（1）黒田長禮編『日本産哺乳類目録』（一九三八年）などの文献の閲読には、中村一恵氏のご配慮を頂いた。なお、*hodohylax* は現在では *hodophilax* とある。

（2）この資料については、尻屋崎出土として、斎藤弘吉（『日本の犬と狼』一九六四年）も、最大級の下顎第一後臼歯であることを指摘している。

（3）引用文中に、「丹沢山系の菩提で採集され」た下顎骨とある。確かに、菩提産の下顎連合部を使用した根付けが存在するが、先生が、『日本産狼の研究』で、「ニホンオオカミとしてはずばぬけて大き」い資料として例示しているのは、提示されている歯冠長二七・五ミリ、歯冠幅一〇・一ミリという数値から判断して、「東秦野町産」とある下顎骨を指すように考えられる。なお、この下顎骨長は一七二・五ミリと計測されており、斎藤弘吉が報告した一七頭の平均値一五九・一九ミリをはるかに上回り、その最大値一七二・三ミリに近似しているのである。なお、拙稿「ニホンオオカミへの素朴な疑問」（『狼―伝承と科学―』二〇〇四年）を参照。

（4）城ノ台洞窟出土の遺存体については、一九四一年（昭和一六）に、長谷部言人と酒詰仲男が紹介しているが（「土佐佐川町城台石灰洞堆積調査概報」『人類学雑誌五六―九』）、ここで報告している資料は、岡本健児氏の調査を契機に、その「佐川狼」と呼称されていた資料（高知県所有）を再調査したものである。

（補註）『日本古代農業発達史』には、栃木県安蘇郡葛生町会沢宮田石灰工業株式会社採石所列罅出土の「シベリヤオオカミ」頭骨や左側下顎骨などの実測図が提示され、それは、

　最近まで本邦に棲息していたヤマイヌ（ニッポンオオカミ）ではなく、まさしくシベリヤオオカミ系の大形のものであった。

と記録している。この遺存体については、『日本産狼の研究』では、

現状から復元してみると、頭蓋骨長がおおよそ二六〇ミリ、基底骨長が約二五〇ミリであったから、すばらしく大形なオオカミであったことが考えられよう。シベリア産のオオカミ（頭蓋骨長二三五・二ミリ、基底骨長二一九・〇ミリ）に比べてみると、頭骨はひとまわりほど大きく、歯牙の鋭さは、シベリア現生のオオカミよりは、むしろ満州産オオカミのものによく似ている。

とある。

6章　古代農業の研究――粗放農業論の提唱

(一)　公開講演の思い出

学生時代の私は、文献史学、それも日本古代の社会経済史的な勉強を志していたから、考古学的な講義を受講することはなかった。というよりも、当時、私が在籍した大学の文学部には、考古学の講座はほとんどなく、わずかに、共通専門科目に、駒井和愛先生の東洋考古学概論と直良先生の先史地理学が開講されていただけであったと記憶している。あるいは、駒井先生の概論は大学院での講座であったかも知れない。私は、この科目では、源氏物語の研究者である岡一男の日本文学主潮などを受講していた。だから、一九五七年(昭和三二)一一月一六日に拝聴した、直良先生の「日本農業の起源と発達」は、学生時代に聴講した唯一の考古学的な講演・講義であったといって良いかも知れない。

当日は、早稲田大学史学会の秋期大会の日で、七月に学位を取得したばかりの先生が公開講演をされたのであったが、その日の私は、明石原人や旧石器文化ではなく、古代農業、とくに稲作について語る先生に、やや奇異な感じを抱きながらの聴講であったように覚えている。つまり、その頃の私は、先生の古代農業の分野に於ける仕事に認識が及んでいなかったのである。

私が卒業論文のテーマに、古代の水稲耕作に於ける灌漑用水の問題を取り上げようと決めたのは、三年次の初夏の頃であったから、先生の講演を拝聴して、六か月ほどを経過してのことであった。その年（一九五八年）、東日本は未曾有の大旱魃で、水稲耕作は危機的な状態に陥り、各地で深刻な水争いが展開していたのであった。現代社会に於いても、灌漑用水の争奪で「血なまぐさい」騒動が起るとすれば（『読売新聞』五月三〇日夕刊）、古代社会での用水管理はどのようになされていたのかという単純な発想から、記紀などに記載された政治権力による池溝の開設記事に遡って、我国に於ける古代権力（朝廷）と灌漑用水権の問題を考えてみようとしたのであった。ウイットフォーゲル『東洋的社会の理論』（森谷克巳・平野義太郎訳、一九三九年）などが重要な手引きであった。

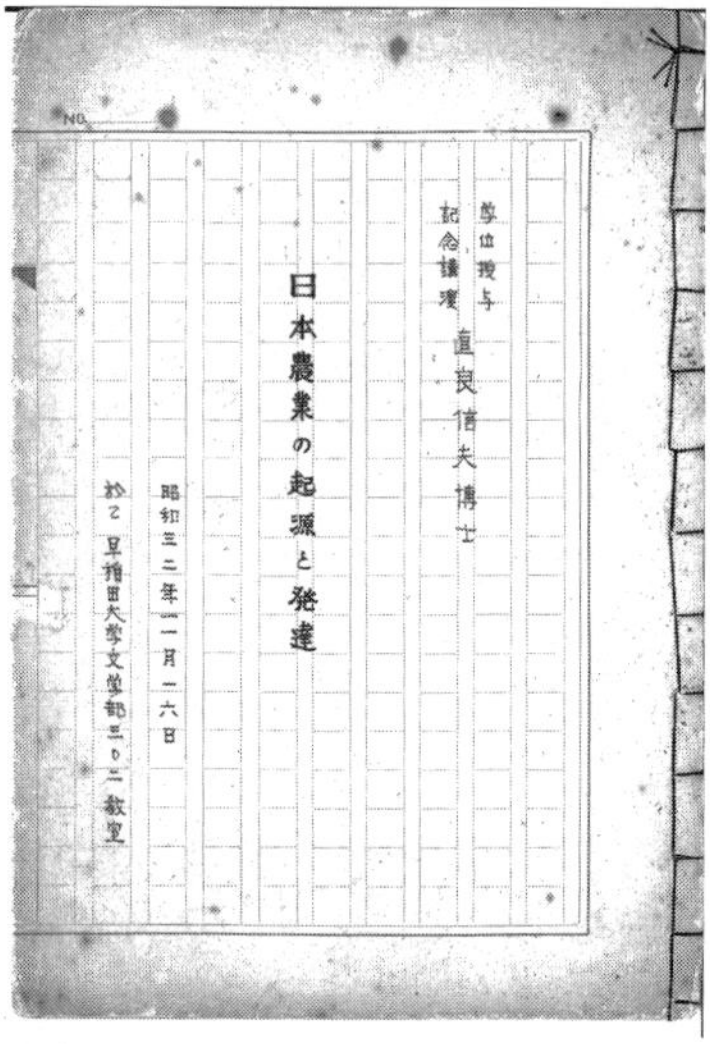

直良先生の公開講演の筆記

従って、先生の講演を聴講した時点では、日本古代史の勉強を志してはいたが、未だ、稲作に特別な関心があったわけではないはずである。が、手許に、「学位授与記念講演 直良信夫博士　日本農業の起源と発達　昭和三二年一一月一六日」と標記した表紙に、数枚の原稿用紙を綴じたものが保存されている。末尾に、

直良信夫博士の講演の要点・要旨を筆記したものを成文化し、再編したものであります。

と註記してあるから、先生の講演をノートし、帰宅後に整理したものであることが分かる。熱心に聴講したことだけは確かなようである。

講演から一年ほどして、多分、三年の秋か冬の初め頃だったかと思うが、洞富雄先生の紹介で、卒業論文の主査を直良先生にお願いすることになった。その頃になれば、多少の考古学的研究の報告書にも眼を通し、森本六爾『日本農耕文化の起源』（一九四一年）や後藤守一『日本古代史の考古学的研究』（一九四七年）なども繙き、先生の『日本古代農業発達史』（一九五六年）も拝読していたと思う。が、それは『日本書紀』や『続日本紀』などの関係史料を理解するための参考としての閲読であった。洞先生の「理工学部に、直良先生という偉い先生が居られるから、私が紹介するので、ひとつ勉強してきなさい」の一言で卒論の主査は決まりであった。そんなことで、先生の古代農業に関する研究、なかでも、その『日本古代農業発達史』と「日本稲作農業の起源と発達」（『歴史教育』六―四、一九五八年四月）は、若い頃の私にとって思い出の深い著作・論考である。

（二）弥生農耕論の出発 ― 山内清男と森本六爾

弥生期が水稲耕作社会であることを積極的に論証しようと努めたのは、森本六爾であった。いま、その森本が情熱のありったけを注いで刊行した、『日本原始農業』（一九三三年）や『日本原始農業新論』（一九三四年）などを手にする時、私は森本の弥生文化の解明に賭けた熱意を強く感じるのである。また、弥生式土器集成といえば、『弥生式土器聚成図録』（一九三八年）ばかりが周知されているが、森本の生前にも、森本『弥生式土器図集 第一輯』（一九三三年）や、林魁一『美濃国弥生式土器図集』（一九三四年）が刊行されており、仁科義雄による『甲斐国弥生式土器図集』も準備されていたようである（山本寿々雄『山梨県の考古学』一九六八年）。藤森栄一さんは、「僕には実力不足だ」と断わったようであるが、信濃国の分をまとめるよう森本からの依頼があったらしい（『藤森栄一の日記』一九七六年）。森本の企画した府県別の弥生式土器図集の出版も、緒につき始めていたのであった。その森本との交友が、直良先生に古代農業への関心を抱かせたようである。『日本古代農業発達史』の「序」にも、

私が日本の古代農業に関心をもつに至ったのは、昭和七年の夏に遡る。当時故森本六爾氏はもっぱら弥生式土器を中心として、この文化の解明に熱中されていた。弥生文化の研究は結局、古代農業文化の究明に落着するので共々に研究すべきことを提言された。よって爾後数年間私は同氏と共にこの方面の調査研究に従事した。

といっている。だから、一九三六年（昭和一一）一月の森本の逝去は、先生にとっては大切な研究上の同志を失ったことになり、一時は張合いをなくし、古代農業の研究から遠ざかることにもなってしまったらしい。

先生が弥生期の農業に興味をもち始めた頃、すでに、山内清男も弥生期に於ける稲作農業の存在を指摘して、何篇かの論考を発表していた。山内は片刃石斧（抉入石斧）に注目して、それを「満鮮」（中国北東部と朝鮮半島）伝来の土掘り具＝鍬と理解し、「弥生式に於いて農業の発達を示す器具としての証跡」と主張していたのであった（「磨製片刃石斧の意義」『人類学雑誌』四七―七、一九三二年七月）。また、石包丁も「穀物の収穫具の古い形態」で、「穂に近く刈るに適したものであって、弥生式に於ける稲の刈取りもこの方法であったことが類推され得る」と、石包丁による穂首刈りの慣行を指摘していた（「稲の刈り方」『ドルメン』三―四、一九三四年四月、「石包丁の意義」『ドルメン』三―一一、一九三四年一一月）。もう少し詳しく紹介すると、民族例を参照しながら、「或はこの形態の鎌は、東亜農業史に於ける女性農耕の時期、即ち、Hackbau-Stufe とある連関を持つかも知れぬ」ともいっているのである。森本の逝去の翌年には、「日本に於ける農業の起源」（『歴史公論』六―一、一九三七年一月〈『先史考古学論文集・第四冊』一九六七年による〉）を発表し、「縄紋式文化

では大陸との交渉が著明では無かったが、弥生式の時代には事情が全く変り、幾多の新文物がこの方面から伝来するに至ったのである」といい、そのなかで、「最も重要なものは農業の伝来であろう」と指摘している。ただ、山内は、栽培された植物はイネに限られ、その稲作も「女子の仕事」として行われた耨耕民《じょくこうみん》Hackbauer程度の段階としている点で、先生や森本とは異なっていたようである。山内は、森本を批判して、

故森本六爾氏が弥生式を農業社会と認めて居り、支配的な生産手段が農業であったと考えて居るが、これは、恐らく過大視と云うべきであろう。

といっており、弥生期農業については、森本とはかなり異なった見方をしていたことは確かである。

が、なによりも、東北地方の「石器時代遺跡中寧ろ其末期に近きものなることが推測される」土器底部に、稲籾の圧痕が存在することを確認したのは山内であった（「石器時代にも稲あり」『人類学雑誌』四〇―五、一九二五年六月）。もっとも、この論考は、山内の提出した原稿に長谷部言人が加筆・訂正したものであって、終生、山内としては、「自分の稿である気がしていない」ものであったという。後年、山内執筆の原稿（「石器時代土器底面に於ける稲籾の圧痕」）は、『山内清男・先史考古学論文集・第四冊』（一九六七年）に収録された。その籾圧痕を有する土器については、「縄紋式的色彩が薄く、却って弥生式的傾向が著しい」もので、「恐らくは縄紋式石器時代の末期に近いもの」と位置づけていたが、現在の研究の成果では、弥生中期に属するものとされている。

こうした一連の研究によって、弥生期の稲作農耕に注目し、研究の先鞭をつけたのは自分であるという自負が、山内には強くあったことと思われる。が、森本や東京考古学会のメンバーたちは、活発な活動を展開しながらも、山内の仕事にはほとんど顧慮することがなかったから、山内は「私の所見や辞句を利用して置

きながら、典拠を示すことなく、恬然我が物顔して居るのは奇怪千万である」と、強い不満を漏らしていたのであった（『日本遠古之文化』一九三九年）。前掲の「日本に於ける農業の起源」では、

石包丁も……、これはアンダーソンの所説のあつた後も、弥生式に於ける穀物栽培と関連して考察されなかつた。これも近年に至り、自分や八幡氏等によつて再び問題とされるに至り、森本氏等もこれに追従して来たり、今では殆ど常識化されるに至つたのである。……

……弥生式に於ける片刃石斧は実は斧ではなく、主として鍬として、土工に用ひられ、これは当時の農耕具の一つとして数へ得るものと思はれる。……この所見はその典拠を明示することなく森本氏によつて再説されて居る。

と、その不満の因って来るところを明記しているのである。

確かに、石包丁に関する理解について、森本は山内の仕事に一言半句も言及することはなかったが、私の知るかぎり、石包丁にイネを収穫するための鎌としての機能を考え、公表したのは、山内の方が早かったように思う。即ち、森本は、一九三四年（昭和九）三月の「稲と石包丁」（『考古学』五—三）に於いて、

農具としての石包丁は、鎌又は鎌の如きものとして使用されたとはいへ、かのエジプトの古代に於けるが如く、稲を穂から摘むだとなすべきである。

といっているが、すでに、山内は『考古学年報（二　昭和七年度）』（一九三三年九月）に寄せた「磨製片刃石斧の意義」の〈著者抄〉のなかで、

弥生式には穀物として稲の存在が知られ農業は一般化して居たに相異ない。弥生式に於いて鍬として片刃石斧、（本稿には述べなかつたが、鎌としての石包丁が、）この新しい経済生活に伴つて伝来したもの

と考へられるのである。

と、森本の主宰誌に於いて、石包丁に鎌としての機能を指摘していたのである。また、一九三四年（昭和九）一月の東京考古学会例会では、八幡一郎先生が「石包丁に就いて」の演題で、弥生期に於ける石包丁を理解する参考のためにと、「北支那・満蒙」（中国北東部）の事例を紹介していたのである（「会報」『考古学』五―三）。森本は、山内も八幡先生の名も挙げることはなかったが、その論考は原稿の段階から眼にしていたはずである。先生は、「森本にも狡いところがありましてね」と笑っていたが、こんなところも山内に強い不満を感じさせたのであろうか。また、森本等は、土器底部にある稲籾圧痕を弥生稲作農耕の資料として重視し、『日本原始農業』（一九三三年）や『日本農耕文化の起源』（一九四一年）の口絵に、枡形囲遺跡出土の土器底部の写真を掲載するが、その図版は、山内の論考に添附されたものであった。それでも、『日本原始農業』では、各地の籾圧痕のある土器の報告の最後に、藤森さんによる山内論考の抄録（「陸前枡形囲貝塚の籾痕を有する土器」）が収載されているが、『日本農耕文化の起源』になると、編集者の藤森さんの責任ではあろうけれども、まったく掲載図版の出典が記載されることはなかった。

先生が、古代農業に関連する論考を発表したのは、一九四一年（昭和一六）九月になってからであった。雑誌『科学知識』（二一―九）に、「日本太古の米」を発表したのが、関連する論考の嚆矢となるようである。一九四一年では、森本以来の努力によって、もう弥生文化が水稲耕作や金属器を伴う高度の文化であることは解明されつつあったが、そのなかでの発言であり、森本の「お前は自然科学の方から解き明かしてみないか」との約束通りに、自然科学面からの言及であった（『学問への情熱』）。その「日本太古の米」では、

当時（弥生期……引用者註）の米は、長さが比較的に短かくして、胴膨れのやや少ない長楕円形のもの

であって、今の大陸米の範囲に入るものである。……当時、米は九州から中国関東を経て東北地方迄分布してゐたのであるが、その最も多見される地方は何と云つても九州から近畿にかけてである。九州の米も、東北地方の米も、形の上では大した変化を見せてゐないが、只東北地方、殊に青森県亀ヶ岡から出土したものは、多少小粒である。……之等の米の形の上から判断すると、水稲といつても、今のやうな完全な水稲ではなくて、多分陸稲との中間様の栽培法がとられてゐたのではあるまいかと考へられる。が、米を出土する遺跡が、大体として、当時池沼や小川のあつたやうな低目な所に面してゐて、その附近の低地が稲の栽培地ではなかつたらうかと思はれる所が多い事も、考慮してみねばならない事である。稲の栽培法が、どんな方法であつたかは、素よりその詳細は不明であるが、……おそらく一定の組織のもとに牛馬若くは人力によつてまづ地は耕され、苗は床に仕立てる事なく直播きの方法ではなかつたらうか。実つた稲は穂だけちぎつて集め、後、臼のやうなもので搗いて玄米としたらしい。……米食の風習は……所謂弥生式文化人の社会に盛んであつた事は、その出土状態がよくこの事実を物語つてゐるのである。その分布が又西に濃く傾よつてゐた事も、中心が此の文化圏の中にあつた事を示してゐる。然して縄紋式遺跡に見られる米の文化は、寧ろ弥生式文化から夫が流れ込んだと解すべきであらう。……元来稲そのものの植物学的立場からするとその原産地は南亜細亜である事は争はれないのであるが、それが南亞から直かに海を渡つてすぐ日本に渡来して来たやうな事は、今日の事実からは承認されない。その可能性は充分考へられるにも拘らず、米の形態とそれに附帯する文化からすれば、どうしても一度大陸、特に満支の地でそれが消長せられて、後大陸文化の移入に伴つて日本に来たもののやうである。その他の穀物や果物、即ち大麦、小麦、ブドウ、アンズ、桃、瓜などに至つても同様なのである。

と記述している。きわめて長い引用になってしまったが、その頃の稲作に関する先生の基本的な理解は充分に把握出来るかと思う。奈良県の唐古遺跡の報告書も刊行されていないし、静岡市の登呂遺跡は発掘調査さえ行われていなかったから、水田遺構については、未だ、充分なイメージを描くことが出来なかったのであろう。低湿地の利用は考慮しつつも、水稲か陸稲の中間的な栽培法が採られていたのではないかとしている。また、縄文期の遺跡から検出されるイネについては、弥生人のもとから流れ出したものと推定していたが、そのイネは「大陸米」に属し、原産地の南アジアから直接に伝わったのではなく、一度、中国北東部に伝播したものが、大陸文化の渡来に伴って我国に伝来したものとしている。穀類や果実の栽培も、この中国北東部からのルートを考えていた。いわゆる北方伝来説の提唱であるが、また、この時点で、畑作農業の重要性を認識していたことは、先生の研究姿勢の顕著な特徴であったと指摘し得るのである。

（三）「日本米食史考」と「古代の穀物」

一九四三年（昭和一八）までは、活発に論考や随想を発表していた直良先生も、一九四四年（昭和一九）に入ると、単行本二冊（『上代日本人の生活』と『日本哺乳動物史』）を上梓したものの、論考は「日本米食考古史」（『科学知識』二四―五、七月）一篇を発表し得たばかりであったし、翌四五年（昭和二〇）には、私は、一篇の論考・随想も確認し得ていない。一九四六年（昭和二一）になれば、『秋』と『三光鳥の鳴く朝』が刊行され、学術的には「蒙彊北沙城発掘《モウキョウホクサジョウ》ノ自然遺物」（『万安北沙城』）一篇を見るが、空襲による被災と生活の再建のなかで、先生はまったく著述どころではなかったのであろう。それでも、敗戦から二年、一九四七年（昭

中野区江古田の自宅前で（1946年4月）

和二二）になると、もう、『古代日本人の生活』（古文化叢刊）や『モズの生活』（珠玉叢書）、『私達の祖先の話』（たのしい科学）を刊行し、「古代の穀物」（『あんとろぽす』二―一、二月）や「日本に於ける旧石器文化」（『あんとろぽす』二―二、九月）、「古代日本の食物」（『科学画報』三六―九、九月）などを発表したのであった。戦災で、文献や資料のほとんどを失った先生には、著述も大変に困難なことであったと思われる。戦争直後に、先生を訪ねた藤森さんは、その頃の状況を描写して、

> 街角もなく、荒地の中に一軒ぽつんと立った直良さんの小屋へはまっすぐにいけた。小屋は焼け残った丸太を集めてきて組み合せた本当の校倉式の小屋だった。小屋はたった一間で、……奥の丸太の壁に小さな吊棚が一つあって書物が二三冊立っていた。……私はなぐさめる言葉にきゅうし、何かのお手助けにもと思い、博人さんと中野へ出て、古本屋で手当り次第考古学の本を買い込み、その書棚へ収めて帰ってきた。

と伝えている（「直良さん古稀なんていわないで」『小田原考古学研究会会報』五、一九七二年四月）。

「日本米食考古史」と「古代の穀物」の二篇は、戦中・戦後の最混乱期に執筆したものであって、先生にはとくに複雑な思いのこもる論考であったらしい。『学問への情熱』のなかでも、この二篇に触れて、

> 世の食糧事情が切迫してくるにつれ、いつとはなしに私は食物考古史、その背景にある古代農業の

発達の問題に再び目を向けはじめたようである。その証拠に、戦前の終りごろには『科学知識』という雑誌（昭和十九年七月号）に「日本米食考古史」という一文を書いている。

――田植のすんだ青田には、今、幼い稲がいきいきと風にそよいでいる。今年も亦豊作であれと祈りつつ、この決戦下、昔に変らぬ米の飯を口にすることの出来る幸いを感謝しよう。

右の冒頭のくだりが示しているように、そのころはまだ私の食生活も安定していたらしい。

戦後はじめて発表した文章も、やはり古代農業の話になった。が、「古代の穀物」（『あんとろぽす』昭和二十二年二月号）というその短い文章をつづっていたとき、私は、うって変わってどん底生活にあえいでいた。

――今日、私共が主食、もしくはその代用としている貴重な食糧が、遠くわが新石器時代の末葉から、日本のものとして、既にこの国土で植栽せられ、それが日常、それぞれの生命の糧として用いられていたことは、明になった。何といっても、日本人は、古代のころから、米で命をつないでいた民族なのである。だから、私はいつも云っているように、米の歴史は、とりあえず日本人の生活史と一致するものだと思うのである。

と語り伝えている。先生は、米を実に大切に考える方であった。峠歩きの折りなども、昼飯の経木に付いた米粒の一粒まで、口にすることを私たちに諭されたのであった。「私が子供の頃には、正月か病気の時でもなければ、白い米の御飯など、口に出来ませんでしたよ」といった調子で、飯粒を粗末に扱いがちな私たちを注意するのが常であった。

「古代の穀物」では、「米の歴史は、とりあへず日本人の生活史と一致するものだ」と、米の重要性を主張

しながらも、なお、

その稲を筆頭にして、大麦、小麦、粟、蕎麦などがある。稗のやうなものもあつたかもしらないが、今はその遺体をみることが出来ないので、しばらく後考にまつことにしよう。

と、ヒエこそ遺存体は確認出来ないものの、オオムギやコムギ、ソバなどの雑穀は遺存体の二、三例をあげ、「わが新石器時代の末葉から、日本のものとして、既にこの国土で植栽せられ」ていたと指摘している。さらに、中国北東部では更新世期からオオムギは野草として存在したし、朝鮮半島の古い時期の遺跡からはコムギの出土も確認されているとして、

弥生式文化は、南方よりも、大陸と深い関係をもつてゐる。その当然の帰結として、日本人が、当時の先進文化人から、それらのものを受けついだであらうことは、いろいろの点からして否定されない。……この農耕文化だけは、今の北支や満州や山東あたりから、招来せられたものだらうと思つてゐる。

といって、米作りばかりでなく、雑穀類の栽培も中国北東部より伝播したものであることをかさねて指摘したのであった。

(四) 古代農業への関心と深化

直良先生が、ふたたび、古代農業の研究に意欲的に取り組むようになった契機は、一九四九年（昭和二四）に、大場磐雄等から、長野県塩尻市の平出遺跡出土の自然遺物の鑑定を依頼されたことにあるという。平出遺跡出土の自然遺物の大部分が、農業関係の遺物であったからである。『学問への情熱』の一節でも、

きっかけは大場磐雄博士（元國學院大學教授、故人）を中心とするグループによる長野県の平出遺跡（現

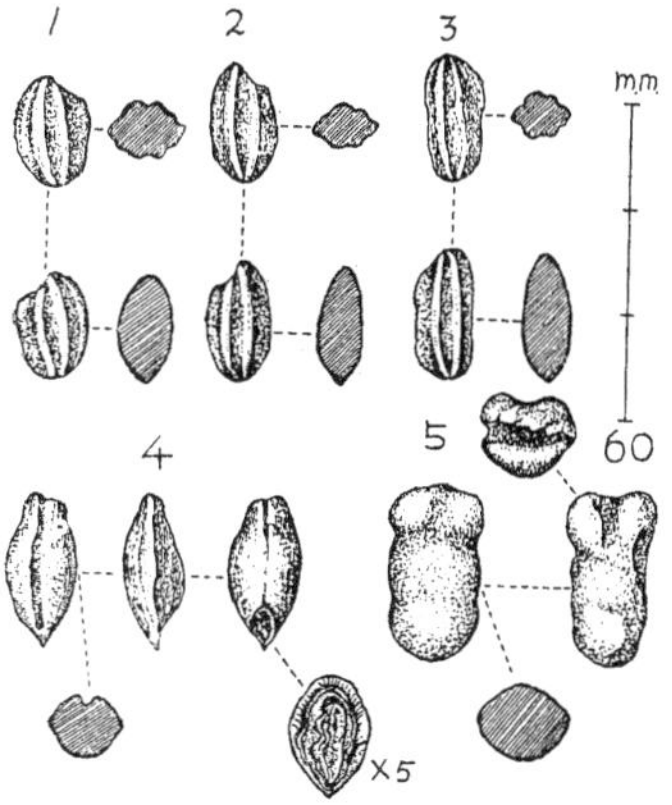

長野県平出遺跡出土の農作物（『日本古代農業発達史』）

塩尻市）発掘後、私のもとに調査を依頼されてきた自然遺物の大部分が農耕関係の遺物だったからである。私はその遺物を調べているうちに、いろいろな観点から日本の古代農業を見つめなおさなければならない必要を覚えた。

と記述している。

その平出遺跡は国指定史跡であり、一九四七年（昭和二二）四月の予備調査を経て、一九五〇年（昭和二五）四月から一一月までの四次の本調査で解明された、縄文中期から平安朝期にかけての複合遺跡である。調査は、大場磐雄が担当し、縄文中期の竪穴住居址一七基、土師期は複数の時期の竪穴住居址四九基などが検出され、多くの伴出遺物が採集されている。新しい時期の遺物には施釉陶器が伴い、なかでも、一〇世紀の岐阜県東濃窯の作出という緑釉水瓶は特筆される遺物である（小林康男『五千年におよぶ村平出遺跡』二〇〇四年）。

いま、問題としている古代農業という観点からすれば、炭化米や鉄製鎌、鉄製鍬頭などの鉄製農耕具が出土している。一昨年（二〇一四年）四月下旬、実に三〇年ぶりにもなるだろうか、私は平出遺跡と博物館を訪ねた。ニワトリの遺存体は見当たらなかったが、その鉄製鍬頭や炭化米、ウマやウシの遺存体などの展示品を実見して、六〇年も以前に、先生は、これらの自然遺物を丹念に観察したのだと懐かしく思ったことであった。

先生の平出遺跡の自然遺物についての調査結果は、「平出遺跡出土の自然遺物（予報）」（『信濃』三―二・三、一九五一年四月）と「平出遺跡発掘の自然遺物」（『信濃』四―二、一九五二年二月）にまとめられ、さらに、「平出遺跡発掘自然遺物の考察」（『平出 長野県宗賀郡古代聚落遺跡の綜合研究』一九五五年）に実を結んでいる。即ち、予報では、「高燥地農業を生業とし、これに高地性の家畜文化を相当度に採り入れ」た生活を考想しながらも、園芸作物の遺存体としてはモモ核果の存在を報告するだけであったが、次の報告では、栽培種にイネ・オオムギ・ソラマメなどの存在を認めている。イネの種実は、いずれも焼米となったものであったが、また、「すべて中国大陸を経て北上し、再転して日本に移入されたと考想される系統のイネであった」と確認している。家牛の下顎骨などが採集されていることから、「陸稲栽培というよりは、水田耕作に力をいれていたことだろう」とも推察した。イネに対してオオムギの検出はきわめて微量で、破損品を含めても標品は三点にしか過ぎなかったということであるが、

出土状態が明確であるという点からすれば、日本の考古学はじまって以来の、稀有な貴重資料ということが出来よう。

と、その検出を高く評価しているのである。

ソラマメの種実の出土については、「驚異に価すること」といっている。非常に「痩形」であるが、それは、作柄の不良であったことにもよるかも知れないが、一面においては、まだ栽培史の浅い作物であることからして、比較的原種に近い姿をしていたものと見ることも出来るのではないだろうか。

との理解を呈示している。オオムギやソラマメの淵源は、遠い北欧か西アジアにあると考えられており、その伝播の経路など、先生にとって、「いゝしれぬ学的興味」を湧き起こす問題であったらしい。

『平出』所収の「平出遺跡発掘自然遺物の考察」は、最終の報告であり、その第二章「平出遺跡発掘の営農関係遺存体」は、この遺跡に於ける農業活動の姿を伝えるものである。出土した営農関係の遺存体を、

農作物遺存体としてはイネを筆頭として、これにオホムギ・アハ・ソラマメ等が出土し、園芸作物としてはモモが発見されてゐる。オホムギの種実が発見されてゐるからには、コムギやライムギも栽培されてゐたのではなかつたらうかと考へて、かなり注意深く遺存物を調査してみたが、つひにそのやうな遺体はみつからなかつた。動物では家禽としてのニハトリの遺骨が発見された。この事実は珍しいことであり、前報文作製時には出土のなかつた馬の遺骨が、かなり多量に発掘されたことも、更に牛の遺骨を増した点と共に、興味深いことでなければならない。

と一覧し、平出遺跡の人びとは、北東アジアから将来されたオオムギやアワ、ソラマメを栽培し、ウシやウマを飼養しながら、南あるいは西南の地から北上したと考えられるイネとニワトリを加え、「稀にみる多彩な有畜農業を営んでゐた」と結論したのであった。「平出遺跡発掘の自然遺物」に掲載されたウシの後臼歯の測図は、なぜか『平出』には収録されていないが、『日本古代農業発達史』では、後臼歯と乳臼歯四点（二点は疑問）を図示している。小林康男氏は、この先生の研究を評価し、

直良の遺存植物・遺体の緻密な研究があってはじめて、平出の古代集落研究も多角的な視点での究明が可能となったといえる。

といい、さらに、

現在、集落研究を進めるとき、住居の配列にのみ重きを置きすぎるきらいがある。直良の示した、その集落をささえた食糧資源、それを生み出した自然環境への視点の重要性を今一度確認する必要があ

ろう。

と提言しているのである（『五千年におよぶ村 平出遺跡』）。

（五）　学位論文『日本古代農業発達史』

『日本古代農業発達史』は直良先生の学位請求論文となったものであり、私が最初に入手した先生の著作であったと思う。先生は、この著作によって文学博士の学位を取得されたが、審査したのは、定金右源二・京口元吉・藤田亮策の三名であった。その審査要旨が『史観』（五〇・五一、一九五七年一二月）に掲載されているが、その末尾に、

著者の見聞は広く、その学問的足迹は満蒙の果てに及び、その古生物学者であり、地質学者であり、考古学者であると共に文化史家でもあることを本論文によって顕示した。従って、その研究方法は日本に前例の少い古生物学的考古学的文化史の研究である。然しその独創的緒論は往々他の学者と見解を異にするものがあり、また多少の誤謬もまぬかれぬ所である。しかも本書に挙げられた確実のデーターは永久にのこる科学的資料であり、それを基盤として構想された社会史的、文化史的考察も、独自性に富み蓋然性も豊かな、他の追随を許さぬものであることを断言してよい。

と評されているように、先生らしい多角的な視野に立つ論考であった。

先生は、古代に於ける農業の発達史を考察するに際して、稲作農業一辺倒ではなく、畑作農業にも十二分に配慮した研究態度を採っていたのである。先生が畑作作物＝雑穀へ深い関心を抱いていたことは、「日本太古の米」や「古代の穀物」の段階で明らかであったが、この視点は、当時としては、斬新なものというよ

り異端の立場であったらしい。柳田國男や盛永俊太郎などを中心とする「稲作史研究会」の人びと、とくに稲作一元論を採る柳田とは、基本点に於いて、意見の食違いが大きかったようである。そして、『日本古代農業発達史』では、徹底的に、遺存物を対象とし、それを考古学的・古生物学的な方法によって考究したのであった。それは、佐藤敏也『日本の古代米』（一九七一年）に、

多数の遺跡出土の植物遺体の報告と共に、稲関係の資料の提示が行われていて、各地出土の古代米を大量に計測整理した最初のものとして、……この種研究に新生面を開いたものということができる。

と評される仕事であった。

稲作についていえば、出土米や農耕具を分析し、弥生期では水稲耕作に限定され、沼沢地を利用していたが、既に、高度な稲作技術を所持していたと推定している。例えば、日本に於ける栽培稲は、稲遺存体から見る限り下須川種・北東アジア種（日本米）・南アジア種（インド米）・長頴種の四種に分類され、下須川種は日本稲作農業にとっては最古の歴史を有するが、常に北東アジア種に混じって作出されていたという。その北東アジア種は下須川種よりはやや遅れて渡来し、盛んに移入されたのは弥生中・後期で、漢文化の影響を受けて、朝鮮半島を経由して渡来したものとしている。インド種（南アジア種またはインド型）の稲子実は遺跡からの出土はないが、土器面の籾痕によって確認され、その事例は南九州に多いということで、同地方に栽培されていたと推察し、長頴種は奈良県の唐古遺跡で出土が確認されているのみとしている。現在では木製具だけのように見える耕耘機も、実は「鑱《サン》」（土を掘る農具）には金具が嵌められていたのではなかったかとし、当初こそは直播きであったが、後期になると、直播きでも条播きとなり、あるいは苗代の胎生を考えても良いのではとしているなど、興味深い指摘がなされている。

畑作農業は、創始以来、常に稲作の脇役的な立場に置かれていたことから、稲作ほどには著しい発展をみなかったし、古文献に記載のある諸種の作物も遺存体として実見出来ないものが多かったという。が、それでも、禾穀類（オオムギ・コムギ・アワ・ヒエ）、雑穀類（ソバ）、菽穀類（ダイズ・ゴガッササゲ・アズキ・エンドウ・ソラマメ）、果菜類（トウナス・ボウブラ・マクワウリ・ヒョウタン・スイカ）、果実類（古代モモ・野モモ・ウメ・コウメ・スモモ?・マンシュウアンズ・カキ）などの作物遺存体を検出・掲示し得たのであった。

先生は、後になって執筆した「米の考古学」（『forum』八、一九七二年一〇月）でも、

日本の古代農業は、水稲単作の農業ではなく、系統の異なったいろいろな農業がとりいれられ、それらが混合し、そして融和して、一つの日本農業を形成している。……米だけではなく、古代農業を全体的にとらえてこそ、はじめて完全に近い結果が得られるのではあるまいかと思っている。

と記述しているが、この研究姿勢は終生を貫くものであった。『学問への情熱』のなかでも、

日本の古代農業は稲作だけではない。米以外のさまざまな雑穀、野菜、果実などもつくる粗放農業であった。この観点に立って、それぞれの作物の渡来の道を明らかにしなくては、ついに日本の古代農業はわからないであろう。私はそれをとくに強調したかった。

と繰り返しているのである。

この先生の畑作農業論については、先生の長逝後一五年近くを経過して、宮路淳子氏によって、直良信夫は『日本古代農業発達史』のなかで、多くの遺跡から出土した農・園芸作物の種子の写真・挿図を掲載した。直良はオオムギ、コムギ、アワなどの雑穀類、アズキ、ダイズ、リョクトウなどのマメ類、マクワウリ、ヒョウタン、ユウガオ、クルミ、モモなどの出土植物遺体を集成し、それらの

畑地は居住区に隣接して設けられたであろうと、耕作地遺跡が検出される以前からすでにそのあり方を予測していた。

と評価されていることを付け加えておきたいと思う（「弥生時代の畑作耕作地」『動物考古学』一四、二〇〇〇年五月）。

（六）　稲作の北方伝来説の主張

一九五八年（昭和三三）、直良先生は「日本稲作農業の起源と発達」（『歴史教育』六―四、一九五八年四月）と題した論考を発表した。公開講演の内容を詳説したという印象の強い論考であるが、その内容は七項で構成されている。

「稲作農業創始の理由」について、先生は、

主因は結局、食糧問題解決の手段として、このみちを選んだのではあるまいかと、想察している。

という。長期間、遺跡に遺された食糧残滓を研究してきた先生は、縄文末期、自然物の採捕に頼った縄文人の食生活が、資源の枯渇状態に陥っていたとし、その時に、大陸文化の波頭が西日本に及び、その文化交流や人びとの往来によって稲作農業が招来されたとしている。「農業伝来の経路」のなかで、

初期農耕文化遺跡の多見される北九州地域の事実に眼をとおすと、そこでは縄文文化最末期の段階にあった人々が、急遽大陸文化の流れを汲みとって、新文化生活を展開し、乏しいながらも営農形態のすこやかな萠生にひたむきな努力を払っていた跡方が窺知される。

と記しているのである。少し遅れるが、潮見浩も、中・四国地方を例に採って、

晩期Ⅱの段階に、遺蹟の立地条件から判断するかぎり、弥生時代の基本的な生産様式である水田耕作がこの段階から開始されたものと考えざるをえないのである。

と、縄文末期に水稲耕作の浸透を想定している（「中・四国の縄文晩期文化をめぐる二、三の問題」『日本考古学の諸問題』一九六四年）。

「在来稲との関係」では、更新世末期から縄文中期頃までは、日本でも野生稲の分布は知られているが、「当時の人々はそれらの稲の子実に関心をよせていた証左はなく、もっぱら葉茎にあったと想察される」としている。稲作の創始の時期が紀元前三ないし二世紀であったとすると、野性稲の生育期との間に二〇〇〇年を超える空白期があり、野生の稲米を食することから、自然に栽培に移行したと考えることは出来ないというのが先生の理解であった。

また、「農業伝来の経路」では、

北九州地域に於ける初期農業の伝播は当時南鮮を経て西日本に強大な迫力を及ぼしていた漢文化の影響に関係していたことを認めなければならないだろう。

という。漢文化は、すでに稲作農業を伴い、朝鮮半島では、中部・北部に稲作営農の事実が十分究められていないとしても、南鮮ではムギを主体とした畑作農業と稲作農業が併有されていたことが明白で、この朝鮮半島を南下した伝来経路＝北方伝来路のあったことが考慮されるとした。漢文化に伴って流入したイネは日本種と下須川種、もしくはその系統のものであったが、また、奈良県の唐古遺跡で大量に出土したイネの子実は、いずれも東南アジア原産の長頴稲であった。それが原相を崩さないで伝来している事実を勘案すると、原産地からの素直な渡来を考えねばならず、ここに南方伝来路ともいうべき一つの経路も想定しなければならないとしている。ただ、この長穎稲の伝来の経路は、「割合に短距離の道程をえらんで運ばれて来ていた」らしいが、詳細は不明とのことであった。晩年になると、

山東地方や江南あたりから、海上の道をたどって、九州地方に揚陸されたようなことも想像される。それと共に、黒潮にのって、早く中部日本方面への渡来も考慮することが必要だろう。

と、海上の道も考想するようになっていた（「稲作伝来」『山陰 風土と生活』）。

もっとも、この南北二つの伝来路を考えるのは、先生の独創というわけではない。私の知る範囲でも、一九四三年（昭和一八）の段階で、樋口清之が、

我が国の水稲は、北支系に近い事を農学上指摘する説が存在してゐるが……、然し又他方に南方文化要素と考へられるものが、我が古代農業文化に普遍的に伴つてゐる事実があり、……我が国に対する稲の渡来が南方より行はれたものも在る事実を、今日否定し去る事も出来難い。……今猶南来説をも北来説と同時に、即ち南北二源説として支持しなければならないと考へてゐる。

と記していたのである（『日本古代産業史』）。

ところで、一九五一年（昭和二六）には、農学者安藤廣太郎による『日本古代稲作史雑考』が刊行されたが、そこでは、北方伝来説を否定する見解が提示されている。即ち、「北支は所謂乾燥農業地帯であつて……主要食用作物が畑作である」ことや、「朝鮮の南北に於て稲の方言がはつきりと異なつてゐることは、其南北によつて稲の伝来系統を異にしてゐることを想像せしめ」、「それと同様に我国の稲作が楽浪時代に於ける彼我交通の産物であるとは考へられない」ということからであった。日本種の栽培が、朝鮮半島と日本とで共通するとしても、「又水稲栽培の盛んなる中支地方に於て日本型の多いことは、伝来の源として考へ得ら

るべきことである」と、江南地方をその淵源とする可能性を提示したのであった。そして、「江南地方海岸より東して対馬海流によって我北九州或は南朝鮮に来ることは支那大陸と本邦との間の距離が最短であり、……集団的の移動が容易に行はれ得る」とし、また、「九州、大和等より出土せる弥生式土器の籾痕が日本型稲であつたことを併せ考へれば我国への稲の渡来にはこの……経路が最も主要なるものである」と主張したのであった。

この安藤の理解は、一九五四年（昭和二九）一一月開催の稲作史研究会（「日本稲作の起源と発達」『稲の日本史』一九六九年）や、「日本古代稲作の起源と発達」（『歴史教育』五―三、一九五七年三月）でも繰り返されており、盛永俊太郎にも受容されている（「総論」『出土古代米』一九五四年）。先生が『日本古代農業発達史』を執筆した頃には、農学者の間では南方伝来説が主流であったようである。

「稲の種類」では、遺跡出土の稲子実が、炭化物であることを前提として、「形態を基準にして類別する」と、日本種（北東アジア種）・インド種（南アジア種）・下須川種・長頴種の四種に分類されるとしたが、佐藤敏也は日本種と下須川種の区別に疑問を呈している（「古代稲作の系譜」『農業』九九八、一九六八年）。が、先生は、晩年まで、四種に分ける分類法に固執していた（「稲作伝来」『山陰 風土と生活』）。長頴種は盛永も承認しているようである（前掲「総論」）。

やや永く、繁雑になってしまったので、「稲作農業の伝播」と「農具の発展と農業技術」の項は省略するが、「むすび」で、

麦を主作していた大陸農耕文化の強靱な刺戟を受けながら、その主たる農耕形態を受けいれないで、まず日本の気候風土に適した稲作農業を先取したところに、日本古代農業の特殊性が既につちかわれ

た。しかして、若干時のずれをもって導入された畑作農業は、果樹、果菜を主としたものではあったが、それらが、稲作農業発展のかげに、常にくっついて動的な生産作業をくりひろげていったところに、また大きな特色があったといえよう。

と、日本古代農業の特徴を挙げていることは、先生らしい指摘ということが出来るだろうと思う。

（七）粗放農業論の提唱

直良先生の主張する「粗放農業論」とは、弥生期に於いても、稲作単一農業ではなく、雑穀や野菜栽培などの畑作農業も併せ行っていたという意味であるが、一九五六年（昭和三一）頃の古代農業の研究者の間では、容易に受容されない学説であったらしい。確かに、私が卒業論文の作製の際に拝読した諸著作群は、やはり稲作技術の伝来と、その後に於ける発展の歴史に重点が置かれ、古代農業といえば水稲耕作一辺倒であって、畑作による雑穀や野菜の栽培などは、ほとんど顧みられることがなかったように記憶している。考古学者による農業発達史をみると、樋口清之『日本古代産業史』（一九四三年）や後藤守一『日本古代史の考古学的検討』（一九四七年）は、少し年代が遡るとしても、弥生期の畑作農業などについては触れることがない。一九六七年（昭和四二）に、小林行雄が、

弥生文化の研究者たちが稲作農業を重視しすぎる結果として、かえって、日本における畑作農耕の歴史を十分にあきらかにしていない……。具体的にいえば、粟・黍・稗などの栽培の歴史が、考古学上の問題として解決していない……。

と指摘しているように（『国民の歴史Ⅰ　女王国の出現』）、研究者の間に、弥生期の畑作農耕に対する関心は見

られなかったといって過言ではないようである。先生の『日本古代農業発達史』と前後して上梓された農学者の著作でも、安藤広太郎『日本古代稲作史雑考』(一九五一年)や福島要一『米』(一九五二年)、盛永俊太郎監修・稲作史研究会編『出土古代米』(一九五四年)、盛永俊太郎編『稲の日本史 一～五』(一九五五～六三年)など、稲作に関するものは直ぐに眼に付いたが、畑作に関する著作を見付けるのは容易ではなかった。

そのような研究の趨勢のなかで、「粗放農業論」を掲げて孤軍奮闘した先生は、後になって、その頃を回顧して、

　研究会に参加してみて、私と盛永さんや佐藤敏也さんら農林省の稲作研究グループとの間で意見が全く合わないことがわかりました。先生方は古代農業は稲だけとしか考えない。私は粗放農業でもっといいろんな作物があったと主張するが、どうしても理解してもらえない。そのうちに、私の嫌いな考古学者が入ってきてかきまわすので、私もだんだん遠のくようになりました。

と述懐しているのである(高橋徹『明石原人の発見 聞き書き・直良信夫伝』一九七七年)。

引用文中に「研究会」というのは、「稲の日本史」を出版する安藤広太郎や柳田國男、盛永俊太郎などをメンバーとする「稲作史研究会」のことであり、一九五二年(昭和二七)六月に発足している。先生は、一九五三年(昭和二八)一〇月の第八回研究会で、「古代の米」を報告し、一九五四年(昭和二四)一一月にも、「出土米」について、簡単に談話することがあった。前掲の『出土古代米』は、先生が「日本古代の農耕」で提示した資料を骨子に、佐藤などが蒐集したものを盛永が選別し、農業技術研究所が撮影して、盛永と佐藤の協力で刊行したものという(「あとがき」)。

先生が稲作について談話した一九五三年では、もう『日本古代農業発達史』は脱稿直前であったはずで、

「粗放農業論」は確立していたと思われる。その「古代の米」でも、先生は遺跡から出土する農・園芸作物を、
米が一番多く、それからオオムギ、次にコムギ、アワ、ソバが出ております。その次には豆の類が多く、これにはソラマメ、ダイズ、エンドウ、五月ササゲの類が出ております。それからウリの類ですが、これにはトウナス、スイカ、マクワウリ、ユウガオといったような作物の種子が出ております。
と列記している。神奈川県小田原市の下曽我遺跡は、弥生後期と平安朝期の二層の文化層をもつ遺跡であるが、層位関係は不明であるものの、コメ・オオムギ・ボウブラ・マクワウリ・ヒョウタン・ノモモ・コダイモモ・マンシュウアンズ・スモモ?・マメガキの一種などの遺存体の出土が確認されている（未発表原稿「小田原市下曽我泥炭層出土の自然遺物」）。
「日本の農はどこからやってきたか」という問題を考えるには、
米だけについて考えるよりも、農全体の動きからみたほうが、割合に考えよいのじゃないかと思うのです。米もムギも、果菜類についても考えるというように考えれば、割合に考えやすいのじゃないかと思います。
と強調しているのである。そして、こうした農・園芸作物との関連で捉えると、日本への農業渡来の道は、①南もしくは東南アジア方面からの道、②北東アジアからの道、さらには、③東南ヨーロッパ・西南アジア・北欧の道が考えられ、北東アジアや東南ヨーロッパなどのものは朝鮮を経由して来たとする理解を提示したのである。また、日本農業の内容をみると、約三分の二は北東アジアの農耕文化の形態をもち、残りの三分の一が南アジアの系統をもっているとも指摘したのであった（『稲の日本史 上』一九六九年）。

（八）　赤米と自家栽培

私が、江古田の直良先生のお宅を訪れ始めた頃、一九六五年（昭和四〇）前後には、先生は赤米に関心をもち、赤米を栽培し、また各地の事例を収集していた。「赤米」と題した短文を『毎日新聞』に寄せ、秋になって、赤米を蒐集することを楽しみにしていると記したのは、一九六二年（昭和三七）五月のことであった（二四日夕刊）。

今でこそ、観光地の土産物として、「古代米」とか呼んで赤米が販売されていたりするが、確か、その頃は、米作りには邪魔な存在で、赤米が出穂すれば、耕作者によって直ちに抜取られていたように記憶している。白米に赤米が混じれば、米の価格が著しく減じたようにも聞いていた。そんななかで、私にも、丹沢山麓に於ける事例を注意していて欲しいと、その参考資料として、数篇のメモ的な記録を頂戴したことがあった。それらは、以前、「丹沢山麓の赤米栽培」と題して紹介したことがある（『直良信夫と考古学研究』一九九〇年）。また、「Palaeontology」と標題にあるノートに、その赤米を探索するいくつもの記録があって、先生の執拗な探求心を窺うことも出来るのである。

私は、前稿（「丹沢山麓の赤米栽培」）では、

先生は、その学位請求論文である『日本古代農業発達史』では、とくに、赤米については論及されていない。同書は一九五六年（昭和三一）に公刊されたものであるが、遡って一九五三年（昭和二八）のうちには脱稿していたことが確かであるから（『学問への情熱』）、赤米への先生の学問的関心はそれ以後に醸成されたもののように思われるのである。

と記した。が、赤米については先生も充分認識しており、「日本古代の稲の種類」の項の註で、

（前川文夫……引用者註）博士の語られた米は、日本古代の稲子実中のいわゆる日本型のものについてであることと思われるが、琉球及び薩南諸島、対馬等で古くより神饌米として特に栽培されているものには、粒が若干長手で赤米が多い。私は種子ヶ島南種子島村で、神代以来代々神主により神饌米として特別に栽培されているという米を……調査することが出来た。この稲米については何れ機をみて精査の結果を発表したい考えである。

などといっており、南種子島村産の神饌米が赤米であるらしく、古代の米との関連で、赤米の調査に着手していた可能性が認められるのである。

この南種子島産米の調査結果が、何時、如何なる形で発表されたのか、私は確認出来ていないが、赤米を栽培し始めたのは、手元の記録で確かめられる限りで、一九六一年（昭和三六）に遡ることが確実である。先生の備忘録である「Palaeontology」（一九六一）に、「栃木県那須郡南那須村長者ヶ平赤米」の栽培の記録がある。四月二四日に五〇粒を播種し、五月一日に発芽して、五〇粒のすべてが発芽した。八月五日には最初の出穂を見たが、一〇月一日では、まだ青いものもあり、結実はまちまちの傾向があるという。はやく熟したものは一穂に一七粒ついていたが、先生の感想は「甚だ僅少なり」というものであった。一一月二日でも、晩稲のものは青く、早生と中生のものに比較すると、粒がやや大きくなっているとある。籾米の計測値は、籾＝長六・八、幅一・九、厚さ一・七　米＝長四・四、幅一・八、厚さ一・五とある。別に、「自家栽培赤米（長者ヶ平種籾）」という記録（六一年一一月一八日）もあって、

一穂の粒数　　二〇（不稔粒　一四）　　中生（一九六一・九月）

一五（〃　八）
二〇（〃　一〇）
一六（〃　九）
…………
一九（〃　七）　早生（一九六一・八月）
一四（〃　七）
一九（〃　一四）
二〇（〃　一三）

などと、二四穂の記録がある。『日本古代農業発達史』の註記により、一九五〇年代の中頃には、赤米に関心を寄せていたことが窺われたが、手元の資料では、この長者ヶ平産の赤米の栽培がもっともはやい栽培例である。一九六〇年（昭和三五）の「Palaeontology」は所持しないが、「１９５９・Dec.」とあるそれには、長者ヶ平の赤米に関する氏家中学校の校長氏の書翰が添附されており、先生が赤米の穂を採集したこと、また、一八七二年（明治五）産の赤米が送附されたらしいことが記載されているから、一九六一年栽培の赤米と関連するものかも知れない。

先生の赤米への関心は、陸稲（ウルチ）を播種した場合、種籾を新たにすると、赤米を見ないかきわめて少ないが、しばらくすると赤米が成育する問題や、赤米の結実状態、長粒の赤米を播種して短粒の赤米の出現する理由などにあったかのようである。ただ、これらの問題に対して、先生がどのような回答を得ていたかも私は知らない。だが、その頃、先生は『赤い米と黒い米』と題した著作を考えていたらしい（「著作家の

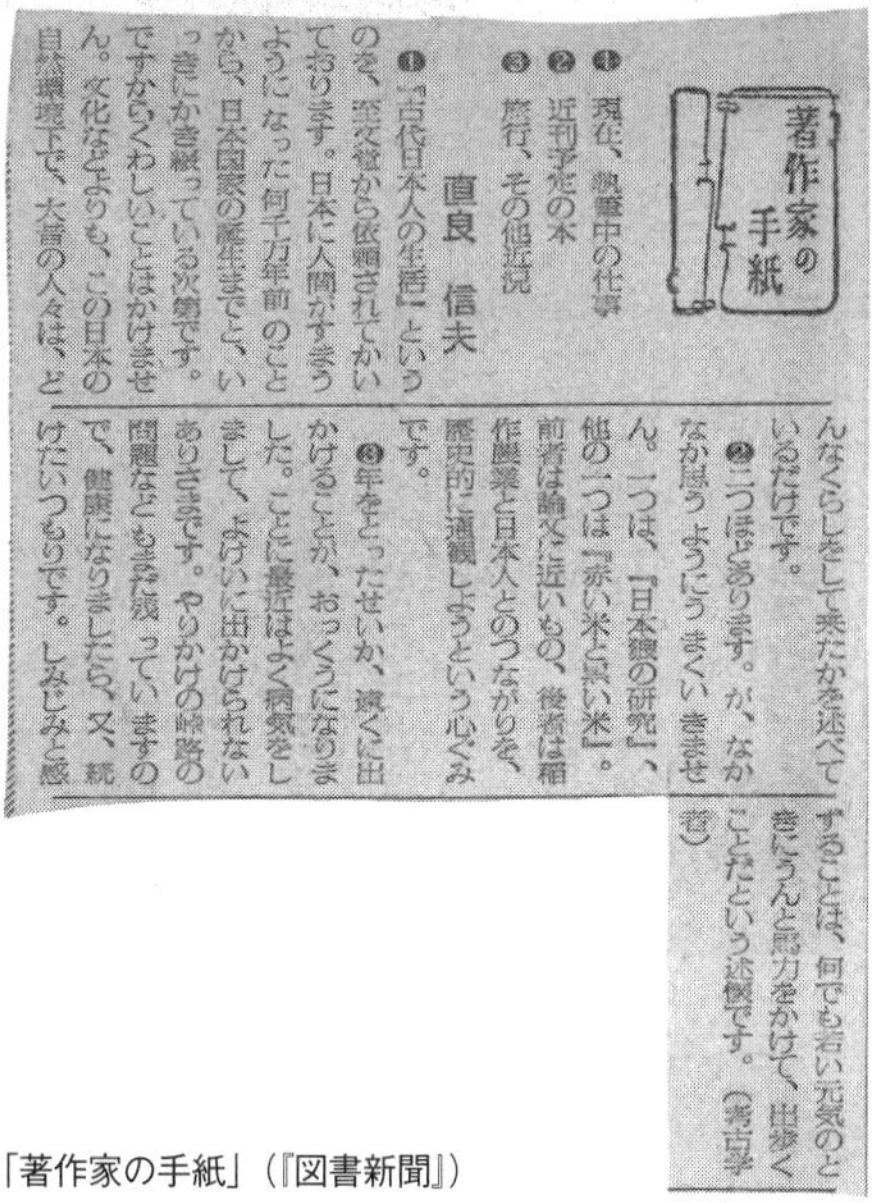

著作家の手紙

❶現在、執筆中の仕事
❷近刊予定の本
❸旅行、その他近況

直良　信夫

❶『古代日本人の生活』というのを、至文堂から依頼されてかいております。日本に人間がすまうようになった何千万年前のことから、日本国家の誕生までと、いっきにかき綴っている次第です。ですからくわしいことはかけません。文化などよりも、この日本の自然環境下で、大昔の人々は、どんなくらしをして来たかを述べているだけです。

❷二つほどあります。が、なかなか思うようにうまくいきません。一つは、『日本狼の研究』、他の一つは『赤い米と黒い米』。前者は論文に近いもの、後者は稲作農業と日本人とのつながりを、歴史的に通観しようという心ぐみです。

❸年をとったせいか、遠くに出かけることが、おっくうになりました。ことに最近はよく病気をしまして、よけいに出かけられないありさまです。やりかけの峠路の問題などもまだ残っていますので、健康になりましたら、又、続けたいつもりです。しみじみと感ずることは、何でも若い元気のときにうんと努力をかけて、出歩くことだという述懐です。（考古学者）

「著作家の手紙」（『図書新聞』）

手紙」『図書新聞』一九六三年四月一三日、章末185頁に全文引用）。これは刊行されることがなかったが、『直良信夫コレクション目録』（二〇〇八年）を検索していたところ、「古代農作物・赤米に関する原稿・図・原稿写真一括」（No.二六七）とあるのを見付けた。備考欄に、「原稿四四点・写真図版七一点・図版七点その他五点」とあるから、この草稿はかなりの分量に達するかと推察される。あるいは、前記した疑問への回答も用意されていたのかとも思うが、いまの私には定かでない。私が頂戴した原稿は、このなかの一部に該当したのであろうが、一九六〇年代の後半頃には、事例の蒐集に腐心していたように記憶している。

一九六七年（昭和四二）の自家栽培の記録は、前稿で要点を提示したが（「丹沢山麓の赤米栽培」『直良信夫と考古学研究』）、ここでは細かい計測値は省略して、先生の報告を紹介しておく。種籾は足柄上郡松田町寄の和田（武男?）氏栽培のものである。この頃、先生は松田町寄へは資料採集に何度も出掛けていたようで、ノートにも、断片的な記録が散見されるところである。

昭和四二年自家栽培の赤米。種籾は西丹沢寄和田氏栽培のもの〔未発表原稿Ⅷ〕

分蘖七株。草丈八〇五㎜。一穂の粒数六三（内不稔実のもの二粒）。今年は四月三〇日に種籾をまき、五月六日発芽、八月一日に穂を出し、一〇月一〇日に刈入れを行った。作柄は平年並だが、早く穂を出したものでは不稔に終ったものが若干あった。今年の赤米は籾の場合では、概して幅が広い細米が多く、米は暗茶褐色を呈している。

籾の長さで最長のものは八四番の八・九である。一〇〇個の平均値は八・三となっているが、多いのは八・五±の長さをもつものである。幅では二・八のものが最大であって、狭いものでは二・四を計測することができた。厚みは大体に厚い。ということは、よく稔実していたことを認めてよい。しかし、こうした長大なものに混じて、日本種もしくは、日本種に近い形態と大きさをしたものが存する。これは十分注意してよいことだと考えられる。たとえば四二、四五、五四、六五、六六、七三などがこの類である。昭和四二年度に、私がまいた種籾は神奈川県松田町寄の和田氏の畑から採集してきた長粒の赤米であった。それだのに最終的には多くの長粒赤米に混じて、やや短粒に属する赤米が混交していたのである。その比率は長粒の赤米八に対して残りの二が短粒の赤米といった程度である。昭和四三年度は、長粒のものと短粒のものとを別々に栽培して、その結果をみたいものだと考えている。

前稿では、籾及び米の計測値をすべて省略してしまったので、繁雑さを避けて、先生が「日本種もしくは、日本種に近い形態と大きさ」とした四二、四五、五四などと、籾の最大長を示す八四などの数値だけを参考に掲示しておく。

番号	籾			米		
	長	幅	厚さ	長	幅	厚さ
四二	七・〇	二・四	一・八	四・八	二・二	一・七
四五	七・六	二・六	二・〇	五・三	二・四	一・八
五四	六・六	二・四	一・七	四・五	二・二	一・六
六五	七・九	二・八	一・八	五・四	二・四	一・八
六六	七・八	二・八	二・〇	五・五	二・三	一・七
七三	七・二	二・四	一・九	五・一	二・二	一・七
八四	八・九	二・五	一・九	六・〇	二・三	一・七

「著作家の手紙」　直良信夫

①現在、執筆中の仕事／②近刊予定の本／③旅行、その他近況

①『古代日本人の生活』というのを、至文堂から依頼されてかいております。日本に人間がすまうようになった何千万年前のことから、日本国家の誕生までと、いっきにかき綴っている次第です。ですからくわしいことはかけません。文化などよりも、この日本の自然環境下で、大昔の人々は、どんなくらしをして来たかを述べているだけです。

②二つほどあります。が、なかなか思うようにうまくいきません。一つは、『日本狼の研究』、他の一つは『赤い米と黒い米』。前者は論文に近いもの、後者は稲作農業と日本人とのつながりを、歴史的に通観しようという心ぐみです。

③年をとったせいか、遠くに出かけることが、おっくうになりました。ことに最近はよく病気をしまして、よけいに出かけられないありさまです。やりかけの峠路の問題などもまだ残っていますので、健康になりましたら、又、続けたいつもりです。しみじみと感ずることは、何でも若い元気のときにうんと馬力をかけて、出歩くことだという述懐です。（考古学者）

＊『図書新聞』一九六三年四月一三日号

7章　考古学的研究――貝塚・銅鐸と日本旧石器文化

一九九〇年（平成二）に、私は『直良信夫と考古学研究』と題した小著を上梓し、直良先生の考古学的研究のなかから、①縄文期の貝塚や北陸から山陰地方、そして淡路島に展開する②砂丘遺跡と出土の銅鏃や鉄鏃、③銅鐸とその出土地、さらには、神戸市垂水区の藥師山で露出した一基の発見を契機とする④円筒棺の研究について回顧してみたことがある。それぞれに、研究史上重要な示唆があると考えたからであった。が、それにも増して、これらの研究のうち、②砂丘遺跡や③銅鐸とその出土地、④円筒棺の研究は、先生が姫路や明石に居住した期間で完結してしまい、一九三二年（昭和七）の東京転居後には、もう言及されることがなかったから、その優れた研究成果も、すっかり、学界から忘れ去られていたという現実があったためである。①貝塚研究ばかりが先生の終生の研究課題であり、考古学界では広く認知された仕事であったということになるであろう。ただ、その①貝塚の研究も、はやい時期から、先生の関心は貝塚出土の人工遺物（土器や石器など）よりは、自然遺物（貝や鳥獣魚骨）にあったことが確かで、むしろ、貝塚産自然遺物の生物学的研究といった趣が強かったことを指摘し得るだろうと思う。

先生が遺跡の探訪を始めた頃、一九二〇年代前半では、遺跡の所在地を示す簡便な手引書としては、『第

四版 日本石器時代人民遺物発見地名表』（一九一七年）があり、多くの研究者や遺物採集家に重宝されていたらしい。が、先生がこれを積極的に利用したという話は聞かなかった。砂丘遺跡や銅鐸出土地を探訪していた頃を回顧して、先生が、

あの頃は交通も不便でしたし、ニュースの伝達も今ほど十分ではありませんでしたから、発表された論考を読み、そこに扱われている遺跡を踏査し、自分なりに遺跡を調べ、遺物を探索するのが精いっぱいでした。

と語ってくれたことがあるように、その遺跡探訪に於ける基本的な姿勢は、既にある報告書を参考に遺跡を訪れ、自身の眼で遺跡を確認し、採集された遺物を再検討することにあったから、あるいは、地名表は簡略に過ぎて、参考とはならなかったのかも知れない。ただ、先生と遺跡探訪や調査をともにすることの多かった渡邊九一郎は、同書を所持していたというから、先生も参考にすることは可能であったと思われる（渡邊「思い出」『小田原考古学研究会会報』九）。先生は、吉田文俊のように、地名表未記載の遺跡を探し求めることには、とくに興味はなかったように思われる。それでも、遺跡の探訪を繰り返しているうちには、未報告の遺跡を発見することもあって、一九二八年（昭和三）刊行の『第五版 日本石器時代遺物発見地名表』には、先生の報告ということで、弥生期の遺跡も含む一三個所が追補されている。また、刊行年次はやや新しくなるが、淺田芳朗ほか『播磨国石器時代地名表』（一九四六年）にも、先生が確認・報告した遺跡として一八個所が列記されているのである。

その『第五版 日本石器時代遺物発見地名表』の播磨国の項に、

明石郡

　　垂水村・大歳山　　土器・石鏃・石錐・石槍・石匙・石棒・　　直良信夫
　　　　　　　　　　　打石斧・磨石斧・曲玉・弥生式土器

とあるのが、西日本では学史的にも著名な神戸市の大歳山遺跡に関する記録である。もっとも、大歳山遺跡は、先生の発見というわけではないが、先生が最初に学界に報告した遺跡であったことから、報告者名が直良信夫となっているのである。この大歳山遺跡は、同じ神戸市垂水区に所在した円筒棺の薬師山遺跡とともに、先生が精魂の限りを尽くして調査した遺跡であった。薬師山遺跡の報告書（資料編）も完成していたが、図面とともに、森本六爾に貸与したまま、森本の逝去によって行方を失ってしまったという（「考古秋想」『古代文化』一三―一一、一九四二年一一月）。が、『播磨国明石郡垂水村山田大歳山遺跡の研究』（「直良石器時代文化研究所所報」第一輯、一九二六年）は、その大歳山遺跡の調査報告書であって、通常の雑誌掲載論考では収めきれない豊富な内容をもっていたから、相応以上の無理をして、自費出版を敢行したことで、いま、その調査の詳細が伝えられている。

　大歳山遺跡に於ける先生の認識は、

　　古墳の造営と、その後に於ける墳域の散壊は、石器時代の遺跡を殆んど破滅し、ために遺物の多くは古墳の覆土、及びその表面上より採取される。

ということであったため、一九二二年（大正一一）以来の一〇年に及ぶ調査でも、深く、その包含層を求めて掘下げることは少なかったかのようである。それでも、本格的な発掘を実施した部分では、約一・二メートルから約一・五メートルの深さにも及んでいる。が、普通には、「上土《うわつち》」と呼んだ範囲に止まっていたかのようである。先生が「上土」と呼んでいる堆積土層が、どの程度の厚さをもつのか明細ではないが、その

「上土」は「篩でふるふやうにして、遺物と名のつく大抵のものは、之を採集した」とある（「大歳山遺跡」『近畿古代文化叢考』一九四三年）。徹底した採集によって、先生の蒐集した縄文式土器や石器の総量はかなりの数量に及び、第二次大戦後に実施された数度の調査で出土した分量を上回っていると伝えられている（喜谷美宣「兵庫県 大歳山遺跡」『探訪 縄文の遺跡』一九八五年）。

『播磨国明石郡垂水村山田大倉山遺跡の研究』は、「第一部 遺跡の地学的考察」「第二部 遺物について」「第三部 遺物の物理的考察」「第四部 遺物の化学的考察」「第五部 結語」の五部で構成されているが、やはり、この論考の顕著な特徴は、第三部と第四部にあるかと思う。第三部では、「縄文系土器」（従前のアイヌ式土器の呼称に替える）と「弥生系土器」に於ける浸透性を問題とし、その差違が胎土よりも焼成度によることを明らかにして、「弥生式土器が、縄文式よりも製作術に於いて良じた《ママ》」ものと結論している。また、第四部では、「大歳山式縄文土器」の示す化学的成分と、出土地の土壌の成分とを比較して、土器作製に使用した原粘土は「居住せる付近の表土たる土壌に非ずして」、良質の粘土を他に求めたことが明らかであるなどと指摘している。

先生は、早稲田工手学校から岩倉鉄道学校に転じ、その工業化学科を修了して、一九二〇年（大正九）に農商務省の臨時窒素研究所に勤務すると、ブッチャー氏法による空中窒素固定法の研究に従事したから、助手であったとはいえ、化学研究者としての生活を始めたわけである。研究所勤務によって、苦学生活から脱却した先生は、やがて、勤務の余暇に、荏原郡目黒町中目黒（現目黒区中目黒）の油面遺跡（先生は八段山と呼ぶ）など、研究所附近の遺跡を探索し、遺物の採集を繰り返すようになったらしく、時には、小規模な発掘を試みたこともあったという。採集した遺物は研究所に持帰り、本務の間に研究を試みたのであったが、その際には、先生が仕事としていた化学的な方法による分析的研究を実践したのであった。若い先生には、化学研究者としての自負も生まれていただろうから、考古学研究に於いても、そうした化学者としての立場が貫かれることになったのであろう。

自然科学の畑に育まれた吾人は、たとひ試験管を握り、ビューレットを弄するだけの能力のないものとはいへ、凡てを科学的に研究しなければ、をさまらない科学的観念が、斯うして菲才な自分を動かして、柄にも無い研究を敢行させやうとするのである。

という文面にも、二二歳の先生の気負いのようなものを感じるのである（「貝類学的に観たる石器時代の東京附近」『考古学雑誌』一四―一三、一九二四年一〇月）。

先生の考古学界へのデヴューは、喜田貞吉の慫慂による「目黒の上高地に於ける先史人類遺跡遺物及び文化の化学的考察」（『社会史研究』一〇―一・二、一九二三年七・八月）と題した論考の発表であった。その内容は、勤務地に近い油面（八段山）遺跡で採集した土器（アイヌ式＝縄文式土器と弥生式土器）の胎土などの化学的分析の結果に基づいて、アイヌ式土器（縄文式土器）と弥生式土器の担い手の民族的な相違を立証しようとしたものであった。例えば、その胎土の組織一つを採ってみても、

アイヌ式土器の粘土量の劣れるは、此地の粘土の肥土なるを以て、乾燥に当りて亀裂の甚しきが故に、窮余の一策として他の痩土を混合し、以つてその欠点を補足せしに依らむ。然れども弥生式土器の土質に至りては、前者と隔壁の差ありて、全く其趣を異にせり。

といって、結論として、「此事実は、両者の製作者の相異せるを明白に立証するものならざるべからず」と断言している。要するに、この論考では、アイヌ式土器はアイヌ族、弥生式土器は原日本人の製作になると、

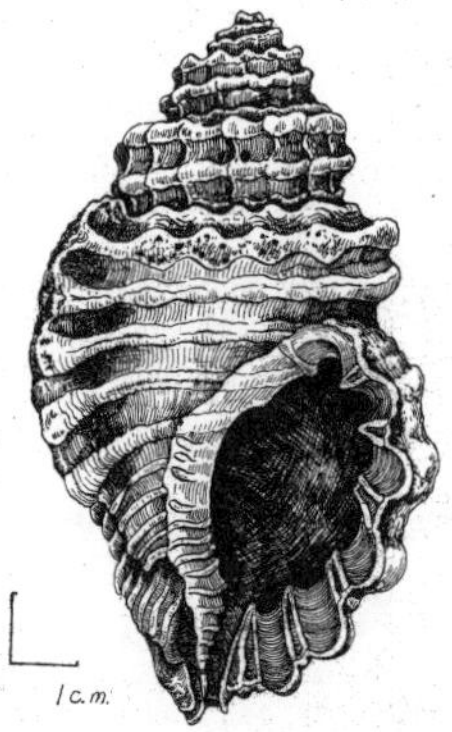

神奈川県遠藤貝塚出土のカコボラ

二種類の土器の化学・科学的分析から判断したわけである。

先生は、二次的な攪乱を受けていない自然の堆積土層中に於いては、上層の堆積土のなかに包含されている遺物は、下層に包蔵される遺物に較べ、時期的に新しいとする考古学の鉄則を充分に認識しており、油面遺跡の発掘では、

　層位学的に観察せむか、薄手の無模様及幾何学的紋様を有する土器は、地層の上位に其存在を局限さるゝを以つて、年代に於て厚手土器よりも新なるを示し、……

と認識し、土器そのものも、「著しく人智の進歩せし後の製作品」と判断し得たにもかかわらず、その二つの事実によって、縄文式土器と弥生式土器の時間差を考えるに至らず、鳥居龍蔵的解釈（『武蔵野及其周囲』一九二四年）に終ってしまったことは、先生のためにも残念なことであった。つまり、アイヌ式＝縄文式土器を使用していたアイヌ族の世界に、弥生式土器をもつ原日本人が襲来し、先住民族であるアイヌ族を駆逐・殺戮・混交したとする通説の範囲を抜け出るには至らなかったのである。

はやく、八木奘三郎も、川崎市の南加瀬貝塚で、上層の混土貝層からは弥生式土器を出土し、下層の純貝層には、弥生式土器を包含せず、単純に、縄文式土器ばかりを出土することを確認したが、この二つの貝層に間層が存在しなかったことから、八木は「宛然二人民相接し居たるが如く思はるゝなり」と結論しており（「中間土器〈弥生式土器〉の貝塚調査報告」『東京人類学会雑誌』二五〇、一九〇七年一月）、結果的には、先生も、八木の轍を踏んでしまったのである。

貝　塚

（一）　考古学へ化学的研究法の導入

直良先生は、「目黒の上高地に於ける先史人類遺跡遺物及文化の化学的考察」の発表直後に、病気療養のために東京を離れ、姫路・明石に転居しなければならなかったから、もう、油面遺跡や東山貝塚を訪れることなど容易に出来なくなってしまった。が、そこで培われた、人文科学として発達してきた考古学に、自然科学的な手法を導入するという研究姿勢は変ることがなく、後々まで、先生の研究の基本姿勢として維持されたのであった。先生の研究法が独創的であったからこそ、喜田貞吉の嘱目するところとなったのであろうが、初期の論考では、「化学的に観たる日本石器時代遺物」（『中央史壇』九―五、一九二四年一一月）とか、「実験化学の立場より見たる本邦の石器時代状態について」（『中央史壇』一〇―四～六、一九二五年四～六月）、「武蔵国荏原郡目黒町上目黒東山貝塚出土木炭の化学的成分」（『史前学雑誌』二―二、一九三〇年三月）など、ことさらに、標題に「化学」の二字を冠したものが眼に付くのである。さらに、「石器時代の朱について」（『人類学雑誌』四〇―二、一九二五年二月）や「祝部土器の原料粘土と釉薬」（『考古学雑誌』一五―二、一九二五年二月）、「石器時代における土器の発明とその推移発達」（『考古学雑誌』一五―八、一九二五年八月）など、一見して、化学的ないし科学的な考察であることを推量出来る論考が多いのである。また、「石器時代土器の二三の事実について」（『考古学雑誌』一四―一四、一九二四年一一月）にしても、「土器の焼成法」では、加熱温度を順次上昇させることで、九百度前後にして焼成せる土器は、石器時代の土器の如き焼締りとなることなく、漸く九百度より一千度を越ゆるに及びて、始めて相似せる土器となつた。

と、「土器焼成実験 加熱度ト素地組織ノ変化」のグラフを添えて論ずるなど、完全に化学的・科学的研究であった。

先生の貝塚研究は、従前の考古学者が等閑視していた貝殻や鳥・獣・魚骨といった自然遺物の研究に、積極的に取り組んだことを顕著な特徴としている。何度も、その論考のなかで繰り返されている主張であるが、一九五五年（昭和三〇）の「考古学研究法―自然遺物―」（『日本考古学講座』一）に、その先生の姿勢が明確に伝えられている。即ち、

自然遺物の研究は、むしろ人工遺物の研究にまさるとも劣るものではない場合と物が存するように考えられる。人工遺物の多くは、生活に必要な品々や生活から所産された文化財が、主要な位置を占めている。そこへいくと、自然遺物の大部分は、直接生命の糧とされていた食物の残滓物である。したがって、生存と直結した問題が、そこに見出されることになろう。……心身の健全な生活は、食の安定以外に根本的なきめ手はないはずである。だから、遺跡にのこされた自然遺物は、人間生活の実態をつかむためには、大切な資料といわなければならない。

とする認識に立脚して、自然遺物の研究によってこそ、食生活や生活環境の復原が可能であり、生活形態の解明も出来ると強調しているのである。言葉を換えていえば、

文化遺物の研究が、古代文化の鮮明に必要な資料であると同様に、古代人の生活実相や生活環境の究明には、ぜひとも、自然遺物の研究が必要のものであることを、……

強調したいと主張したわけである。また、鳥獣魚骨などの動物遺体の研究には、貝塚が最適地であるが、貝塚には保存され難い植物質遺存体は泥炭層に求めるのがよく、それによって気候相が判明し、さらに林相の特徴や周辺の地形も明らかになって、人びとの生活の舞台を復原することが可能になるともいっている。植物質遺存体のなかには、食用として採集されたものもあったはずで、貝塚産食物を補うことも出来るとしている。この論考の趣旨は、後年の「哺乳類の研究法」（『考古学ジャーナル』八〇、一九七三年一月）や「自然環境復原の歴史と諸問題」（『考古学ジャーナル』一九二、一九八一年七月）などにも繰り返して主張されているところである。

先生が貝塚探訪を始めた一九二〇年代も半ば過ぎとなれば、すでに、江見水蔭（忠功　小説家）等の「蛮勇採集隊」の活躍も終焉し、貝塚の発掘にも新しい機運が起ころうとしていた。が、江見ばかりでなく、多くの貝塚発掘者に珍品主義の傾向が強かったから、貝塚の主要な遺物である貝殻や鳥獣魚骨は、それが貝器や骨角器であるならば別であるが、そのほとんどが顧みられることなく投棄されたのであった。江見の親しい採集家としては、水谷幻花（乙次郎　新聞記者）や高橋唯峰（多米治　歯科医師）が知られており、八木静山（奘三郎）は、江見を加えた三人を遺物採集家の「三勇士或は三羽烏」と評している（「明治考古学史」『ドルメン』四―六、一九三五年）。

江見等にとっても、貝器や骨角器は貴重な採集対象であったことは確かで、その「太古遺物陳列所」には、沢山の土器や石器とともに、角器＝四三点・骨器＝二一点・牙器＝一三点・貝器＝七四点が収蔵されていたという。が、一方で、「余は夢中になつて掘進み、人足は余の掘出した貝殻を捨てに運搬する」と、所詮、貝殻は棄てられるだけであったと伝えている（『地底探検記』一九〇七年）。ただ、江見や高橋は、採集遺物を秘蔵することはなく、展示会を開催して公開したから、研究者の眼に触れる機会は充分にあり、また、江見の『地底探検記』や『探険実記 地中の秘密』（一九〇九年）は、文面は小説的手法が勝っているが、貝器や角器の測図には充分に参考になるものがある。岸上鎌吉「Prehistoric Fishing Japan（日本の先史時代漁業）」（『東京帝国大学農科大学紀要』二―七、一九一一年）は、先生も推奨していた優れた研究であるが、そこには江見や高橋の採集した資料が活用されているのである。例えば、そのFigs 六四の釣針は江見の採集資料で（『地中の秘密』第九図ハ）、Figs 一〇三の鮑形土器は高橋の収蔵品であった（『鐘秀館蔵 日本石器時代土器選集』一九二七年）。

（二）貝塚産貝類への注目

以前、私は直良先生の貝塚研究の過程を三期に分けて考えたことがある。その第一期としては、一九三二年（昭和七）の三度目の上京以前、姫路・明石時代を考えた。この時期では、とくに貝類に強い関心を示しており、発表された論考を見ても、「貝類学的に観たる石器時代の東京附近」（『考古学雑誌』一四―一〇、一九二四年一一月）とか、「気候と貝類の分布に就いて長谷部博士の御教示を願ふ」（『考古学雑誌』一五―一、一九二五年一月）、「貝塚の研究」（『歴史地理』四七―四～四八―六、一九二六年四・七・一二月）、「尾張国名古屋市熱田東町外土居貝塚の貝類」（『史前学雑誌』二―二、一九三〇年三月）、「但馬国城崎郡新田村中谷貝塚の貝類」（『史前学雑誌』三―四、一九三一年九月）ほかがあり、転居の年には、「日本新石器時代貝塚産貝類の研究」（『直良石器時代文化研究所所報』七輯、一九三二年三月）を刊行している。

先生は、貝類については、『趣味研究 介類叢話』（一九二二年）を熟読し、著者である舞子介類館の矢倉甫田（和三郎）の教示を得たという（『学問への情熱』）。先生は、矢倉の学恩に感謝し、「貝類学的に観たる石器時代の東京附近」では、わざわざ「貝塚貝類学の先駆者」の一項を設け、矢倉の事績を顕彰しているほどである。先生は、「趣味研究」を略して、簡単に『介類叢話』と呼んでいたが、チッテルの『*Text-Book of Palaeontology*』とともに、何度も耳にした書名であったから、古書店の棚に見出した時、思わず購入してしまい、いまも、先生の著作群と一緒に書架に収まっているが、私の場合は、ただ貝殻の写真図版を眺めるだけで終ってしまった。

先生は、はやくから、貝塚の研究には、出土する貝類の貝類学的な考察が不可欠であるといい、

貝塚を探訪する研究者は、比較的多いのにも拘らず、貝塚の包含する貝類を考査しやうとする人々は、絶無といつてい丶位少ない。寧ろ遺物を発掘する上に於て、貝塚の貝類は、邪魔者扱ひされてゐる。然し乍ら一歩引き下がつて、常に彼等の食膳を彩り、彼等の味慾を豊充した、夫等の貝類を透して、彼等の文化生活を視、或は包含分類によつて貝類分布の時代的推移を考察し、延いては退潮と陸地の構成を静考するとき、蓋し得るところ僅少ではないだらう。然るに多くの人々は、唯単に貝塚包含の貝類の名称を羅列するに過ぎずして、何等科学的に、貝類学の力をかりて、貝塚の真実的な研究をしやうとはしなかつた。僅かな土器の破片を拾い上げるだけの努力を惜しまない人でも、貝殻を具に手にとつて研究しやうとしないばかりでなく、脚下に蹂躙する事さへ敢て意に留めなかつた。

と、人工遺物ばかり重視する考古学界の跛行性を難じていたのである（「貝類学的に観たる石器時代の東京附近」）。二年ほど後の「貝塚の研究」になると、

石器時代以前以後に於ける生貝の分布とその形態と特質及び、その貝塚近傍の海底の状態（満潮汀線

と干潮汀線との差、海底土砂と水温及び潮流との関係）等を考究することを目的とした「貝塚貝類学」や、貝類の採捕法とそのための用具、調理法、貝製品とその系譜などを研究課題とする「考古学土俗貝類学」の創設を提唱したりしたのであった。「土俗貝類学」の具体的な研究として、すでに、「日本石器時代の貝器」（『歴史地理』四四―四、一九二四年一〇月）と題した論考があって、縄文期の貝製品を総合的に考察し、使用目的によって分類すると、日用具・漁猟具・装身具・その他に大別されるとし、漁猟具のなかの擬餌針を例に採ると、

貝は老成の大蛤の腹縁に従つて加工してあつて、長さ二寸幅二分五厘の粗製品であるが、……現在南洋ミクロネシア諸島の土人は蝶介の殻を適当の形状に細工をして、之れに釣針となすべき尖端の鋭くとがれる曲つた貝殻を結び付け、それに木皮の房を飾つて一つの釣針を作つて漁猟具としてゐる。

と、ミクロネシアの貝製釣針を引合いに出して論述していた。釣針の研究は、先生の興味を惹いたようで、後に、『釣り針の話』（一九六一年）にまとめられた。

なお、「日本新石器時代貝塚産貝類の研究」は、先生としては、貝塚産貝類の集成的な研究を目指したものかと推量されるのであるが、なにしろ、その『直良石器時代文化研究所所報』（全七輯）は、若い日の先生が学問への情熱の迸るままに刊行したものであったから、コンニャク版あるいはガリ版刷りの発行部数もごく少ない冊子であった。そのため、散逸したものも多かったろうし、いまでは、ほとんど閲覧することが出来なくなってしまった。いわば幻の研究書群である。私も、砂丘遺跡の研究を回顧した折りに、確か、江坂輝弥先生から、「中ノ御堂砂丘遺跡」（第三輯）を借用した記憶があるだけで、他はほとんど眼にしたことがなかった。姫路の淺田芳朗さんが一冊だけ所持していると聞いていたが、それが何輯であったかは忘れてし

まった。私は、「日本新石器時代貝塚産貝類の研究」の所在を知らない。従って、その内容の詳細を知り得ないわけであるが、幸いなことに、『人類学雑誌』（四七―四、一九三二年四月）の新刊紹介欄に言及があって、

> 本冊子は日本新石器時代貝塚産貝類の研究の内第一群淡水産巻貝の部、カワニナ類、タニシ類、キイロカノコの研究である。

とあることで、そこに取り扱われている貝類の類目だけを知り得るばかりであった。が、一九九九年（平成一一）になって復刻されたことで（『動物考古学』一二）、その全容を知ることが出来るようになった。次輯には、「日本新石器時代貝塚産シヾミ類の研究」が予定されていたようである。が、これは実現しなかった。

前記した「貝類学的に観たる石器時代の東京附近」は、貝塚から検出される貝類を以て旧東京湾に棲息していた貝類を推測することが出来るであろうし、それらの貝類の生態学的な所見や形態、出土量の多寡などによって、旧東京湾の状況を復原することも可能であると、その復原を試みた仕事であった。貝塚の分布によって、縄文期に於ける東京湾を復原しようとする作業は、はやく、若林勝邦も試みており（「下総武蔵相模ニ於ケル貝塚ノ分布」『東京人類学会雑誌』七三、一八九二年四月）、鳥居龍蔵も、若林の研究を進めて、貝塚を鹹水産貝塚と淡水産貝塚に区別する必要があるとし、例えば、若林が下総関宿貝塚の辺りまで海水が侵入していたとしたのを、関宿貝塚は淡水産貝塚で、流山貝塚に至って純粋に鹹水産貝塚となるわけで、当時の鹹水と淡水の境界線は流山の北辺りに求められると訂正したりしていた（「有史以前に於ける東京湾」『武蔵野』四―四、一九二一年）。先生は、検出された貝類を精査したところ、

> 旧東京湾底に、最も多くしかも普遍的に、どこの入江にも棲息してゐた貝類は、先づハマグリ、マカキ、ハヒガヒ、アサリ等だつた。然し貝類の棲息地に依つて、同じハマグリでも、種の形態は勿論、その

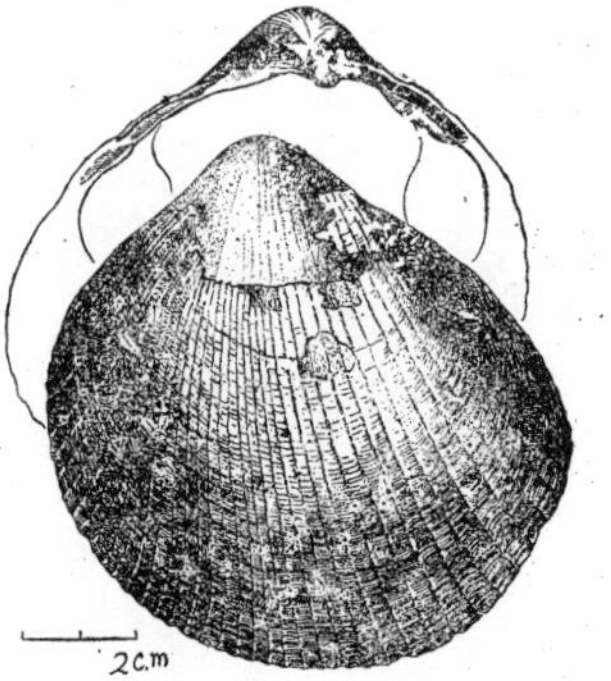
千葉県園生貝塚出土のトリガイ（『貝塚の話』）

量も決して均等ではなかつた。今の多摩川が、ずつと上流迄海水で満されてゐた頃、そこの海底にゐたハマグリは、江戸川の附近が海であつた時代に、棲息してゐた夫等とは、多少相違してゐる。上沼部、下沼部、千鳥窪、久ヶ原、馬込、雪ヶ谷、衾、子母口等の現多摩川流域の貝塚に於て得たるハマグリは、矢倉氏の所謂A型であつて、流山貝塚に於て採集せるものには、B型が介在してゐた。A型は淡水の混じたる入江若くば河口等に産し、B型は外海か若くは潮流烈しき場所に棲息する。然らば、石器時代に於ては、海は流山貝塚よりも、ずつと奥まで這入つてゐたに相違ない。換言せば今の流山町よりは尚奥地まで海水は充ちてゐた。

と考えるに至り、種々考察の結果、「鳥居博士の淡水と鹹水との境界線について多少疑ひをもつ」たということであった。先生が、鳥居に優れていたのは、その研究法に於いて、鳥居が出土貝類を鹹水産と淡水産に大別するに止まったのに対して、貝の種類と出土量を問題とし、さらに、生態学的な知識を駆使したことにあったのである。

（三）　鳥獣魚骨へ関心の拡大

が、貝塚産自然遺物の重要性を研究者全般の共通認識とするためには、多くの努力、啓蒙的活動と時間が必要であった。私は、一九三二年から五〇年（昭和二五）頃までを、直良先生の貝塚研究の第二期としたわけであるが、この時期には、貝類から自然遺物の全般＝鳥獣魚骨に関心を拡大し、その大半を縄文人の食糧残滓と認識して、それによって、縄文人の食生活や彼等を取り巻く自然環境などの復原が可能であると考えたのであった。ただ、こうした視点は、一九三二年になって急に生まれたものではなく、第一期の終り頃には芽生えていたことが確かである。(Ⅱ)「生態学的・生物学的研究」の項でも引用した、「下総上新宿貝塚発掘の自然遺物」に、

当日採集した自然遺物は、相当の種数に達してゐるのであるが、……一つは当時の自然環境をしのび、他は上新宿貝塚人の食糧問題にまで触れてみたい。

といっていることでも明らかだと思う。また、主要産出地は泥炭層であるが、貝塚からも検出されることがある植物性遺存体に注目したのもこの時期であった。

こうした新しい研究主題のために、先生は従前にも増して、資料の蒐集に努めなければならないことになったのである。先生は、「史前日本人の食糧文化」（『人類学・先史学講座』一九三八年五～七月）のなかで、

考古学者や人類学者からは単に「自然遺物」なる言葉をもつて比較的軽く取扱はれ、古生物学者や現生動物学者からは継子扱ひをされて殆んど省られなかつた為に、……まず資料そのものを得るために自らが進んで貝塚なり遺物包含層なりを発掘せねばならなかつたのである。

と、さりげなく回顧しているが、取り敢えず、「両三年来暇のある度に諸所をかけ廻つて色々の方面から資料を蒐めてみた」といっているように、資料を求めて、東奔西走する日々であったことは間違いない。一つの研究に、三年間は決して長い歳月ではないが、かつて、岩倉鉄道学校在学中の先生が、昼間は保線事務所の給仕として勤務しながら、一日の睡眠時間を四時間で過したように、寝食を忘れて、資料の蒐集に没頭し

たものと思われる。先生の三年間は、私たちの六、七年、あるいはそれ以上の時間に相当する作業量をこなし得たのであろう。その成果の一つが、一九三五年（昭和一〇）七月に発表された「貝塚から発見せらるる哺乳動物について―日本新石器時代民衆の生活と獣類との関係―」（『ドルメン』四―七）であった。そこでは、貝塚から出土した陸棲哺乳動物六類四二種と海棲哺乳動物三類一〇種を挙げて、

貝塚から発見される多くの獣骨の凡てが捕食による残滓物のみとは言ひ難いが、まづ、その九割迄は、たしかに夫と見て差支へないだらう。

との認識に立ち、それらの獣類が当時の人びととどのような関係にあったかを略説した後に、

私が貝塚産の獣骨を調査するといふ事は、その頃の哺乳動物の実態を摑むといふ事だけの目的からではなく、切つても切れない、『動物と人生』との関係を明かにするためでもある。バックのない生活は何人と雖へども有つものではない。と共に、バックの明かでない、文化のみの鮮明は、あかあかと燈のついた室で、映画をみてゐるやうなものだ。

と指摘しているのである。

一九三八年（昭和一三）に刊行した「史前日本人の食糧文化」になると、多種多様な貝類や鳥獣魚骨に較べれば量的には少ないものの、かなりの植物性遺存体の名も列挙しているのである。この段階で、動物性遺存体三二二種（貝類二二四種・魚類三六種・爬虫類一種・鳥類八種・哺乳類五三種）、江古田泥炭層検出の資料を除外して、植物性遺存体二二種（毬果植物四種・双子葉植物一三種、他に番号の附されていないものが五種）を確認していた。もちろん、この動・植物遺存体のすべてを食糧資源と理解していたわけではないが、ここでも、史前日本人が一方に於て肉食者であつたと共に他面又植物質をも食したであらう事は想像するに難

くない。然し植物質は動物質の如くその残滓物を残す事が少なかつた。従つて当時の人々が如何なる植物を食用してゐたらうかといふ事は全く不明であつたと言つても過言ではない。

といい、従来、不注意に見過ごされていた植物性遺存体の探索が不可欠であると強調しているのである。

先生は機会のあるごとに、自然遺物への関心を喚起する努力を怠らなかったのである。「貝塚から発見せらるる哺乳動物について」や「史前日本人の食糧文化」などの啓蒙的著述のほか、人類学会や東京考古学会主催の貝塚見学会、あるいは発掘会にも参加し、現地で、出土遺物の克明な解説を試みるなど、その普及に尽力したのであった。例えば、一九四一年（昭和一六）一〇月には、東京考古学会の第三回遠足会が千葉県東葛飾郡川間村（現野田市）所在の東金野井貝塚に行われたが、その折りにも貝塚に臨み、出土した自然遺物について懇切に説明したことであった。江坂輝弥先生の執筆になると思われる「東金野井貝塚発掘行」（『古代文化』一二—一二、一九四一年一二月）に、

> 午後島田暁君の案内で直良信夫先生が来られる。自然遺物に就いて種々御指導下さつた。この貝塚で一番多いシジミのその殆んどがニツポンシジミであるとのこと。関東地方の貝塚に多くあるシジミはヤマトシジミばかりかと思つたのは誤りであつた。他に淡水産の貝類としては、イシガヒ、マツカサガヒ、オホタニシ等があることを注意せられた。

と伝えられている。先生は、直ちに、江坂先生や藤森さん、久永春男、吉田格などに資料の提供を受け、「東金野井貝塚発掘の自然遺物」（『古代文化』一三—一、一九四二年一月）を作製して、蒐集資料の鑑別の結果と考察とを明らかにしたのであった。出土獣骨のなかでは、

> 最も遺骸の出土量の多かつたのは偶蹄類の鹿と猪とであつて《で》、……鹿の牝の遺骨は見なかつたが、幼

獣と共に老獣のものは数多く存した。猪は牡牝とも多く、仔獣も亦少くはない。と報告している。やや年代が離れるが、捕獲された鹿は老成した牡が多く、牝は殆ど見出されなかったという事実は、浜松市の蜆塚貝塚でも確認しており（「蜆塚遺跡第三次発掘の脊椎動物遺体」『蜆塚遺跡―その第三次発掘調査―』一九六〇年ほか）、こうした報告の積重ねが、後に、江坂先生の縄文人にも種の保存についての配慮があったとする提言のもととなったように思われるのである。つまり、貝塚から出土する鹿の頭骨は、ほとんどが角座のあるものであったというのである。猪は牡牝の判別は容易でないが、鹿は角の有無によって牡牝の確認が簡単であるから、狩猟の際に、牝鹿の捕獲をなるべく避けていたのではないかと指摘している（『日本文化の起源―縄文時代に農耕は発生した―』一九六七年）。ただ、先生は、「母性崇拝などの宗教的な観念」が現われていると見てよいかも知れないとちょっと異った解釈をしている（『狩猟』一九六八年）。

先生は、一九三八年（昭和一三）九月の飛の台貝塚の調査にも参加して、山内清男の茅山式土器についての説明の後、自然遺物の解説をし、「猪・鹿・鳥・すゞき・たひが注意に上つた」などといっている（「飛の台貝塚発掘研究会の記」『考古学』九―一〇、一九三八年一〇月）。飛の台貝塚の調査結果は、「下総飛の台貝塚発掘の鳥獣骨」（『考古学』一〇―四、一九三九年四月）にまとめられている。貝類については、酒詰仲男の報告がある（「下総飛ノ台貝塚採集の貝類に就いて」同前）。ただ、東京人類学会の一九三四年（昭和九）一〇月の埼玉県南埼玉郡柏崎村（現岩槻市）の真福寺貝塚や一九三九年（昭和一四）一〇月の同県入間郡水谷村（現富士見市）の水子貝塚の貝塚見学会にも参加しているが、この折りには談話をすることはなかったようである。

また、一九三〇年代の前半頃、原始文化研究会という会合があって、本郷の仏教青年館を会場に開催されていたらしい。先生は、その席でも、熱心に鳥獣魚骨の解説をしていたという。瀧口宏先生は、八幡・山内・甲野というのちの大先生たちが発掘の結果を持ち寄り論議するのでしたが、その中で異色のかたが直良先生でした。兎に角、骨のことになるとまことに驚ろくべき知識をお持ちで、しかも克明な絵をかいて説明されるのには唯頭がさがるばかりでした。学問の厳しさを身近かに知らされたといってもよいでしょう。

と、その研究会での先生の姿を伝えている（「静寂不動の境地」『小田原考古学研究会会報』五、一九七二年一〇月）。

こうした先生の啓蒙的な活動と実践的な論考の発表によって、しだいに、貝塚産自然遺物に対する理解も学界に浸透し、採集資料を提供し、あるいは調査を依頼して来る研究者が増えたのであった。三浦半島を主なフィールドとして活躍していた赤星直忠さんにしても、

貝塚発掘をやって動物の骨を採集したとき、その骨が何だか知りたくても教えてくれる人がいなかった大正末年ころ、私は帝室博物館の故高橋健自先生の御指導をうけていた。先生のところへ骨を持ちこんでも、これだけは教えてもらえなかった。……その後直良先生が動物の骨について研究されるようになってからは、貝塚採集の骨はみな先生のところで見ていただくことになったので、苦労しないですむようになった。この点は私だけではなかろう。当時貝塚調査をまとめた人達は大なり小なり直良先生の恩恵に浴しているはずである。

と、採集した鳥獣魚骨の鑑別に先生の協力を得たことを語っている（「直良先生からの絵はがき」『小田原考古学研究会会報』五）。甲野勇も、『日本産獣類雑話』（一九四一年）の書評のなかで、「遺跡調査報告中の動物遺骨に関する部分は殆んど氏の手によつて成つたものである」と同趣旨のことを伝えている（『古代文化』一二―五、一九四一年五月）。

一九四一年（昭和一六）九月から、雑誌『古代文化』に連載された「史前遺蹟出土の獣骨」は、多くの研究者たちの資料提供があって、内容を充実させることが出来た論考であった。「史前日本人の食糧文化」の「緒言」では、資料の提供を受けた人びととして、馬場脩・杉山寿栄男・八幡一郎・小林行雄・稲生典太郎など一三名の名前を列記しているが、「史前遺蹟出土の獣骨」を見ると、さらに、北構保男・桑山龍進・甲野勇・佐野大和・久永春男・米村喜男衛・吉田格といった名前を直ぐに追加することが出来るのである。江坂輝弥先生も忘れることは出来ない。

（四）貝塚産自然遺物の集積

第三期は、一九五〇年（昭和二五）以降を一括したが、この時期には、すでに貝塚産自然遺物や泥炭層出土の植物性遺存体への理解が考古学界に浸透していたし、さらには、岩陰や洞窟遺跡出土の動・植物遺存体へも関心が拡大していたから、より多くの研究者から資料が寄託され、直良先生個人としても、研究をいっそう深化・拡張することの出来た時期であった。多くの資料を集積して、やがて、『古代人の生活と環境』（一九六五年）や『日本産狼の研究』（一九六五年）、『古代遺跡発掘の脊椎動物遺体』（一九七二年）、『古代遺跡発掘の家畜遺体』（一九七三年）などの著作のなかに実を結んだのであった。

が、一九六〇年（昭和三五）頃までは、先生自身も、自然遺物を求めて、各地に貝塚や岩陰遺跡の発掘調査を試みることがあったようである。千葉市の園生貝塚、横浜市の下組西貝塚や藤沢市の遠藤丸山貝塚、行谷貝塚、横須賀市の茅山貝塚など、何個所かの遺跡を記録に確認することが出来る。茅山貝塚での思い出を、西村正衛先生は、神奈川県茅山貝塚は、二十二―二十三年にかけて、戦後最初の調査を行った遺跡として思い出が多い。ここであるときは、先生と二人で二米以上に及ぶ深い貝層を掘り、その豊富な魚貝類の遺体の堆積状況に感激し、夕闇が迫るまでご説明をうかがいながら発掘を行ったことは、全くワンツーマン《（マ）》の教育をしていただいているような感に打たれ、忘れることのできない思い出となっている。

と、先生の長逝後に語っている（「直良先生を偲ぶ」『古代』八二、一九八六年一二月）。先生の動物遺存体の研究を継承し、発展させた金子浩昌さんも、下組西貝塚で検出したクロダイの上顎骨や歯骨について教示を受けたことが契機となって、動物遺存体の研究に傾斜したように伝えている（「直良先生と二つの標本」同前）。

貝塚踏査中の直良先生（『貝づか』）

私が先生の研究室に出入りしたのは、一九五九年（昭和三四）の初夏の頃からであったが、訪れた先生の部屋は、各地の研究者から送附されて来たものであろう、遺物の詰まった木箱がいっぱいに積上げられて、室内には、その陽光も届かない感じであった。時折、二、三の獣骨を取り出して、「誰々さんが送ってくれた資料でしてね」と、その資料のもつ問題点を説明してくれることもあったが、その頃の私は、考古学にも、貝塚出土の獣骨や魚骨にも興味をもってはいなかったから、まったく身に付かなかった。そんな時に、江坂先生や久永の名は何度か耳にした記憶がある。私が考古学を学び始めて間もない頃、渥美半島に吉胡貝塚や保美平城貝塚、伊川津貝塚を探訪したことがあったが、その際に、先生から参考資料にと頂戴したのも、久永から調査を依頼された伊川津貝塚のレポート（「愛知県伊川津貝塚発掘の自然遺物」）であった。原稿用紙（四〇〇字詰）七枚ほどの短いものであったが、貝類を除く動物遺存体が二六科三二属三二種検出されているとし、獣魚類の捕獲法や伊川津貝塚を取り巻く自然環境にまで論及した興味深いものであった。「直良先生の遺稿」の一篇として、『直良信夫と考古学研究』に収載しておいた。

久永は、数多くの貝塚で検出した自然遺物を送附して来た。先生の調査結果を収録した報告書は、架蔵しているものに限っても、前記した蜆塚貝塚のほか、西屋敷貝塚・咲畑貝塚・八ッ崎貝塚・西の宮貝塚・中条貝塚・本刈谷貝塚・伊川津貝塚・枯木宮貝塚など、多くを挙げることが可能である。私が見た研究室の木箱のいくつかは、久永が送附して来たものだったかなといまにして思うのである。久永の送附した資料についても、適宜、その調査を行っていたようで、先生のノート（「Palaeontology」一九五九・Dec.）にも、「蜆塚貝塚総目録（出土脊椎動物）三五・三・三」とか「蜆塚の家犬　三五・九・八 返却」などの関連記事（計測値）が見出される。ノートの記述から判断して、私が卒業論文の進捗状況などの報告に訪れていた頃、蜆塚貝塚の遺物群は研究室に保管されていた見当になる。

各地の研究者から送られて来た資料は、丹念な調査の結果、精緻な報告となって返送されていたことは、久永の例を見ても間違いなく、また、多くの報告書のなかに、その実例を見出すことが出来るのである。先生の報告の顕著な特徴は、依頼された自然遺物の同定結果を記述するだけでなく、そこから一歩を進めて、遺跡付近の自然環境の復原や、食料資源としての動物群の捕獲法や調理法にまで考察をめぐらすことにあった。その一例を石川県上山田貝塚の報告によって提示すると、先生が確認した生物遺存体は、脊椎動物＝二六科三四属三四種（哺乳類九科一二属一二種・鳥類六科八属八種・魚類九科一一属一一種・爬虫類二科三属三種）、無脊椎動物＝一八科二一属二三種（巻貝一〇科一二[（二）]属一一種・二枚貝八科一〇属一二種）であったという。ただ、資料の採取方法に多少の偏りがあったと思われるとして、「実際にはもっと多くの種数がこの貝塚には包蔵されていたとみてよいだろう」と推定している。

これらの多種類の生物遺存体のなかで、ニホンイヌは家犬で、アシカとクジラは海獣であるが、他の獣類はいずれも森林棲の野獣であり、とくに、キツネが検出されているのは、当地が南北日本の気候風土の境界線に位置していることから、東北日本の寒冷地で毛皮用に狩猟されたのと同じ目的をもって捕獲されたのではと推察している。鳥類は、骨学上の特徴をとどめた標品が少なく、種名が判然としないが、サギ科やシギ科の鳥類の遺骸が多く、水湿性の候鳥が主要な狩猟の対象となっているという。魚類はイタチザメやホオジロザメなどの獰猛なサメ類も見られるが、量的に多いのはフナとギギ属の魚類で、当貝塚では、淡水漁業が主体性をもっていたことだろうと推察している。その場合、河北潟がどのような形態で上山田貝塚人の生活と関係を有していたかが問題となるとし、貝塚近辺にまで潟が侵入していたとすると、その地域が漁場の一つに選定されていたとしている。スズキやクロダイは淡水の流入する海岸に棲息し、内海性の岩礁の発達している海を好むマダイの採捕されていることを見ると、そのような海域も近いところに想定されるとするなど、出土遺物から復原される食生活と自然環境の復原的考察は、実に微に入り、細に亘っている。そして、上山田貝塚では、貝類以外に、雑多な脊椎動物（哺乳類・魚類・鳥類・爬虫類など）の生物遺存体を網羅しているわけで、それは貝塚人の「生活の豊かさをあらわしている」と結論したのであった。

論旨の転載が長く煩雑になってしまったが、この論考は高堀勝善の依頼によって、一九六四年（昭和三九）に執筆したもので、『上山田貝塚—石川県河北郡宇ノ気町上山田遺跡調査報告—』に収載されたのは、一五年ほど後の一九七九年（昭和五四）一二月になってからであった。この一五年間に於ける貝塚研究の発展は目覚ましいものがあって、同報告書に収められている松井章・平口哲夫両氏の「動物遺体」は、斬新な内容をもつ論考であったが、その狩猟・漁撈活動についての研究など、先生の研究視点が先駆的な仕事となっているように思われた。

数多い先生の仕事のなかから、上山田貝塚の調査を選んだのは、その原稿が出来るまでの関連資料が、多少私の手許に残されているからである。先生の「Palaeontology」（一九六四・七・以降）を見ると、そこに高堀の便箋五枚に及ぶ懇切な内容――貝塚附近の地勢や貝層の堆積状況、出土土器の形式名などを説明――の書簡が貼込まれている。日付は（一九六四年？）四月三〇日である。しばらくして、先生は調査したらしく、ノートには、「一九六四・八・二二、調」として、九頁ほどの記録が遺されている。報告の最後に、（早稲田大学考古学古生物学研究室にて、三九、八稿）とあるから、ノートの八月二二日の調査直後に、執筆・脱稿したものであることが知られる。報告書掲載まで一五年と、ずいぶんと間隔があるが、それは「例言」や高堀の「あとがき」にあるように、掲載予定の二次調査（一九六〇年実施）の報告書が刊行されなかったためであった。『上山田貝塚―石川県河北郡宇ノ気町上山田遺跡調査報告―』は、八幡先生から頂戴した報告書群のなかの一冊でもあり、八幡先生との懐かしい思い出もある。

先生のもとに送附された自然遺物は、先生の総合的な研究の基礎資料ともなるものであったから、先生は単に鑑別の依頼に応えるというばかりでなく、その記録を大切に保存・集積していたようである。それはノート「Palaeontolory」であることもあり、また、原稿用紙に整理されていたが、私は、出雲を訪れる度に、その何点かずつの記録を頂戴したわけである。（また、調査報告書の巻貝の項に、「一二属」とあるのは、ノートには「一一属」とあり、計算上からも、それが誤植であることが明らかである）。

とにかく、貝塚研究に於いても、先生は、常に他の研究者の一歩前を歩いていたように思われる。即ち、人びとが土器や石器、骨角器などの人工遺物にしか関心を払わなかった段階で、貝塚形成人の食糧となった貝類（貝殻）に注目して、その現生貝類の生態学的な研究から、その生業の場である貝塚附近の海岸の状態を復原し、また、貝類の採捕法や器具の問題などの研究を目指したのであった。貝類に対する理解が進展すると、さらに、鳥獣魚骨や植物性遺存体へと研究の対象を拡大し、それらを食糧残滓と捉えるなかで、食糧問題や周辺の自然環境まで積極的に復原しようと努めたのであった。先生の不断の努力と創意によって、縄文期の貝塚研究は大幅に進展したことは間違いないと、私は確信しているのである。

銅　鐸

（一）梅原末治の跡を追って

弥生期の顕著な青銅器である銅鐸の機能や埋納についての研究は、佐原真と田中琢氏の論考ばかりが知られているが、その論旨は、すでに、一九三〇年（昭和五）までの直良先生の論考のなかに指摘されていたことがすっかり忘れられているのである。

先生の銅鐸への論及は、一九二七年（昭和二）の「播磨国加古郡八幡村望塚に於ける銅鐸出土の状態に就いて」（『歴史地理』四九―一一、一九二七年一月）に始まる。一九四三年（昭和一八）の「三宅甚平氏所蔵の銅鐸」（『近畿古代文化叢考』）はやや遅れるが、一九三三年（昭和八）四月の「銅鐸面の動物画」（『考古学』四―四）まで、五年半ほどの間に一四編もの関係論考を発表しているから、この間、先生が深く関心を寄せ、執拗に研究した課題であったことが分かる。「三宅甚平氏所蔵の銅鐸」にしても、報文中に、「淡路現存の銅鐸」(『歴史地理』五〇―四、一九二七年一〇月)の発表から「両三年後」に問題の銅鐸を実見し得たとあるから、一九二九年(昭和四)頃には調査していたものであろう。先生が論考を発表し始めた一九二七年では、あの梅原末治の『銅鐸の研究(資料編・図録編)』(一九二七年)が刊行されて、銅鐸研究も新しい局面を迎えようとしていた時期であった。が、三〇〇部限定、二冊で定価六〇円もする同書は、先生には容易に入手し得ない代物であっただろう。なにしろ、先生に収入はなく、家政は高等女学校に勤務する音夫人によって支えられていたのだから、そんな経済的な余裕はまったくなかったはずである。が、先生はこの高価な研究書を購入したらしい。渡邊九一郎宛書簡の一通(一九二七年二月一日付)に、

梅原氏の銅鐸の研究は貧乏さいふを打ちやつてとにかくかふことにしました。

とある。先生が参考にしていたことは確かである。

また、先生も会員であった考古学会の『考古学雑誌』のほか、『歴史地理』へは銅鐸に関する寄稿も多く、『人類学雑誌』にも散見出来たわけで、先生はこれらの雑誌掲載の論考によって、銅鐸をはじめさまざまな考古学的情報を得ていたものと思われる。なにしろ、「私が君の歳頃には、毎月、どこかの雑誌に自分の名が載っていないと、勉強していないのではないかと不安になったものですよ」と、怠惰な私を諫める先生であったから、一九二〇年代の後半には、前掲の三誌のほかにも、『考古学研究』や『中央史壇』などに、堰を切った奔流の勢いで、たくさんの論考・報告を寄稿していた。例えば、一九二五年(大正一四)には、一一篇を発表し、そのなかの一篇は三か月に亘って連載される長篇であった。同じ月のうちに、三篇、四篇の報

告・論考が発表されることもあった。一九三〇年代に入れば、一時、『史前学雑誌』も発表誌に加わる。これはもう、驚嘆以外のなにものでもない。それらの掲載誌が送附されて来たことは間違いないであろうし、それらによって多くの情報を入手することも出来たはずである。

梅原の『銅鐸の研究』は、同時代の考古学研究者にさまざまな影響を与えたかのようである。その「序文」のなかで、喜田貞吉が、

　梅原君は此の銅鐸の資料の蒐集に就いて、実に十年以上の歳月を費して居られる。文献に、実物に、はた其の遺跡に、凡そ今日に於て手を尽し得られるだけは尽された筈である。君の熱心なる努力と、精緻なる観察とを以て、今日の学界に於て、何人も是れ以上を成し能はざる程度にまで、忠実に之を調査し、之を記述せられた筈である。

と評しているように、国内に現存する銅鐸はもちろんのこと、海外に流出した銅鐸にまで調査の手を伸し、詳細な実測図や拓本、写真図版によって集成した悉皆的調査結果であったから、もう、資料的には追加すべきなにものもないと考えられたのである。つまり、その時点で、梅原は実見し得る銅鐸のすべてを観察・調査したわけであり、梅原以上に銅鐸に関するデータを保有する研究者はいなかったのである。従って、後藤守一のように、

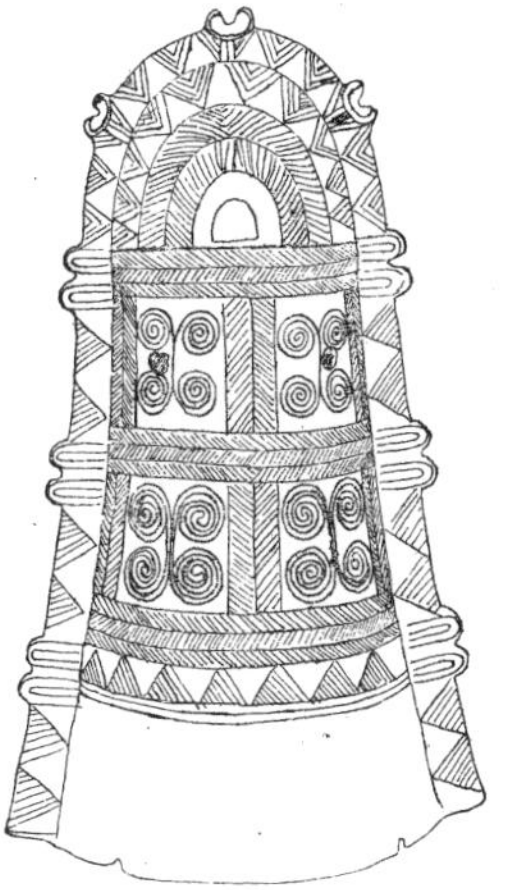

大阪府鹿谷寺銅鐸（『古代日本人の生活』）

　銅鐸の研究は学友梅原君が、鋭意努力されてゐるのであり、吾々は同君によつてこれが大成され

る日の一日も早きを祈つてゐる次第である。……同君発表迄は吾々陣笠が勝手の御託を並べてゐるのも一つの方法かも知れない

とまでいわざるを得なかったのである（「銅鐸についての二三」『ドルメン』四―六、一九三五年六月）。後のことになるが、『銅鐸』（一九六四年）の著書もある藤森栄一さんが、

この膨大な資料を握る梅原博士が何の論説もないのに、その資料を使って何がいえるだろうか。

と書いているように、多くの研究者はただ尻込みする以外になかったのであろう。

そうした状況下での銅鐸研究は、学問的に、ずいぶんと勇気のいることであったと思う。青銅器、とくに銅鐸の研究は、古代農業の研究とともに、盟友ともいうべき森本六爾との交友のなかで生まれた研究課題であり、実際、多くの問題が未解決のままに残された〝謎の青銅器〟であったが、その疑問は容易に解決されるとも思われなかった。先生の銅鐸研究は、梅原への果敢な挑戦であったといえないことでもない。先生は、後になって、

森本六爾と同様、そこには在野の考古学者からの挑戦といった意味あいも含まれていただろうと思う。と第三者的に回想しているが（『学問への情熱』）、銅鐸出土地域に居住したということのほかに、きっと、先生の負けん気が、あえて、その研究に走らせたのではないかと私は思っている。出雲のお宅で、私は、先生が梅原を大分意識していたのではという疑問を裡に、砂丘遺跡や銅鐸出土地に、梅原の跡を追うようにして探訪している事実を話題にしたことがあった。その折りには、先生は、

ニュースの伝達も今ほど十分ではなかったから、発表された論考を読み、そこに扱われている遺跡を踏査し、自分なりに遺跡を調べ、遺物を探索するのが精一杯でした。

と話すだけで、梅原の影響を肯定も否定もしなかったが、少年期に、先生と行動をともにする機会の多かった渡邊九一郎は、

あるいは、梅原末治が先生の一つの目標であったのかも知れません。

と、「目標」という言葉で、その影響を語ってくれた。恐らく、「根っから負けず嫌い」と自認する先生にとっては、森本と同じような学歴で、京都帝国大学に籍を置き、数々の優れた研究成果を公表する梅原は、単なる「目標」ではなく、追いつき、乗越えるべき「目標」ではなかったかと思うのである。が、その梅原も、先生を激怒させたことがあった。一九三一年（昭和六）一一月一日付の渡邊九一郎宛書簡に、

梅原氏の小生に対する暴言については目下抗議中に有之、先日浜田博士よりは、主任として甚だ遺憾の誠意申出御座候。全く以て梅原なる男の非学者的なる輩を痛感し、学界のため残念に存じ申候。

と憤懣をぶちまけているのである。梅原は、その輝かしい業績とは別に、性格的に多少の問題があるとは、ずっと以前に、私も先学の一人から仄聞していたことであった。

私が知る先生は、もう、世俗的な事柄はすべて超越し、穏やかな研究の日々であったように見受けられたが、ずっと以前には、森本ほどではないにしても、かなり突っ張った部分もあったのではないかと想像している。ある時、地理学者の神尾明正さんが、

私（神尾さん）は、いまの直良先生は好きだけど、昔の直良さんは嫌いだったね。

と話してくれたことがあった。神尾さんは多くを語らなかったが、その口吻からは、性格の穏やかな神尾さんには、若い頃の先生の気性の烈しさには付いていけないところがあったのではと感じられたのだった。

(二) 銅鐸に関する論考と出土地の探訪

いま、直良先生の銅鐸に関する論考としては、左記の一五篇を挙げることが出来る。

①播磨国加古郡八幡村望塚に於ける銅鐸出土の状態に就いて　『歴史地理』四九―一　一九二七年　一月
②再び望塚の銅鐸出土状態について　『歴史地理』四九―四　〃　四月
③本興寺所蔵の銅鐸　『考古学雑誌』一七―八　〃　七月
④淡路現存の銅鐸　『歴史地理』五〇―四　〃　一〇月
⑤今津出土の銅鐸とその出土状態について　『考古学雑誌』一八―三　一九二八年　三月
⑥閏賀発見の銅鐸とその出土状態について　『考古学研究』二―二　〃　五月
⑦垂水村新発見の銅鐸とその出土状態　『考古学雑誌』一九―二　一九二九年　二月
⑧石器其の他を出土せる日本上代の遺跡と銅鐸との関係　『考古学雑誌』一九―八　〃　八月
⑨伯耆米里発見の銅鐸とその出土状態　『考古学雑誌』一九―一〇　〃　一〇月
⑩銅鐸と石器伴出銅鏃との関係　『直良石器時代文化研究所所報』四　一九三〇年　五月
⑪横帯文式銅鐸　『歴史地理』五六―一・二　〃　七・八月
⑫銅鐸文化終相の研究　『史学』九―四　〃　一二月
⑬石見上府村発見銅鐸の出土状態　『考古学雑誌』二二―二　一九三二年　二月
⑭銅鐸面の動物画　『考古学』四―四　一九三三年　四月

⑮三宅甚平氏所蔵の銅鐸　『近畿古代文化叢考』　一九四三年一〇月

以上のほかにも、「弥生式土器に於ける七宝繋状紋様に就いて」（『考古学雑誌』二二―一一、一九三一年一一月）に、七宝繋状紋をもつ土器と銅鐸との関係を論じた個所があったりするが、取り敢えずは、この一五篇に限って良いだろうと思う。が、⑩「銅鐸と石器伴出銅鏃との関係」（『直良石器時代文化研究所所報』四）は、三五部が謄写版印刷によって刊行されただけであり、すでに散逸して、いま閲覧することが出来ない。また、他の諸論考のなかの七篇（④⑤⑥⑨⑪⑬⑭）は、『近畿古代文化叢考』に再録されているため、一々掲載誌のバックナンバーを探さなくとも閲読が可能である。が、『近畿古代文化叢考』は学術書というわけではなかったから、雑誌掲載の論考に較べ、読みやすく、省略・改変されている部分が少なくないことに留意しなければならないと思う。比較的閲覧し易い掲載誌ばかりであるから、原典に当る労を惜しんではならないであろう。

これらの論考のなかで、先生は、銅鐸の形式分類とその編年や銅鐸の機能の問題、さらには銅鐸の埋納などの諸問題について研究の成果を披瀝したのであった。先生は、これらの報文や論考を作製するために、数年の間、きわめて積極的に、銅鐸とその出土地の調査に各地を走り回ったのであった。その頃の思い出を、

私は、銅鐸の研究のために、住んでいた瀬戸内海沿岸地域はもちろん、近畿地方、それから山陰の鳥取などにも足しげく通い、各家に所蔵されてある銅鐸をみせていただき、また出土地の調査も行なった。調査はときに森本といっしょに行なうこともあったが、全体的には自分ひとりでやったことの方が多かったと思う。

鳥取県米里銅鐸の出土地（『近畿古代文化叢考』）

と伝えている（『学問への情熱』）。さりげない記述であるが、実際、その鳥取県の米里銅鐸の出土地を訪れた折りなどは、「今から思ふと、随分無茶な旅だつた」と述懐するほどの「暑さと疲労」とに悩まされた調査行であったらしい。山陰地方では、鳥取県ばかりか、⑬「石見上府村発見銅鐸の出土状態」に見られるように、遠く島根県浜田市にも出向いているのである。兵庫県の淡路島へは、一九二七年（昭和二）四月以来、前後九回ほども渡っている。それは淡路島が「銅鐸の島」と呼ばれたことばかりでなく、砂丘遺跡で石鏃や銅鏃が採集出来るという魅力もあったらしいが、時には、砂丘上にテントを張っての野営も厭わなかったらしい。松帆遺跡での写真一葉が伝わっている。

　当時、その上府銅鐸と呼ばれるものは、分布上の最西端出土の銅鐸とされていた。従って、石見国那賀郡上府村城山（現島根県浜田市城山）は最西端の出土地ということになるが、すでに、出土銅鐸は東京帝室博物館に運ばれ、地元には保管されていなかったのだから、先生の調査行は、まったくの出土地と出土状態の確認を目的としたものにほかならなかったといえるだろう。一五篇の関連論考のうちの七篇で、標題に「出土状態」の四字を附していることによっても、銅鐸出土地とその出土状態に強い関心を寄せていたことが窺われるのである。

（三）　銅鐸埋納の問題

神田孝平（「銅鐸出処考」『人類学会報告』二五、一八八八年三月）などは別として、直良先生が銅鐸研究を始める少し以前から、銅鐸の埋設ということが問題とされていたのであった。すでに、関保之助が、

其埋没の状も他の古物とは異なり、故意に埋没せしと認むべきもの多しと雖、何の為めにせしを知らず、或は一種の迷信よりして埋めしかも知れず、

と、人為的埋没＝埋設説を唱えていたが（「銅鐸説」『考古』一―四、一九〇〇年七月）、とくに問題とされることもなく、遺棄埋没説ないしは自然埋没説といった理解が一般化していたかのようである。例えば、梅原にしても、

はじめ余は……漠然と銅鐸自然埋没説とも云ふべきものを想像してゐたが、喜田博士の示教を得て、その蒙を啓き、何等かの人為的理由で埋まつたものと考へるに至つた。

と述懐していたのであった（「銅鐸に就いて」『芸文』一二―四・五、一九二一年四・五月、引用は『日本考古学論攷』一九四〇年による）。その「喜田博士の示教」というのが、一九一八年（大正七）に、喜田貞吉が発表した「銅鐸考―秦人考別編―」（『歴史地理』三二―二、一九一八年八月）に於ける、この問題への言及であり、その後の論議の口火を切ったのであった。喜田は、

安芸・大和の二者以外は、いずれも一個もしくは数個の銅鐸のみ、単独に発見せられ、もと故意にこのもののみを隠匿せしごとく解せらるるなり。

とか、さらに、

一切の銅鐸、もとことごとく故意に埋蔵隠匿せしものなりと信ずるなり。

と言葉を重ね、その「隠匿」の意味を、

けだし銅鐸民族たる秦人は、アイヌが和人の圧迫を受けて、その宝器を土中に隠すと同じく、優勢民族の圧迫によりていわゆる銅鐸を隠匿し、その後ついにその勢力を恢復するの機なく、……埋蔵せる銅鐸のごときはただにその所在を失えるのみならず、これに関する伝説すらも忘却するに至りしもののごとし。

と指摘したのであった。つまり、銅鐸使用民族であった秦人が、他の優勢民族の圧迫により、その勢力を衰退させた際に、彼等の宝器を地中に隠匿して退去した結果と主張したのである。

多くの銅鐸の出土状態も検証したはずの梅原が、関以来の人為的埋設説を首肯しなかったのは、当時知られていた事例のうち、「故意に埋めた形迹の顕著なもの」は三例に過ぎず、圧倒的に多くの事例が、「何等その設備のない処から偶然出土して」いると考えたからである（梅原 同前）。が、現在の発掘技術をもってすれば、完新世期の堆積土内（俗にいう黒土内）でも、銅鐸を埋設した掘り込み＝土壙を検出することは可能であろうが、その頃では、考古学者でも難しい作業であったはずである。この点、喜田は、

土壌を穿ちて物品を蔵め、さらにその同一の土壌をもつてこれが空虚を塡充したらんには、多くの年代を経過したる後において、何人かこれを見てその攪拌の痕跡を認定し得るものあらん。

といっているが、当時の発掘技術の限界を認識した指摘であった。

先生の銅鐸を対象とした研究は、播磨国加古郡八幡村（現兵庫県加古川市八幡町）の銅鐸出土地望塚から始まるが、そこでは「塚様人為築成物中」より、須恵器などを伴って出土したとし、その「塚様人為築成物」が、

極めて人生地理学上枢要な要地にあり、北方萬物を睥睨せる配置にあることは、銅鐸がある有意義的に、極めて重要なる意味を含みて埋蔵せられたることを表示せるものにして、喜田博士の埋蔵説に、更に一層の重大なる意味の存することを暗示せるに外ならないものであらうと思ふ。

と、喜田の「埋蔵隠匿」説に一つの根拠を附与しようと意図した論考であった。「本菲文を喜田博士に捧ぐ」とあることからも、先生の喜田への傾倒のほどが窺われるが、「塚様人為築成物」は、「埋蔵隠匿」にはふさわしくないようにも感じられる。自然的埋没説に対して、人為的埋蔵＝埋設説の支援ということにはなる。詳細な聞取り調査の結果、須恵器などの伴出は否定した。

先生が、銅鐸埋設説を強く主張したのは、⑧「石器其の他を出土せる日本上代の遺跡と銅鐸との関係」に於いてであった。すでに、多くの銅鐸出土地を踏査していた先生は、三河国宝飯郡小坂井村（現愛知県宝飯郡小坂井町）の伊那松間、摂津国川辺郡川西町（現兵庫県川西市）の栄根井坂、播磨国明石郡垂水町（現兵庫県神戸市垂水区）の山田坂上、播磨国加古郡八幡町（現兵庫県加古川市八幡町）の上西条望塚を「確実なる資料」とし、さらに、淡路国三原郡松帆村（現兵庫県三原郡西淡町）の中ノ御堂、伯耆国東伯郡下北条村（現鳥取県東伯郡北条町）の米里など八個所の出土地を参考としての提言であった。先生の説くところは、銅鐸は遺跡の「一隅」に、「有為に埋没せられてゐた」ことが確かで、その「一隅」とは「当代民衆の、足踏みの少ない、もしくは全くなかつたであらうと推定される」地域で、「身辺を去ること遠からざる聖

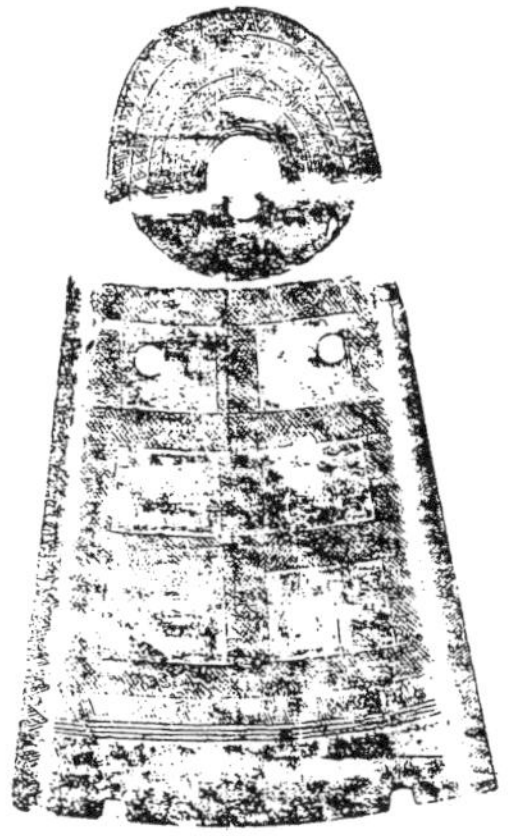

兵庫県津門出土の銅鐸（『近畿古代文化叢考』

地」ということであると規定している。そして、「有為の埋没」の意味は、「彼等の有した神秘的な宗教と深い関係の存するものであることを感じた」という。少し諄くなるが、先生の結論的な記述を転載すると、

珍重なる宝器であつたと同時に、又一つの神秘的な、崇高性をもつ宗教器として、そして又他面子孫に伝世すべき重器として、之がある、重要な役目を果し得（た後……二字、『近畿古代文化叢考』によって補う）、懇に、我が身辺を去ること遠からざる聖地を卜して、その埋蔵を見たるものであつたとすべきであらう。神霊の聖祭に使用せる、凡ての要器や宝器が、再び使用する時機に至るまで、極めて厳粛に浄地に埋蔵される例は、今も尚、世界各地の習俗に於て之を観ずることが出来る。以て参考に資す可きである。

とある。先生は、儀器としての銅鐸が、平常は聖地を卜して埋設され、祭儀の執行にあたり、土中より掘出されて、その必要を充したしたと考えていたことを確認出来るのである。

とすれば、銅鐸の埋納についての優れた理解と喧伝された一九六〇年（昭和三五）の佐原の理解も、ほぼ先生の理解を継承したものであったことが判然とすると思うのである。また、引用が長く、やや煩雑になるが、その佐原の指摘を転載すると、

神聖なものとして扱われたからこそ、銅鐸は、日常の生活からまったく切り離され、聖域ともいうべき場所に埋められ、保管され、祭儀のおりにだけ取り出されて、用いられたのである。この聖域から銅鐸を取り出すことも、また、それをふたたび埋めることも、おそらく、祭儀の一部として重要な行事だったと想像される。祭器を保管する方法として、それを土中に埋めたり、山上の大石の下に隠したりすることは、世界の土俗例にみられることである。

とある（「銅鐸文化圏」『図説世界史大系』二〇 日本Ⅰ）。

銅鐸の分布とその埋納の歴史的意味については、一九六七年（昭和四二）、小林行雄が、兵庫県神戸市灘区桜ヶ丘町で銅戈を伴って一四個の銅鐸が一括出土したことを契機に、従前の滋賀県野洲郡野洲町の大岩山例（一四個出土）なども参考にして、銅鐸を奉戴した小規模な政治的勢力（ムラ）が、より大きな政治的勢力（クニ）に統合される過程で集積・埋納されたものとする解釈を提示した（「女王国の出現」『国民の歴史』Ⅰ）。この小林の理解については、春成秀爾氏の批判もあるが（「銅鐸の埋納と分布の意味」『歴史公論』四―三、一九七八年三月）、それはともかくとして、銅鐸の祭祀に関する先生の理解は、その核心に迫るものであったと間違いなく評価されるはずである。

（四）銅鐸の機能の変遷

佐原は、銅鐸の機能についても論及している。前に引用した「銅鐸文化圏」の一節に、

銅鐸は共同体の祭器として用いられたと考えられている。当時においては、耳慣れないその金属音といい、鈍く輝く異様な姿といい、これは祭儀のおごそかな雰囲気をもりたてるには効果的なものだったであろう。そして、単に耳から音を聞くためのかねとしてではなく、目にもりっぱなものであることが望まれ、大型化、装飾の繁雑化が促され、しだいに、実用のかねから遠のいたのであろう。

とある。この佐原の理解を継承し、発展させたように評価されているのが、田中琢氏の『『まつり』から『まつりごと』へ」（『古代の日本』五 近畿、一九七〇年）であった。田中氏は、銅鐸は「時間の経過とともにしだいに大きくなったのではけっしてなく、突線鈕Ⅱ式以後、急激に巨大化していった」のであり、「装飾要素

淡路島松帆砂丘の直良先生（渡邊九一郎氏撮影）

をとりあげても、突線鈕Ⅱ式以後はあきらかに視覚的効果をねらったものが多くみられる」といって、

　突線鈕Ⅰ式以前の銅鐸を「聞く銅鐸」、突線鈕Ⅱ式以後の銅鐸を「見る銅鐸」と呼んで、その差異をとくに強調したい。

と結論したのであった。

この田中氏の論考を、佐原は、

　銅鐸の変遷を、端的に「聞く銅鐸」から「見る銅鐸」へといった人がいる。

と高く評価したのであるが（『日本の原始美術』七 銅鐸）、この讃辞も先生に捧げられるべきであったように私は思うのである。確かに、先生が論考を発表した時から四〇年もの年月が経過しており、この間の資料の増大と研究の緻密化は著しく、銅鐸の形式分類や編年的研究は精緻なものとなっているが、先生こそ、「神秘的聖楽器」（音律）＝「聞く銅鐸」から「形崇」＝「見る銅鐸」へと、その推移を正しく指摘した最初の研究者であったはずである。

銅鐸の機能とその変遷についての直良先生の理解は、④「淡路現存の銅鐸」や⑧「石器其の他を出土せる日本上代の遺跡と銅鐸との関係」ほかのいく篇かの論考のなかに見られる。④「淡路現存の銅鐸」では、現存する三個の銅鐸を詳細に観察した結果、三個の銅鐸のすべてに於いて、「鈕孔の頂点をなす鈕の内側縁が、心もち窪んでゐる」ことや、「鈕の隆起帯のところまで、わずか乍ら、研磨されたやうな、一種の光沢」が存在する事実を確認し、それが「小形銅鐸の内的性質の一片を示すもの」と認識して、小形銅鐸が空中に垂下され、必要に応じて揺り動かして使用するものと推察したのであった。即ち、

鐸鈕に於ける凹入と滑沢の存在はこの部にある鈕を通じて鐸を空間に垂下した、その行跡の端片を残痕してゐるものであると解したいと思ふのである。しかしたゞ単に中空に垂懸して静置してゐたのみであったとしたら、日光寺鐸の鈕に於て見るが如き鈕内側縁の甚しき磨滅もなく、又この部に滑沢の生ずる訳もなかつたであらう。この見解よりして、上述三口の小形銅鐸は、鈕部に紐通して垂下すると共に、之を静置の状態におくことはなく、ある場合には鐸自身に外圧を加用して、動的作用をなさしめしことの確在を窺知することがなし得られると強唱することが出来る。

という。詳細な観察から、小形銅鐸の用法の解明にまで導かれたのであった。播磨国宍粟郡神戸村（現兵庫県宍粟郡一宮町）出土の閏賀銅鐸でも、鈕頂部の内縁に於ける円味や滑沢によって、その垂下を推察している。もっとも、舌を伴うとする理解＝「銅鐸附舌説」は、先生の創見というわけではなく、すでに、沼田頼輔「銅鐸考」（『考古学雑誌』三―一〇、一九一三年六月）にも指摘されていることではあった。

私は、先生がいつ銅鐸に伴う舌の存在を認識したのか明細には承知していないが、『近畿古代文化叢考』所収の「淡路の銅鐸」の末尾に、

念頭に浮ぶ事実は、最近和歌山県や鳥取県下で発見された、舌を有する銅鐸のことである。恐らく、淡路出土の銅鐸にも、かういつた舌が、昔はあったのではないだらうか。

と記していることを斟酌すると、おおよその見当は付く。和歌山県の事例とは、紀伊国有田郡箕島町（現有田市箕島）出土鐸を指すのだろうが、それは「鐸の内部に土に混じて中指大の青銅製の棒があつた」という

伝聞があるばかりで（『銅鐸の研究』）、確実な事例ではなかった。舌の確認は、鳥取県東伯郡東伯町（旧伯耆国東東伯郡八橋町）出土の銅鐸に於いてであり、一九三三年（昭和八）になってから学界に報告されたのであった（倉光清六「伯耆新発見の銅鐸」『考古学』四―三、一九三三年三月ほか）。とすると、⑧「石器其の他を出土せる日本上代の遺跡と銅鐸との関係」を執筆した段階では、銅鐸に伴う舌の確実な事例は知らなかったはずである。が、先生は、

私の観ずる所は、従来の学説の如く、その小形にして、懸垂に便なる構造を有する鐸は、肩部に存す双孔の示す事実によつて、一つの舌をもち、而して、之に動的作用を加へて音響を発せしめ、以て一つの鳴器として使役せるものであつて、後、実用を超越して、本来の用途とは、別個な立場に置かるゝに至つた事例は、かの銅剣銅鉾と、全く同一である。

と、小形銅鐸に鳴器としての機能を主張したのであった。その鳴器としての機能は、「第一式の横帯文式銅鐸の次に置かるべき古さをもつ小形の鐸」までということであった（⑪「横帯文式銅鐸」）。また、⑫「銅鐸文化終相の研究」は銅鐸文化の終焉を論じた論考であるが、そこでも銅鐸の機能の変遷について言及するところがあった。

初期のものは、私の見る所之を一つの神秘的聖楽器とするのを正当とすべきであつて、第二期品は、この原基的本質よりは幾分遠ざかつて、音律よりも、形へと美しさを増して行つた傾向があり、この期の終りより次期に亘つては、全く形崇への色彩を帯び、用途も、当初の本位は没却せられて儀仗的になつてしまつたらしいのである。

とある一節に、要約的に伝えられていると思う。即ち、先生は「神秘的聖楽器」として出発した銅鐸は、第

二期になると本質から遠ざかる傾向にあり、第二期末から第三期になると、全く「形崇」へと機能的に変化したというのである。

その第一期とか第二期などという銅鐸の形式分類と編年に関しては、独立した論考を発表する予定であったらしいが、それは発表されることなく終ってしまったのである。それでも、「銅鐸文化終相の研究」に紹介されている、

その第一期の所産品は、私の称して横帯文式となすものであつて、第二期品としては、その総高が一尺内外から三尺迄に及ぶ中位の丈を有し、比較的身が偏平であつて、作は未だ古拙の域を脱せず、身を飾る主文が、格子目文の複合より成る所謂袈裟襷文と、今一つは、所謂流水文とから成つてゐるもの、二種類である。これらの銅鐸には、その鈕及鰭の外縁に耳様の突出があつたにしても、夫は著大ではなく極めて実質的な飾文であるのに外ならない。然るにその次位の第三期所産品に至ると、鐸の総高は著しく長大になつて行き、少くとも三尺を下るものはなく、鈕は半小判形を呈して、身は丸く、鰭及鈕には、著名なミズラ様の突起を有してゐるのである。

とある一節は、先生の理解の概要を記述しており、それによって、考察の過程は別として、結論的な部分だけは把握出来るかと思う。その三期への区分は、「形式及文様と製作の上から見て」の結果であるとし、さらに「銅鐸の形状に於ける変遷は、その用途と大なる関係を有してゐた事が察知せられる」と正しく指摘しているのである。佐原は、「直良信夫の型式分類」（「銅鐸型式分類の研究史」『考古学雑誌』五三—二・三、一九六七年九・一二月）と題して、先生の銅鐸研究に唯一本格的に論及した研究者であったから、「銅鐸文化終相の研究」などは熟読していたであろうし、先生の銅鐸研究については充分に認識していたはずである。が、機能

の変遷と埋納という二つの問題に関しては、先生の研究を全く無視して語らなかったのはなぜであろうか。

日本旧石器文化と「明石原人」

（一）　松村瞭の書簡

日本に於ける旧石器文化の研究でも、その研究法に於いて、化学的・科学的であることの原則は貫かれていた。単純に、石器の形態ばかりを問題とするのではなく、常に、それを包蔵した地層と地層内に包含される動・植物の化石群との関連を直良先生は重視していたのである。発見された「明石原人」骨ばかりが話題とされ、その賛否両論（圧倒的に否定論）が喧しかったが、私は、その発見の背景をなす日本旧石器文化の存在を提唱した仕事こそ、先生の多くの考古学的業績のなかでも、もっとも顕著な業績であったと考えている。だから、銅鐸の機能や埋設の問題、さらには貝塚産自然遺物の研究も重要であるが、この問題に言及しないことは、先生の評伝としては、やはり、画竜点睛を欠く結果となるのかも知れない。ただ、私が前著で旧石器文化の研究に触れなかったのは、なによりも、私が旧石器文化に深い関心がなかったこと、従って充分な学史的知識も持ち合せていないと自認していたことによるわけで、いまでも、正直、躊躇する気持ちも強いのである。

一九七二年（昭和四七）三月、正確な日時は忘れてしまったが、多分、月末に近い一日であったと思う。江古田のお宅に先生を訪ねていた私は、その書斎で、「N.Naora」と署名のある『日本旧石器時代の研究』を頂戴した。先生は、「名前が入っているが、いいね」と気にしていたが、私にはそのほうが嬉しかった。きっ

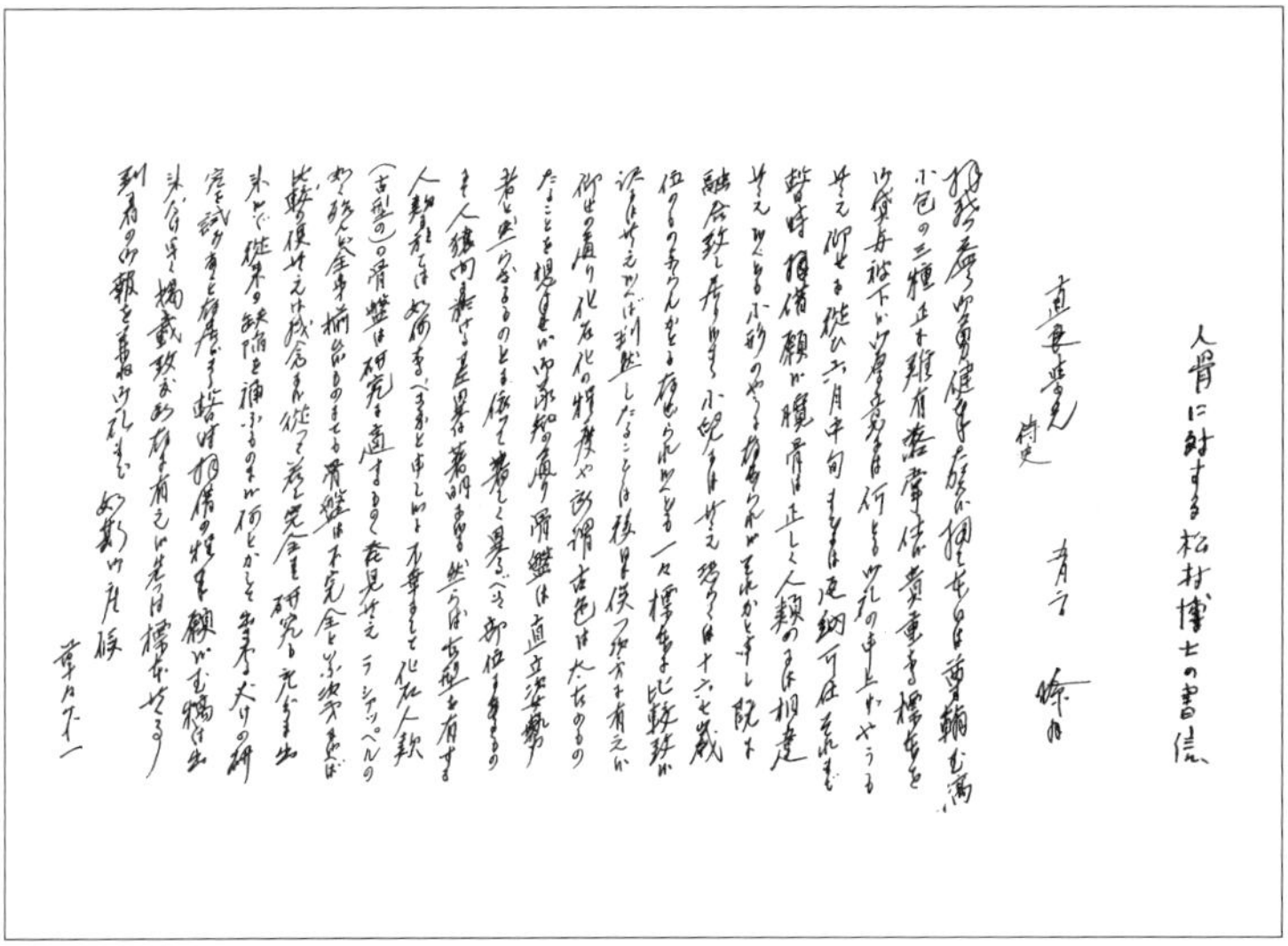
人骨に対する松村博士の書信

直良信夫様　　松村瞭

明石出土の人類腰骨への松村瞭の書簡

と、「君も少しは旧石器文化の勉強をしなさい」とのことであったのだろうが、何度か読返しはしたものの、私が旧石器文化の研究に関心を寄せることはなかった。せいぜい、各地の問題になるであろう報告書を購読する程度で終ってしまった。その折りに拝見したのが、「人骨に対する松村博士の書信」と台紙に先生の添書きがある、「明石原人」腰骨についての松村瞭の書簡であった。一読して、私信ではあるが、学史的に重要な意味をもつと考えた私は、直ちに、その全文を私どもの会報に掲載させてほしいとお願いをした。先生は、必ず松村瞭の直筆であることが分かるようにして欲しいとだけいって承諾してくれた。私は、筆蹟が明確なように、B4で一頁大の写真版を掲げ、釈文と多少の解説を加え発表したのだった（「明石原人腰骨についての故松村瞭博士の書信」『小田原考古学研究会会報』六、一九七二年一二月）。

　その書簡には、人類腰骨を手にした時の松村の率直な感想が記録されているので、煩雑さを厭わずに

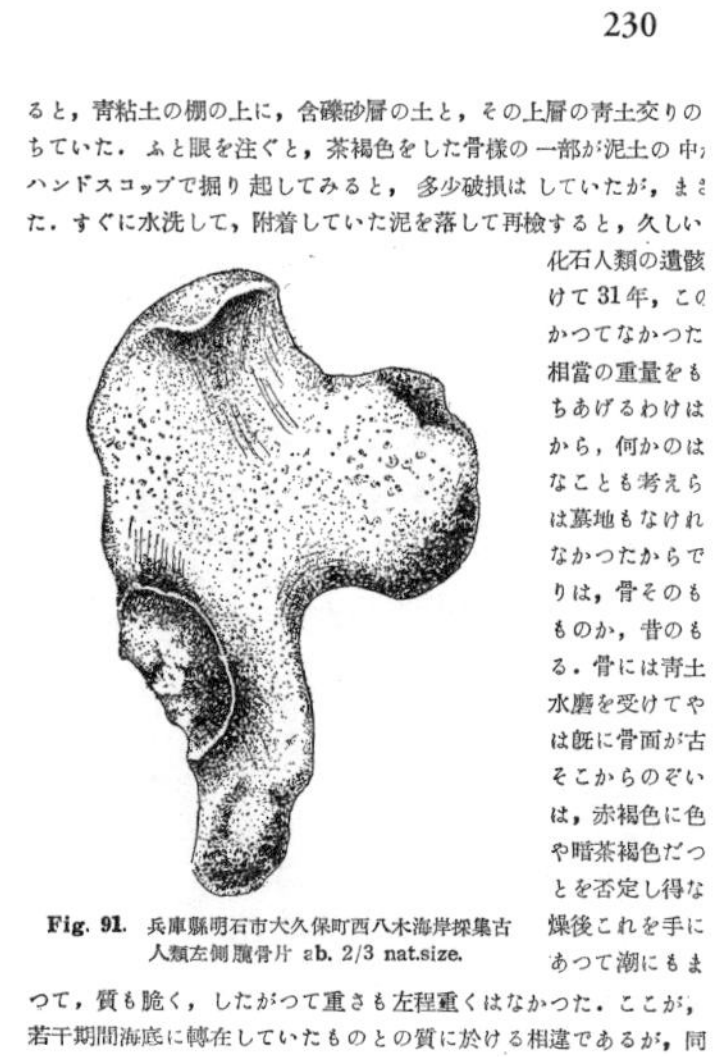
230

ると，青粘土の棚の上に，含礫砂層の土と，その上層の青土交りの
ちていた．ふと眼を注ぐと，茶褐色をした骨様の一部が泥土の中
ハンドスコップで掘り起してみると，多少破損はしていたが，ま
た．すぐに水洗して，附着していた泥を落して再検すると，久しい
化石人類の遺骸
けて31年，この
かつてなかった
相當の重量をも
ちあげるわけは
から，何かのは
なことも考えら
は墓地もなけれ
なかつたからで
りは，骨そのも
ものか，昔のも
る．骨には青土
水磨を受けてや
は既に骨面が古
そこからのぞい
は，赤褐色に色
や暗茶褐色だつ
とを否定し得な
燥後これを手に
あつて潮にもま
つて，質も脆く，したがつて重さも左程重くはなかつた．ここが，
若干期間海底に轉在していたものとの質に於ける相違であるが，同

Fig. 91. 兵庫縣明石市大久保町西八木海岸採集古人類左側臏骨片 ab. 2/3 nat.size.

明石出土の人類腰骨（『日本旧石器時代の研究』）

引用すると、

……臏骨は正しく人類のに相違無之候へども小形のやうに存ぜられ候 それかと申し 既に融合致し居り候まま 小児には無之 恐らくは十六七歳位のものならんかとも存ぜられ候へども 一々標本に比較致候訳には無之候へば 判然したることは後日に俟つ次第に有之候 仰せの通り化石化の程度や所謂古色は太古のものたることを想はせ候……

とある。まったく肯定的な見解で、従って、「出来る丈けの研究を試み度く」と、その「暫時拝借の程奉願候」としばらくの間の借用を懇請したのであった。が、二月ほど経って、問題の人類腰骨が返還された時には、松村の所見はなんら伝えられなかったという。ただ、「大切に保管しておくように」とのことであったらしい。私が学生であった頃、古文書の調査に出掛け、それが偽文書と判断された場合には、「大切に保存しておいて下さい」といって引上げたように記憶している。とすれば、松村の研究の結果は、この人類腰骨について否定的になったのかと疑われるが、それにしては、写真撮影をし、精巧な石膏模型まで作っていたことが腑に落ちない。やはり、松村が学問的に重要性を認めたからこそその処置であったと思うのである。そこに、表に現われなかった、なにか事情が隠れているのではとする疑問も生じて来るのである。

発見から一七年も経過した一九四八年（昭和二三）になって、長谷部言人が検討し、ニッポナントロプスアカシエンシス（Nipponanthropus akashiensis）と命名したのは、その松村の遺した資料（写真と石膏模型）によってであった。

（二）　論文の発表と悶着

直良先生が日本旧石器文化の研究に関心を寄せたのは、若かった日に、石井重美の『宇宙生物及人類創成』を読み、オズボーン『旧石器時代の人類』やウェルズ『歴史概論』などを耽読し、それらの書物に記述されたヨーロッパに於ける化石と人類の生活の痕跡を日本にも応用出来ないかと考えていたのが、明石海岸に於ける化石層に出会うことによって触発されたものであったという。「亜細亜の旧石器時代瞥見」（『歴史公論』六―一、一九三七年一月）のなかで、

（明石西郊西八木海岸は、）私にとつては思ひ出の地である。私をして旧石文化に或は又古生物学の研究に走らしたのも、実に此の海岸の化石層のもつ謎の追究であつた。

と述懐していることで明らかである。

先生の日本旧石器文化の存在を主張した「播磨国西八木海岸洪積層中発見の人類遺品」（『人類学雑誌』四六―五・六、一九三一年五・六月）は、後に、藤森栄一さんによって、

洪積世のはっきりした地層の中から、絶滅した旧世紀の動物化石とともに発見した人類遺物という、ヨーロッパ旧石器調査の鉄則にのっとった、しかも、実に本格的な論陣をはった日本最初の旧石器の論文になった。

と評される力作であったが（『旧石器の狩人』一九六五年）、当時、『人類学雑誌』への掲載については、かなり

の悶着があったようである。

八幡一郎先生は、人類学教室にやって来た長谷部言人が、

開口一番、直良論文を『人類学雑誌』は何故載せたか。このような重要な事柄は学界の検討を経た上で世界に公表すべきである。軽率といわざるを得ぬ……。

と極言して、小金井良精や松村瞭を困惑させ、松村が、

それらが果して洪積世人類とその加工物かは将来その真偽を明らかにすべきであり、事実は事実として公表すべきであるとして、この報告書の採択が決せられたのである。

と釈明したのにも耳を貸さなかったと伝えている（「ナチュラリスト直良博士」『小田原考古学研究会会報』九、一九八〇年四月）。また、鳥居龍蔵も、

人類学雑誌はこれをオリジナルアーチクルとして巻頭に大大的に記載してゐるが、これは先輩各位に一考せられんことを望みたい。

と、掲載に批判的な態度を明らかにしている。鳥居は、実際に出土地や石器を観察したことはなく、樋口清之のもたらした資料（写真）と観察談、先生の論考を読んだだけであったが、内容的には、ヨーロッパの旧石器と比較すると、どの時代の石器にも当てはまらず、従って、「旧石器時代の石器としてはかゝるものは認められない」と一言で論断してしまったのである（「直良氏播磨発見の所謂旧石器時代の石器に就いて」『上代文化』六、一九三一年七月）。また、欧州旧石器文化を紹介することによって、その分野での権威のように見られていた大山柏も、

旧石研究の如きは、我が国から遠く離れて居るのみでなく、其実際資料に対しても通常僅に文献を通

じて見るに過ぎない為、兎角大摑みにこれを眺める結果、余りに簡単に取り扱ひ過ぎることを恐れる……。私としては旧石研究者が一人でも二人でも増すことは、甚だ望ましいことではあるが、さりとて其研究が余りに簡素である結果、其認識不足を生ずることは欲しない。忌憚なくいはせて戴くならば、そんな傾向が皆無でもない様である。

と記して、暗に先生の論考を批判しているように見える（「欧州旧石編年の過程」『史前学雑誌』四―二、一九三二年七月）。さらに、『日本旧石器文化存否研究』（一九三三年）を著述すると、

従来に於ける我が旧石器存否論を見ると、不幸にして研究の徹底を缺くものが多い。単なる功名心に駆られて調査を行ふの如き、浅薄なるものは別として、単純な考へから、確たる学術的研究も行はないで、粗造石器等から、これを旧石器として発表を見る様なものが無いのではない。中には真面目な研究をなして居るものゝ、研究不足の結果、自分だけで旧石器と認識した様なものがあり、この場合に対しては同情に値する。

と、先生の名を挙げているわけではないが（巻末の独文部分の註では、先生の論考名を挙げている）、かなり辛辣な批評を加えている。一、二の例外的な場合を除けば、先生の論考が学界に好意を以て迎えられることはなかったようである。所詮、ヨーロッパ旧石器文化ないしはその研究を至上と考える鳥居や大山と先生とでは、その研究の姿勢に於いて、根本的に異なっていたから、容易に一致することはなかったであろう。先生は、英語は勿論、ロシア語やドイツ語にも通じていたから、ヨーロッパの旧石器文化の研究に無智であったはずはない。承知の上で、日本旧石器文化の研究には、日本に於ける事実の集積こそが必要であると考えていたわけである。「日本旧石器時代研究の昨今」（『考古学』六―二・七、一九三五年二・七月）に、

私は、何でもかでも、直ちに欧州の旧石器研究の結果に準拠して、日本の旧石器を云々しやうとする態度をあきたらなく思ふものである。日本は日本で、まづ正しい事実をうんと集めて行き、之等の事実の累積をまつて、そこから旧石器関係の文化史的理論を樹立してゆくのが穏当であつて、はじめから、一つの理論を作つて置いて、その理論にあてはまるやうな事実のみを、採り上げて、他を顧みないといふやうなことをしてはならない。……

私共は、まづ何よりも先きに、事実を摑む事を忘れてはならない。身を挺して事実を探す一介の労働者であればいゝわけだ、机上で、こね上げた空虚な理論は、実際の役に立つものではない。ブックウオームのやうに、本にかぢりついてゐただけで、果して日本旧石器研究がひとりでに完成されてゆくであらうか。理論は、事実が累積してから後の仕事だ。

と記しているのが、批判者、とくに鳥居や大山への反論であったと思う。

さらに、人類腰骨の発見となると、先生も、

この骨を発見したがために、私はそれ以後、狂人の侮名を冠せられて白眼視されるに至った。

と述懐しているように（『人類発達史』一九五九年）、それこそ、謂われのない誹謗・中傷の繰り返しであったようである。それは先生の晩年に至るまで変ることがなかったらしい。手許にある反故の一片に、

歴史読本　5月号　59頁

明石原人骨を収集したのは土地の篤学者で、直良さんではない。

直良さんは、それを収集した人から譲りうけられたのだから、収集についての実情には多少食いちがいがあるようだ。

と、『歴史読本』掲載の文章を六行書きに引き写し、

　これはまったくのうそ。

　どうしてこんなうそが平気でいえるのか

と朱書きで無念の思いをメモしたものが残っている。いまさら、執筆者の名前を穿鑿しても詮無いことであるから、これ以上は書かないが、春江夫人からは「血圧が上がってしまって」と聞かされたことであった。

　人類腰骨の発見は、後記するように、長谷部による最新世前期の人骨と認定される一時の喜びもあったが、それにも否定的な意見が続出し、とにかく、先生にとっては辛い思い出ばかりが多かったに違いないのである。戦災による資料の焼失ということも痛手であったが、この学界の暗い部分が、先生の学究としての活動に、どれだけの障碍となったかは計り知れないものがあったと思う。晩年の先生は、ふと、「他人《ひと》の一歩前を歩くのは良い。けれど、二歩も三歩も前を行くのは止めなければ」と話すことがあった。先生は、日本に於ける旧石器文化の存在を主張し、旧石器時代の人類と想定される人類腰骨を発見したために、松本清張の小説「石の骨」のモデルともなった苦難の道も歩まねばならなかったといえるように思うのである（『別冊 文藝春秋』四八、一九五五年一〇月）。

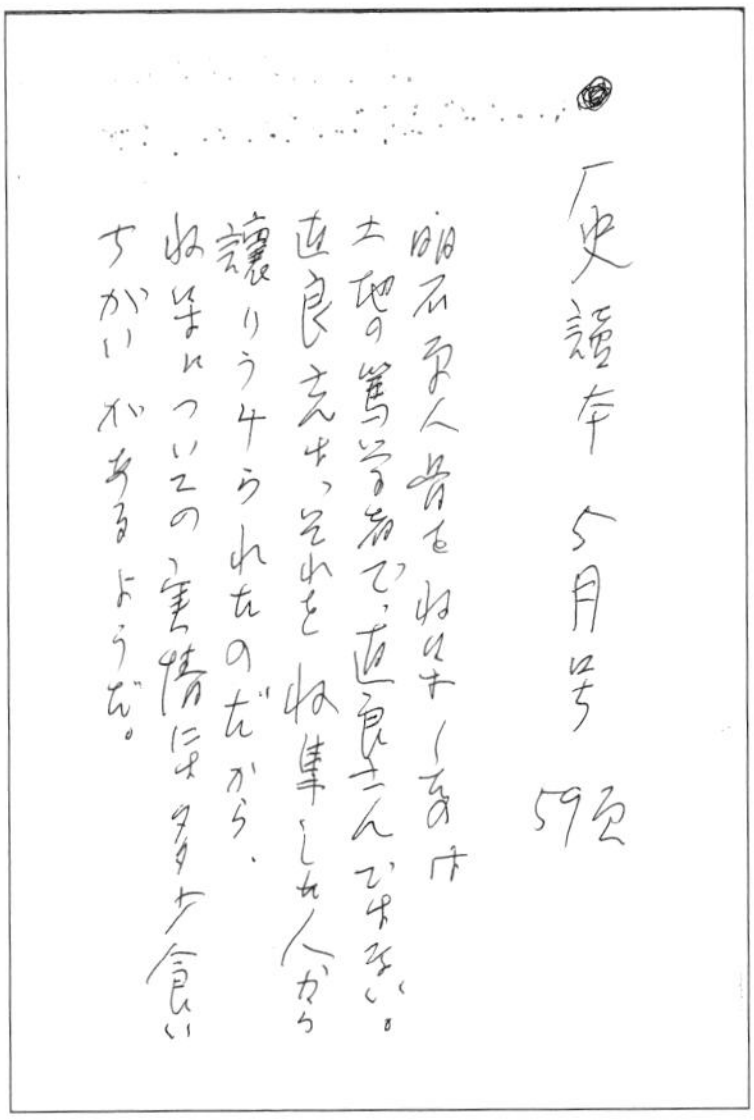

中傷記事への反撥メモ

（三）「明石原人」骨発見と学界の対応

晩年、直良先生は人類腰骨の記録を作製しておかなかったことを悔いてもいたが、論文は正当な学術的な批判ではなく、感情論的ともいえるような論難で抹殺され、人類腰骨をめぐる不当な処遇を考えれば、当時は、まったくその気持ちになれなかったのであろうことも充分に頷かれるのである。実際、その後の永い間、東アジアの旧石器文化についての言及は十指を超えるが、問題の人類腰骨はもちろん、日本旧石器文化に関しても言い及ぶことはほとんどなかった。そのわずかな発言である「日本旧石器時代研究の昨今」（『考古学』六―一二・七）に於いても、論考の書出しを、

兵庫県明石郡大久保村西八木海岸の波打ち際に露出してゐる最新世の礫層から、動植物化石と共に、明かに、古人類の加工と認む可き石片を発掘し得た結果を、私は昭和六年五六月の人類学雑誌（第四六第五・六号）上に発表した。当時私に浴びせかけた学界の言葉は、実にさまざまの色彩をもつてゐた。学問的純心から、之を、石器と見る可きか否かを検討して呉れた学者は、実の所二、三人しかなく、他は凡て、石器としての是非を論ずる前に、まづもつて、一種の罵言を私に与へた。特に、ある人の如きは、殊更に事実を歪めて、私の人格に傷をつけやうとさへ企てたものすらあつた。

と、学界への憤懣から始めねばならなかった。また、「日本の最新世と人類発達史」（『ミネルヴァ』一―四、一九三六年五月）では、

曾つて私が、数ヶ年の日数を費して、やつと日本旧石器時代の実在に関する事実の端緒を摑み得た、明石西郊西八木海岸の河床礫層からは、此のナマヂクス象の化石の外にパラステゴドンや鹿角を出し、

同一地点の礫層から打裂や剝取を用ひて作出せられた最新世人類の遺品である旧石器類が出土し、同時に礫層底の粘土中からは工跡をもった骨片が出た。之等の遺物に就いて私は、既にその大要を学界に発表した事があつた。所が昭和六年一月八日（四月一八日の誤植か誤記……引用者註）に、私は遺物の最も発見される局部から東方に二〇米とは離れてゐない、満潮汀線上一米からある……崖の上で、何等夾雑物をもつてゐない崩壊礫層中から、母層土にまみれてゐた人類の骨盤を発見した。……骨盤は性別不詳、但し若者、骨の厚みが今日の日本人のものとも異り同年輩の夫よりはずつと厚いと教示せられた。私は此の人類骨盤はあくまでも旧石器を包蔵してゐる礫層の小砂の多い部分に埋もれてゐたものが崖崩れにあつて露出したものであると深く信ずる。地表にころがつてゐたものが落下して偶然崩壊砂土中に埋没してゐたのではあるまいか？　若しくは下から波が溺死者のものを打上げたのではないだろうかと、色々御心配を送られた学界の諸氏に対して、私は私自身が自分の手で正しく礫層中から発掘し得なかつた不覚を詫びるものではあるが、あらゆる視角から眺めて、礫層中に含蔵せられてゐたものである事は、何等疑ふ余地のないものである事を此期会に強く述べて置きたいのである。

と、やや皮肉を込めながら、その真実性を主張しただけであった。さらに、一九四七年（昭和二二）九月になると、人類腰骨を焼失してしまったこともあって、

私が前後十年間に亙つて調査を進めた、明石市西郊の西八木の断崖に露出してゐるステゴドン及びパラステ《テ》ゴドンの化石層からは、かつて骨器と認む可《き》も骨片を出土した事があり、この層に不整合にのつてゐる、河床礫層（中部洪積世のもの）中からは、自らの手でパラステゴドンとナウマン象それに鹿角などと共に、角岩でつくられた小さい人工物を発掘したこともあり、自然崩壊の同層の中から、人

類の骨盤の化石も見出したことがあつた。当時私は、人類学誌上に発表したのであつたが、不幸にして学界の認むる所とならなかつた。が事実は事実として、学者の認むると否とに拘らず、今日でも私は、之等を、日本に於ける旧石器時代の遺物として、深く信じてゐるのである。

と、ただ「信じてゐる」と繰り返すしか仕方がなかったのである（「日本に於ける旧石器時代文化」『あんとろぽす』二―二）。この時点では、先生は、石膏模型の存在を知らなかった。

発見時に無視された人類腰骨が注目されたのは、一九四八年（昭和二三）七月、長谷部が「明石市附近西八木最新世前期堆積出土人類腰骨（石膏型）の原始性に就いて」（『人類学雑誌』六〇―一）と題する論考を発表したことによってであった。長谷部は、松村が作製し、そのまま陳列戸棚に放置されていた石膏模型に着目し、研究の結果、それが人類腰骨として、「西八木腰骨」でも用は足りるが、便宜上の名称で、Nipponanthropus akashiensis の通称を附与し、シナントロプスやピテカントロプスに対比される可能性をもつ「最新世前期」の人類腰骨とする説を提起したのであった。長谷部が石膏模型によったのは、既に人類腰骨が戦禍で失われてしまっていたからであるが、従って、骨学的特徴ばかりで、化石化の度合などはまったく問題外であった。ただ、長谷部の提唱も、学界で容易に承認されたわけではなく、その検証のために実施された一九四八年（昭和二三）秋の発掘調査でも、否定的な見解しか発表されなかった（高井冬二ほか「所謂『ニッポナントロプス』の産出地層に就て」、渡邊仁「ニッポナントロプス層の自然破砕礫」『人類学雑誌』六〇―三、一九四九年四月）。

化石化の問題については、松村の先生宛書簡（一九三一年五月二日付）に、「化石化の程度や所謂古色は太古のものたることを想はせ候」とあり、松村が化石化を認めていたことは確かであるが、その松村の理解は人類学教室では継承されなかったようである。というよりも、間もなく、人類腰骨のことは忘れ去られてしまったように思われる。実際、渡邊直経（東大教授、人類学教室）にしても、松村の理解にはまったく顧慮するところがなかった。その渡邊が司会して、一九七四年（昭和四九）六月に開催されたシンポジウムでは、杉原荘介による金関丈夫の非化石化説が紹介され、渡邊も「金関さんはそういっておられますね」という同調する発言はあっても、松村の名はまったく登場することがなかった。

その折りの杉原の発言は、

金関先生がぼくに話したいことがあるというので、「何ですか」といったら、「おれはじつは明石原人といわれるものの骨は原型のときに本物を持って見たことがある」というのです。それで、「おれもとにかく化石人類の研究者だけれども、フォッシライズしていなかった」というのです。金関先生はフォッシルマンの日本では大家ですから、金関先生がフォッシライズしていなかったといえばね……。

というものであった。金関の非化石化説を無条件に肯定し、金関の指摘だから間違いないと、化石化説をまったく否定する口振りである。これに対して、芹沢長介は、

しかし、鹿間時夫さんは自分の机の上にあれを一か月おいて見ていたというのです。高井さん、鹿間さんはあれは化石に間違いないというのです。化石の専門家はあれを化石だといっているのです。人骨はわからないけれども、化石はまちがいないというのです。

と、二人の古生物学者が化石化を承認していた事実を指摘したが、論議は発展することはなく、杉原の

専門家でもいろいろな説があるのですね。

という発言で終りであった（『日本旧石器時代の考古学』一九七七年）。結局、杉原は金関の非化石化説を吹聴し

ただけであった。が、鹿間時夫が化石化を確信していたことは間違いなく、先生の『日本旧石器時代の研究』（一九五四年）の「書評・紹介」（『考古学雑誌』四〇―一、一九五四年七月）で、

明石原人の標本は紹介者（鹿間のこと……引用者註）も親しく実測したし、現場も見ているが、明に化石であり、かつ明石層群に不整合にのる中部洪積の西八木層の所産であることは著者の意見を強く支持するものである。

と断言しているのである。その後、『石になったものの記録―化石の話―』（一九六〇年）のなかでも、

私は大学の卒業論文に、この地層（西八木層……引用者註）をやっていたので、現場も詳しく見、また問題の骨盤も借りて計測したことがあったが、化石であることを否定することは困難であった。

と繰り返しているのである。さらに、その「明石人」の腰骨は「セピア色で、もろかった」というが、

西八木層の地質時代は、大体リス氷期かリス・ウルム間氷期の頃のもので、類ネアンデルタール人（ネアンデルタロイド）がいても現代人がいても良く、場合によっては原人が生き残っていても良いが、中国と日本との氷期の地層を比べると、まずネアンデルタロイドか現代人の時代といった方が良い。

と指摘している。「明石人」という呼称、ネアンデルタロイドか現代人とする位置付けも、実に的を射た提言であった。その鹿間の写真と素描及び実測図は、佐倉朔「西八木寛骨の写真と素描」（『人類学雑誌』九三―一、一九八四年）に紹介されている。

また、江坂輝弥先生も人類腰骨を何度か実見した一人であり、その化石化を認めて、

黝黒色をした腰骨は永く低湿地の堆積層内と《（に？）》包蔵され炭化し化石化したもので、化石化も進み、貝塚出土の骨に比較し、かなり重量のあるものであった。唐古や橿原遺跡などで発見の弥生、縄文の獣

骨と同様に炭化しているが、化石度はこれらより進んでおり、最近発見の縄文文化前期ないし早期の鳥浜貝塚出土の骨も西八木の腰骨のように化石化はしていない。

このように考察を進めると、中部更新世の原人の時代のものではないとしても上部更新世より下るという蓋然性は極めて少い化石人骨のように考えられる。

と指摘しているのである（「直良信夫先生を偲んで」『古代』八二、一九八六年一二月）。

（四）誹謗・中傷の嵐

直良先生は、明石検出の人類腰骨については、永い間、その学問的所見を提示することはなかった。烈しい誹謗と中傷のなかで、わずかに、人類腰骨が正しく更新世期の堆積土層中に包蔵されていたこと、その堆積土が波浪の衝撃によって崩壊し、母層土に混じって崩落したものであることを信ずると繰り返すだけであった。多少とも学術的な所見を披瀝したのは、発見から四半世紀に近い年月を経過した一九五四年（昭和二九）になってからであった。この年、先生は、「早稲田大学考古学研究室報告 第二冊」として、『日本旧石器時代の研究』を上梓したが、その「前編 日本旧石器時代の研究」の「日本旧石器時代の人類」と、「後編 日本旧石器時代遺跡及び遺物の研究」の「西八木海岸の洪積層　西八木発見の人類遺骨」の二項で、問題の人類腰骨について論及している。が、既に記したように、詳細な記録を作製しておかなかったことで、細かい計測値の記載などはない。従って、人類腰骨の印象記の範囲を出ないのかも知れないが、

骨には青土が着いていたし、骨面全体は水磨を受けてやや滑らかだった。そして一部は既に骨面が古く破損していて土色がしみ、そこからのぞいてみられる骨組織のスポンジは、赤褐色に色づいて光沢

をもち、骨面はやや暗茶褐色だった。誰がみても化石であることを否定し得ない標品であった。しかし、乾燥後これを手にとってみると、永い間海底にあって潮にもまれていた象の骨片などとは異って、質も脆く、したがって重さも左程重くはなかった。ここが、地層から直接摘出した骨と、若干期間海底に転在していたものとの質に於ける相違であるが、同じ地層の西域で倉橋氏と私とが地層から採取した象骨が水湿な所に包含されていた関係から触ると骨灰様にくずけ（れ）てしまったのと著しい差を呈示していた。

と記述している。骨学的特徴については、ほとんど言及することがなかった。わずかに、

故松村博士が撮影し、長谷部博士が載示せられた実物写真によってみると、長谷部博士の仰られるように、西八木化石骨の大坐骨切痕が非常に、展開しているということは、極めて野獣性をもっていると思考する。

とあるのが目に止る程度である。先生は、明石の砂川写真館で、人類腰骨を撮影していたはずであるが、『日本旧石器時代の研究』執筆の段階では、手許になかったのか、長谷部論考掲載の写真を資料としている。

先生は、松村に標本を送附した後に、金関にも写真を贈ったことがあるらしい。五月一〇日に、京都大学の人類学研究会の一行が先生のお宅と西八木海岸を探訪したことがあり、幹事役は金関であったのか、金関宛に人類腰骨の写真を送ったようである。その金関の礼状（一九三一年五月一五日付書簡）には、一般的な謝意の後に、

なほ差出がましく存じますが小生の愚考を御参考迄にのべますと、写真のみを材料として大体の計測を致しまするに之は男女不明ですが十七―十九才位の人骨盤にて未だ発育の中途のもの、表面の損傷は比較的少なく保存状態は良好かと存じます。又特に原始的な性状はこれと云ってみあたりません。

と、人類腰骨についての所見も併記されている。写真を見た段階で、金関は一応の計測をし、この人類腰骨に原始的な性状は認められないと判断したようである。その所見を「差出がましく存じますが」と控えめに伝えて来たわけで、ここまでは私も金関に不信の感を抱くことはまったくない。

金関は、その後、この人類腰骨について長谷部と論議する機会があったらしい。長谷部が、いくつかの原始的な特徴のなかでも、「殊に注意すべきは、大坐骨切痕の大なること」としたのに対して、それらは現代人骨のなかにも見られる性状であると主張して、長谷部説を否定したという。が、この辺りの事情は、私が金関説のペーパーで発表されたものを知らないため、詳しいことは分からない。ただ、次第に金関の主張が過激化していったことは間違いないようである。随分以前に読んだ白崎昭一郎氏『「明石人」と直良信夫』（二〇〇四年）のなかに、関連する記事があったように記憶していたので、読み返してみたら、芹沢長介『石器時代の日本』（一九六〇年）に施された金関のメモというものが転載されていた（このメモは、後記する春成氏の著書に既に紹介されていた。私の記憶に、たまたま白崎氏の著作があっただけである）。蔵書へのメモであるから、単なる心覚えであって、いま、金関の理解としてあげつらうべきでないのかも知れないが、既に春成・白崎両氏によって紹介されているから、その引用のままに転載すると、

……現場（人骨出土地……引用者註）の見上げるほどの高い崖面は、このレスだけの層で、下が波にえぐられて上方が落下する。その中にこの骨が包含されていたといえば、層の上方で止まっていたわけだ。それがほんとなら、誰かが層の成立後につっ込んで入れたものだ。崖から落ちたブロックはその後も波に洗われて砕ける。第二次的にそこにある骨を被うこともある。洗ってみたら褐色になったというのは、そうした近頃ついた泥だから洗いとることが出来たのだ。崩土から採集されたことを当人が認めている

とせば、これだけで問題は終りだ。そして直良や松村が明石人骨についての研究発表をできなかったというのは、恐らくうそだ。そんな事情が当時あった筈がない。誰も問題にしなかったというのがほんとうだ。発見直後現場を見に行った人々は、現場を一見してその可能性のないことを確信したものだ。

とある。私は、このメモを読み返した時、正直、心が寒くなるのを感じた。金関は、優れた研究者として私も尊敬していた先学の一人であり、若かった日に、その古稀記念論集である『日本民族と南方文化』(一九六八年)を購読して以来、『日本民族の起源』(一九七六年)など、著作の多くを読み続けてきたのであるが、メモとはいいながら、ここでは、研究者としての批判ではなく、金関の悪意のようなものを感じるだけであった。メモの言葉尻を捉えて、反論をするなど大人げないとは思うものの、先生の名誉もあるから、文末の「誰も問題にしなかった……。現場を一見してその可能性のないことを確信した」とある部分にだけ少し言及しておきたいと思う。

即ち、一九三一年(昭和六)五月一〇日の京都大学人類学研究会第六回の見学会は、新聞報道によって、急遽、明石・西八木海岸に実施されたらしいが、金関のほか、中村新太郎(地質学教室)・槇山次郎(同前)・島田貞彦(考古学教室)・有光教一(同前)・小牧実繁(地理学教室)・三宅宗悦(病理学教室)などの参加があったと伝えられている。一行は先生のお宅にも立寄り、人類腰骨を除く化石や石器、縄文式土器などを見学した後、先生の案内で現場を視察している(『人類学雑誌』四六―七、一九三一年七月)。有光の場合は事前の連絡状ばかりであるが、金関を含めて、記名した人びとの懇切な礼状が遺っており、社交辞令的な文言があるとしても、いずれも好意的な内容のものである。とくに、中村と小牧の文面には誠意が込められているのを感じるのである。金関だけが、最後に、「松村博士の御発表を謹んで期待いたしませう」と皮肉ともとれる一

言を添えているのが気にかかる程度である。といっても、島田のように、

> 御蔭にて多大の知見を得たる次第、吾人は益々斯学の為めに奮励すべき種々の暗示を得たることこれ亦学兄の熱心なる研究によるものと存じます。

と記しながらも、樋口清之には、

> 石器と云う事を認め、又人骨がそれと附随する事を認めても、それは全く洪積期の物ならずして、極く最近……の物が、特殊な条件のもとにかくなりしものの如く考へられて、この問題よりは避けるが最も賢明なる態度である。

と伝えるなど（樋口の五月二六日付直良宛書簡）、表裏のある場合もあったから、金関の同調者も居たことは確かである。

また、松村や先生の研究を妨げた「事情が当時あった筈がない」という点に関しては、江坂輝弥先生が、三森定男の回顧録「考古太平記」（『考古学京都学派』一九九四年）に施した「解説」のなかで、

> もう遠い過去のことで先生（松村瞭を指す……引用者註）も故人となられたので、ここに真相を記すべきかと思うので、私の知るところを追記しておく。

と断わって、

> 当時ヨーロッパで旧石器文化の研究を続けて帰国の公爵（大山柏を指す……引用者註）から「このような種々疑問のある人骨を旧石器時代の古い骨格であるというようなことを直良青年と共同で発表することは、あなたの学者生命を絶つにも等しい」というような忠告を松村先生にされ、先生の発表を思いとどまらせたという話し（ママ）を聞いている。

ると伝えている。江坂先生は学界の動静に通じた方であったから、これは単なる噂話ではないと私は思っている。

それにしても、金関のメモと中村や小牧の礼状との落差の烈しさに驚くばかりである。三〇年ほどの歳月が経過するなかで、金関の否定論は大幅に増幅し、他の参加者もすべて自己と同意見であったように思い込んでしまったように思われる。ところが、酷い話は金関や島田ばかりではなかったのである。槇山も人類腰骨捏造説を振りまいた張本人であったことを自ら告白しているのである。詳しいことは春成氏が書いているので繰り返す必要はないが（『「明石原人」とは何であったか』一九九四年）、五〇年後の回顧談といっても、少し調べれば、その発言が不当であることが判明するような「作り話」を、臆面もなく活字化するなど呆れるばかりである。人類腰骨は、京都大学の人類学研究会のメンバーが西八木海岸を踏査した際に、先生が拾い、その場で金関が崖上の墓場から転落した新しい人骨だと否定したものを持帰り、化石様に見せるために着色したなどといっているのは、まったく時間的な前後関係も無視した暴論を通り越した迷論である。

いま、私は槇山の心底を忖度することは出来ない。が、槇山が先生に含むところがあったとすると、西八木海岸採集の化石象についての対応に問題があったのかとも推察している。即ち、槇山は見学会直後の先生宛礼状（五月一九日付）で、

あの象化石は当時 Elephas namadicus の如く人々も申し且つ記されてあり、また人類学雑誌の玉稿にもそのように出ておるやうに拝しましたが、……多くの標本は namadicus ではなく Parastegodon planifrons に近い恐らく新種であり……

と指摘していたが、先生は論考の梗概（「播磨国西八木海岸洪積層中発見の人類遺品」『考古学年報 一』一九三二

年）のなかで、ナルバタ象及びステゴドン象の一種と、「ステゴドン」を採択しながらも、槇山の教示のことには一言も触れなかったのである。もっとも、春成氏によると、先生のノートには、「*Parastegodon akashiensis* Tokunaga」との学名が記録されているというから（『「明石原人」とは何であったか』）、徳永重康からもステゴドンの新種であると教えられた可能性が高いが、それは槇山の与り知らぬところであった。槇山としては、好意による教示も充分に生かされなかったと不快感を抱いたのかも知れない。それが次第に膨らんで、先生の人格を損うような発言にまで至ったようにも想像される。

回顧談といえば、前掲の三森定男「考古太平記」にも、直良先生への言及がある。見出しを「不明瞭な京大側とすっきりせぬ長谷部言人」として、同情的な口振りで、人類腰骨発見当時の京大内に於ける雰囲気を伝えている。即ち、

明石に居られた頃の直良さんに対して、……京大の某氏などは、自分の考えに都合のよいように事実をまげて書く男だということをひろく、いいふらしておられた。……某氏の直良氏非難は思いやりのひとかけらもない、敵意にみちたものだったと思ったし、今もそう思っているが、……明石の西八木海岸でみつかった人骨や石器についても、一見にもおよばないさきから疑いの目でみようとする雰囲気が作られていたことは、いなめない。……

……家では、諸先生から一言も意見らしいものは聞かれなかったから、現場ではおそらく、何らかの意見を期待されていたにちがいないから、現場でも二、三の質問だけで意見らしいものは、一言半句も聞かれなかったので、不快な気持を抱かれただろうと思う。直良さんと別れてから の帰り道で聞いたところでは、先生たちの意見は、すべて否定的だった。……

藤森君（藤森栄一……引用者註）の本には「直良君が、いつか崖を降りる急坂で、あの骨を拾うのをみた。あの新しい骨にどうしてあんな古色をつけたのだろう―という人もいた」と書いてあるが、まさかそれほどその発見に敵意を感じたものはいなかったろうが、それに近いことなら放言する人はいたと、自分も思っている。……嫉妬心のつよい学者たちにはそれぐらいのことはいい出しかねないと思うのが、自然だとも思える。

などとある。「京大の某氏」が誰であるのかは判然としないが、「学界にしめる地位の高さ」とか敬語が使われていること、京大関係者で直良先生と多少の確執のあった人物を考えれば、容易に推察されるが、迂闊な発言は差控えたほうが良いだろう。

また、末永雅雄は、一九六〇年（昭和三五）五月三日付の先生宛ハガキで、

明石原人のこと、その頃の経緯を知るものも少なくなりました。拙著「先史時代の瀬戸内海」で貴兄の気持ちを察して数行を記しましたのも十余年前になりお互いに鬢髪霜を加える頃になってきました。顧ると三十数年を経過したわけです。

と昔日を回顧しているが、当時の関係者の書簡を見ても、金関のいうように、否定的な意見ばかりではなかったことが確かである。

（五）「原人」説は長谷部言人

直良先生が金関にこの人類腰骨を見せたことはなかったから、金関が実見していたとしたら、松村に預けていたわずか二か月足らずの期間しか、その機会はなかったはずである。金関は、杉原に「原型のときに本

物を持って見たことがある」といったらしいが、私はその事実を確認し得ないでいる。春成氏は、金関との会話として、

その時、松村さんは数メートル先の机の上を指して、「あれが直良さんの採集した人骨です」と話しかけてこられました。しかし、私は明石人骨は新しいとの先入観をすでにもっていたために、骨に近づいて手にとってみることはしませんでした。

と記録しており（「『明石原人』とは何であったか」）、杉原が伝えるところと完全に齟齬しているわけである。

また、長谷部は石膏模型しか見ていないことが確かであるから、長谷部と金関の間で論議が戦わされたとしても、それは化石化の有無ではなく、骨学上の特徴が原始的か非原始的かということであったはずである。仮に金関が人類腰骨は化石化していなかったと強調しても、長谷部には論議のしようはなかったわけである。とすれば、化石化の有無とは別問題であって、大坐骨切痕が大なることなどの特徴の理解が問題となったはずである。従って、先生が、「長谷部博士の見解は正しいと信ずる」として、

もしもこの式の骨盤骨を、現生人類の多くのものが有していると仮定すると、正規な直立歩行を特徴とする真正人類の動物学上に於ける種の標徴の一つが欠けることになろう。……もしもこの種の性状を呈示した標本があったにしてもそれはごく稀な事例ではないかと思う。多数のなかの稀例は、その意義と学的価値の点に於て常例との間に大きな懸隔がある。時には祖先の面影をもって出現するものもあるだろうが、よしあったからと言っても、生物学的観点からすれば何等あやしむ節合のものではない。

とした反論も、その時点では成立する余地があったのではないかと考えている。

ただ、この人類腰骨の特徴に原始的なものを認めることでは、先生と長谷部で一致するとしても、その地

質年代上の位置付けは、大きく相違していた。長谷部がピテカントロプス（*Pithecanthropus*）やシナントロプス（*Sinanthropus*）級と考えたのに対して、先生はネアンデルタール（*Neanderthal*）人級とし、比較的新しい時代と理解していたのであった。その根拠となったのは、

古生物学的立場からみて、下部洪積世ならば上部、中部洪積世ならばその下部あたりではあるまいかという考察が下される。それは示準化石としてとったナウマン象の臼歯化石が、やや進化性のものであったことに原因している。

からであるという。が、晩年になってからは、「形態的には旧人と真正人類のものとの中間様の有様を呈しているように考えられました」と、さらに時代を下らせて理解していたことが知られるのである（一九八二年一一月五日付 河合信和氏宛書簡、但し未投函）。

この河合信和氏宛書簡は、『科学朝日』を編集していた河合氏が、その「電算機が解いた明石原人のなぞ」を掲載した同誌（一九八二年一二月号）を先生に贈ったことへの礼状として書かれたのであったが、結果的には、投函されることなく、手許に留められたままであった。河合氏の記事は、遠藤萬里と馬場悠男両氏の報告や論考をもとに、一般向けに解説したものとされるが、これは私も一読した記憶がある。コンピューターに馴染みのなかった私には、その縄文期以降の完新世の人骨とする結論もであるが、斬新な研究法の方に驚きを感じたものであった。その翌年、一九八三年（昭和五八）にも、私は出雲へ出掛け、数時間であったが、先生と歓談する機会があった。が、私は、人類腰骨のことにはまったく触れなかった。一九七三年（昭和四八）八月、築地の癌研での手術にも春江夫人と立会っていたし、江古田では、深夜に開閉する自動車のドアーの音や女性の嬌声によって睡眠を妨げられ、不眠に悩まされていると聞かされていた。出雲転住は、ま

ったく先生の健康を考えてのことであったが、移転後も不眠症や血圧は好転することはなかったようで、春江夫人からの電話によって、何彼につけて血圧が高くなってと聞いていたから、いたずらに先生の心に波風をたてることはないと、話題にすることを避けていたのであった。それに、私は人類腰骨の発見よりも、日本に於ける旧石器文化の存在を指摘した研究こそ高く評価されるべきであり、人類腰骨の発見は、その壮大な研究のなかの一こまに過ぎないと考えていたからでもある。原人説はもともと先生の主張ではないし、仮に人類腰骨が否定されたとしても、先生の日本旧石器文化の存在を主張する研究の大系が崩れることはないとも考えていたのであった。

遠藤・馬場両氏の研究は、埴原和郎氏によって、「少なくとも現段階では、適切な学問的検討の加えられた両氏の結論に変更を加えるべきところは何もないのである」と評されるほどのものであるが（『日本人の起源』一九八四年）、もう人類腰骨の問題がすべて解決したのかといえば、そう簡単ではないようである。吉岡郁夫氏の研究（「明石原人寛骨の形態―遠藤・馬場論文批判―」『人類学雑誌』九一―四、一九八三年一〇月ほか）や直良博人氏の批判（「明石原人の再検討―遠藤及び馬場による「明石人骨現代人説」についての批判私見―」『人類学雑誌』九一―四、一九八三年ほか）は別にしても、さらに、その後に白崎氏による疑問も提示されている（『「明石人」と直良信夫』）。また、一九八五年（昭和六〇）の発掘調査では、先生が指摘した堆積土層（V層＝砂礫層）は正しく検出され、その年代はリス氷期晩期からリス・ヴルム間氷期（一〇数万年前から七、八万年前）と推定されて、そこから明白にヒトの手の加わった木材が検出されているわけで、その時期、この附近に、人類の棲息していたことは間違いのない事実として認められたのである（「明石市西八木海岸の発掘調査」『国立歴史民俗博物館研究報告』一三、一九八七年三月）。

考えている。

（六）甦れ明石海岸

長谷部は、戦災で、石器も失われてしまったと理解していたようで、その論考のなかでは、併し所謂人工遺品に就いては氏の見解を伝えるだけで、その学術上の意義は原品と共に消滅したと考えている。

と記しているが（前掲書）、先生は、被災後、焼け跡の瓦礫のなかから、二個の角岩製石器を見付け出していたのであった（『日本の誕生―原始カオス期の歴史―』一九六〇年）。その石器について、報告から四〇年ほども経った一九七〇年（昭和四五）に、当時、旧石器研究の第一人者と目されていた芹沢長介が、

「西八木出土旧石器」は、約四十年のあいだ日本の考古学界から不当な評価を受けてきた。「西八木出土旧石器」は、現在までに辛うじて残りえた資料二点をみるかぎり、人類の手になった立派な旧石器として認められうるものである。

と再確認したこともあった（「兵庫県西八木出土旧石器の再検討」『考古学研究』一七―一、一九七〇年六月）。実は、芹沢は、その前年に、神戸市で開催された「瀬戸内一万年展」に出展された先生の石器を実見し、

中学生のとき、御宅に参上して見せて戴いたことがありましたが、いまあらためて立派な石器であることに驚きをあらたにいたしました。

との書信を送っていたのであった（七月二日付先生宛書簡）。が、その芹沢も、数年後には、多少、見解を後退させていたようである。一九七四年（昭和四九）のシンポジウムでは、鎌木義昌の質問に答えて、

あれは、まったくまちがいのない石器というほどではないのです。ただ、自然石というふうにしてネ

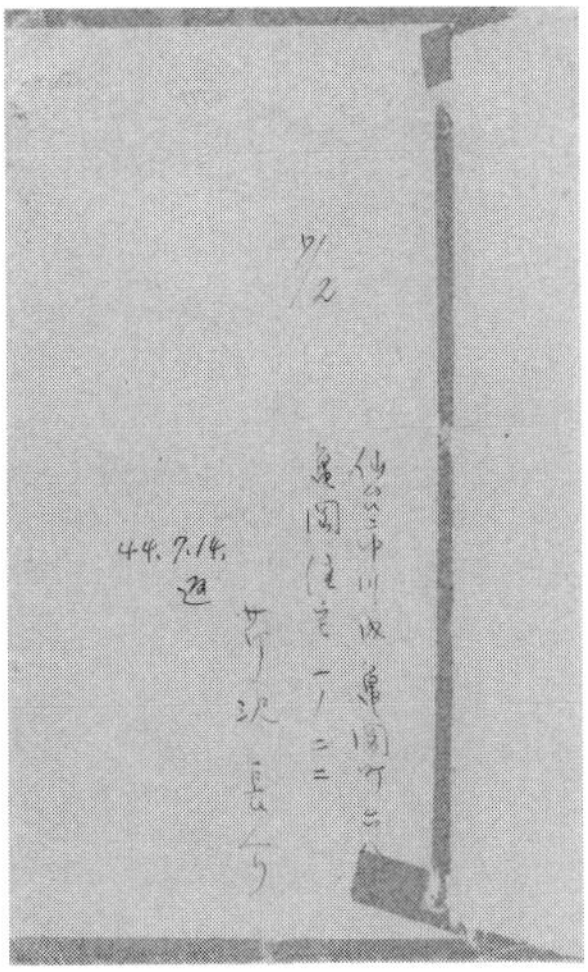

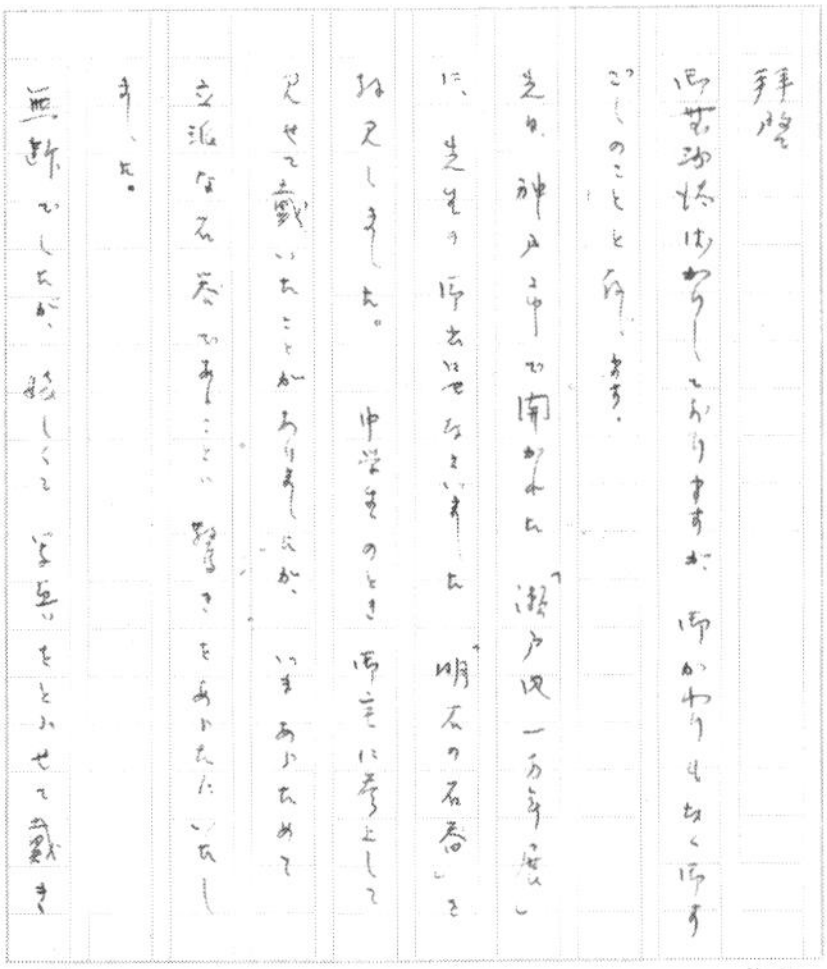
拝啓
御無沙汰ばかりしておりますが、御かわりもなく御す
ごしのことと存じます。
先日、神戸市で開かれた「瀬戸内一万年展」
に、先生の御出品なさいました「明石の石器」を
拝見しました。中学生のとき御宅に参上して
見せて戴いたことがありましたが、いまあらためて
立派な石器であることに驚きをあらたにいたし
ました。
無断でしたが、珍しくて写真をとらせて戴き

芹沢長介の直良先生への書簡

グレクトするほどのものでもないと思います。かなりチョパー（片刃の粗製石器）とか、チョピング・トゥール（両刃の粗製石器）のかたちを持っています。

などと説明しているのである（『日本旧石器時代の考古学』）。さらに、芹沢は、一九八二年（昭和五七）刊行の『日本旧石器時代』でも、この二点の石器に言及しているが、そこでは、

　報告書の中の直良の記述はきわめて正確であり、現在の用語でいえば鋸歯状の交互剥離を刃部にもつ立派なチョピングトゥール（両刃の礫器）である。……右（他の一点）の石器は河原石を用いたチョパー（片刃の礫器）と見てよい。

と肯定的な記述をし、先生が報告した段階で、「日本の有力な学者がチョピングトゥールを認定できなかったとしても、これを責めるわけにはいかないであろう」とまでいっているのである。また、一九六八年（昭和四三）の春、西八木海岸を訪れた芹沢は、「明石原人出土地点」とある標柱の崖面で、両側辺が鋭利な刃部を作ったチャート

（珪岩）の破片を採集し、使用痕調査を試みたところ、明らかに使用されたものであることが確認出来たという。

渡邊仁は、発掘調査で採集した、「多少の破砕痕跡をとどめる礫八八点」を検出し、それらを観察したところ、いずれも「断口にはまた礫表附近或は更に深部に亘つて褐鉄鉱の斑状の錆が屢々見られる。これは明かに裂罅或は節理面の風化による破砕を示し」、要するに、「何等人工形跡あるものは検出されなかった」と結論した（「ニッポナントロプス層の自然破砕礫」『人類学雑誌』六〇—三、一九四九年四月）。肝心な先生が採集した二点には、その調査は及んでいなかったので、先生の不満も残り（『日本旧石器時代の研究』）、稲田や芹沢の再検討の対象となったが、春成氏によって、それらの資料も、現時点では、「自然の力によってできたことを、明らかに示していた」とする理解が提起されているのである（「明石原人問題」『旧石器考古学』二九、一九八四年一一月）。

先生が採集した人類腰骨や石器は、ともに否定的な見解が提示されているが、その先生が調査した地点附近では、芹沢も使用痕のある石器を採集しており、また、春成氏も発掘調査によって人工の板材を検出しているわけで、問題の地点・地層に更新世期の人類の生活を否定することは難しいであろうと思う。明石西八木海岸をフィールドとした、先生の日本旧石器文化の存在を主張する研究は、多くの批判を受けながら、そこに旧石器時代の人びとの生活が存在したという究極の一点に於いて間違っていなかったと私は考えるのである。

また、余談を記しておくと、芹沢は、石器について、永い間否定的な立場を採っていたらしい。一九三九年（昭和一四）に先生宅を訪れた藤森栄一さんは、その時の印象を綴ったなかで、直良さんは明石西八木のメノウ製旧石器をとりだして、一心にその出土層位を説明して下さって、「ねえ君、君はどう思う?」と私の眼を鋭い瞳でのぞき込んだ。私はそのとき、芹沢さんから西八木はダメと強く吹きこまれていたので、急いで話題をかえたように覚えている。

と伝えている（「直良さん古稀なんていわないで」）。この瑪瑙《めのう》製石器は行方を失ってしまったようである。

関東ローム層中の焼石〔未発表原稿Ⅸ〕

東京都の三角山遺跡発掘の際みつけたものである。礫全体に塗布されたようになっているもの（A）があったが、これは礫そのものが長い風雪に堪えてきたものの、礫の物理的な性格から無数のひび割

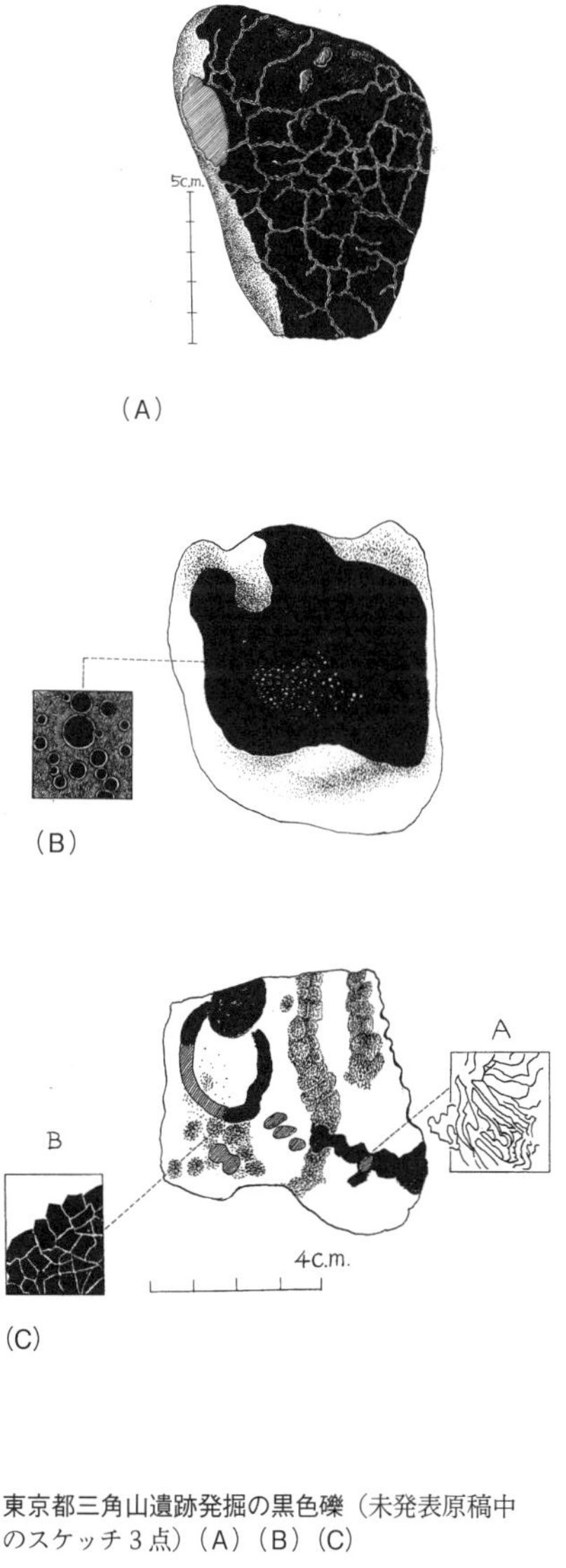

東京都三角山遺跡発掘の黒色礫（未発表原稿中のスケッチ3点）（A）（B）（C）

れを生じている。（B）図のは中央の一部に泡立っている部分がのこされていて、黒色物が油性のものであることを示している。（C）図のは濃い黒色塗料で円のような文様をえがき、その脇にうすく黒色物の線文がみられる。Aの部分では皺様をていしているが、Bの部分では無数のひび割れが認められる。したがって、この黒色物は油性のものであったことが考えられる。

東京都板橋区茂呂遺跡出土の石器 〔未発表原稿X〕

昭和三一年一二月二二日、私は杉山荘平氏とこの遺跡を訪うたことがある。その際偶然であったが、新らしく霜くずれのした地層面に石器が顔を出していた。杉山氏が指さしている所がその位置である。とりだしてみた所、図のようなポイントであった。作は良好ということはできない。おそらくbの突

東京都茂呂山遺跡の石器とその出土状態
（未発表原稿中の実測図と写真）

――出部などは、これから削りとるところではないかと思う。関東ローム層の第一黒バンドの下あたりの地層であったように記憶している。

一九五〇年代の中頃、先生は、旧石器時代の遺跡を求めて、金子浩昌・中沢保・杉山荘平さんなどと、東京近郊を歩きまわったことがあるらしい。二篇とも、その折りの記録である。この茂呂遺跡の原稿には、遺跡の遠景写真（『日本旧石器時代の研究』にも掲載されている）を伴っているが、そこには、家屋など一棟もなく、一面に耕作地が展開する風景が伝えられている。枯草が崖面を覆い、霜崩れした風景など、いまでも見られるのだろうか。

三角山遺跡は、東京都東久留米市浅間町二丁目（旧北多摩郡久留米村落合）に所在した後期旧石器時代の遺跡である。現在は、遺跡も消滅してしまい、先生の報告のなかに出て来る「落合」も「音羽坂」の地名も伝わっていない。従って、先生の調査地点も特定出来ないらしいが、二丁目四番の辺りが可能性としては高いという。遺跡の現況や所在地などについては、東久留米市郷土資料室の井口直司君の教示を得たが、わずかに、落合川とそれに架かる落合橋に、往時の地名の名残を認め得るだけのようである。

三角山遺跡に於ける旧石器時代の遺構の発見は、一九五三年（昭和二八）七月、先生が、「落合三角山の音羽坂」を通りかかった際に、赤土の崖面が露出しているのを見て、そのローム土の堆積状況を確認しようと立寄ったところ、そこに礫が点々と混在しているのを知ったことに端緒があるという。五月に再訪した時には、採土工事の進展によって、旧石器時代の包含層が露呈した状況で、礫のほかに、黒曜石製の石器片や石屑も採集することが出来たらしい。そこで遺跡の重要性を確認し、一九五四年（昭和二九）五月と九月、ごく小規模な発掘調査を試み、第一黒色バンドの上に位置する「黄褐色を呈した緻密なローム層」中に配礫遺構を検出することに成功したのであった（杉山荘平・中沢保「東京都北多摩郡久留米村三角山の遺跡」『西郊文化』一一、一九五五年六月、「東京都北多摩郡三角山遺跡」『日本考古学年報』七、一九五八年）。その一四七個の配礫群の九九％は焼礫であったが、それらのなかに、「油状を呈した墨汁」などの附着した礫が見出されるとして、先生は、それを「彩礫」と認識し、遺構を「彩礫を用いての環状配礫遺跡」で、「一種の祭址」と理解したのであった（「三角山遺跡―三角山遺跡のもつ問題点―『西郊文化』九、一九五二年九月）。

先生は、その附着した物質を、「濃厚な粘液性物質であったらしい点からみると、むしろ哺乳動物を煮つめて生ずるタール性物質」であったのではと推定し（直良・杉山荘平「石神井川流域における無土器文化」『栗原』一九五七年）、植物性の油脂も混在したとも推定していた（『古代人の生活』一九六三年）。結局、化学的分析を試みようとしたが、必要な試料の定量を確保出来ず、実験は進展しなかったという。ただ、それにしても、附着面が下面に配置されている例が少なくなく、従って、配礫以前から附着していたと理解された。が、現状では、「彩礫」とする理解は否定されて、落合川河床の礫層中で附着した鉄分か、被熱による変質ではないかと結論されているようである。その問題の「彩礫」は、本稿には三点の実測図が添附され、報告書には縮尺が大きいが、四六点が図示されている。自然の営為であったとすれば、たいした意味もないことであるが、参考のために掲示しておく。同様な事例は、練馬区上石神井町の城山遺跡や同区関町の武蔵関遺跡でも確認されたという。

三角山遺跡は、一九四二年（昭和一七）四月、東京考古学会の第四回遠足会で、後藤守一や杉原荘介、白崎高保等とともに、先生も踏査したことがあった。当時は、押型文土器を出土する遺跡として知られていたらしいが、江坂輝弥先生が石匙一個を採集したという。先生の「南多摩行」(『古代文化』一三―八、一九四二年八月)に、美しい風景描写とその石匙の実測図を見ることが出来る。

麦青み土あかあかと日長しそのかみの人さゝやくに似て

と短歌一首が添えられているが、先生の詠出になるのであろう。

茂呂遺跡は、板橋区茂呂町に所在する後期旧石器期の遺跡であり、明治大学によって発掘調査が行われているし、板橋区教育委員会の調査もあったが、直良先生も、この遺跡には無関心ではなかったようである。「赤土の中の遺跡はいつ頃のものだろうか」(『西郊文化』四、一九五三年八月)と題する論考の冒頭で、

昭和二六年春、滝沢浩氏の板橋区茂呂山遺跡の発見に端を発し、最近では関東から信濃に亘つて広く分布している赤土中に、土器を伴わない石器だけの遺物包含層が介在している事実が注目されるようになつた。

と茂呂遺跡の名を掲げ、

南関東一帯に分布しているローム層上部の石器包含層は、ローム台地に洪積世最後の特色ある寒系化石植物が繁茂していた寒期の遺跡とみることが出来よう。これを文化史的にいうと、旧石器時代最後期の遺物とみることが出来るだろう。

と指摘している。原稿によれば、一九五六年(昭和三一)一二月、杉山荘平さんと踏査し、関東ローム層を切崩した崖面から、一点のポイントを採集したようである。崖面に、石器が顔を出している状況を撮影した写真と石器の実測図とが伴っている。ただ、実測図は先生の作図ではなく、杉山荘平さんの手になるものらしい。

8章　児童用図書の執筆――子供たちに心のおやつを

（一）　苦労した児童用図書の収集

三〇代の半ば頃からだったろうか、直良先生の評伝を書きたいなどという野心をもったわけではなかったが、私は、先生の著作を蒐集し続けてきた。私のコレクター的性癖が、学史に遺る書籍群とともに、先生の著書は出来る限り集めてみたいという気持ちを引き起したようである。が、先生の学問的関心はきわめて広範囲に及び、執筆された論考や報告の数は多く、また、随想なども膨大な数量に達し、単行本のほか、発表された雑誌・新聞・パンフレットなどの類はきわめて多岐に亘っていることで、蒐集は最初から頓挫する定めであったように思う。

蒐集のために作製していた先生の著作目録は、ご退職の折りに、洞富雄先生のご下命で古稀記念事業会に提出し、「直良信夫先生年譜および著作論文目録」（一九七二年）として印行していただいた。が、その段階で、先生は、「もう少しありそうですよ」と笑っておられたように、未だに追補の手を止めることが出来ないでいる。多少の補訂を加えたものは、『学問への情熱』に再掲し、白崎昭一郎氏に、「ほぼ完全に近い出来栄である」と評価して戴いたが（『「明石人」と直良信夫』）、正直、現在でも、一篇また一篇と増補を続けなければならない状況である。いま、先生の著作・著述の全容を掌握することはほとんど困難である。

従って、私の蒐集は、はやくから雑誌や新聞、パンフレットなどの類は諦めて、単行本に限定してのものであったが、その単行本にしても、『直良石器時代文化研究所所報』（全七輯）は刊行部数が極端に少なく、先生の手元にも二、三輯が保管されているだけのようであったから、入手は望外のことと諦めてしまっていた。雑誌類は眼に付いたら購入するという方法を採った。そんな不完全な蒐集の仕方であったが、それでも、『直良石器時代文化研究所所報』を除く単行本は大半を架蔵し得たかと思っている。

蒐集を続けるなかで、学術書は比較的手に入れ易かったものの、小・中学生を対象とした、いわゆる児童用図書は、それが消耗品的に取り扱われることが多かったためか、永い歳月を経過した後では、東京・神田や本郷の古書店街を歩いても、なかなか出会う機会がなく、多くの歳月と労力を必要としたのであった。現在のように、パソコンを使っての探索などの方法がなかった頃では、丹念に、一軒一軒、古書肆の棚を覗いて歩くより仕方がなかったのである。児童用図書の専門店にも何度も立寄ったことであった。が、いまでも、蓼科書房刊『野外教室　生物生活の観察記』（一九四八年）と福村書店の「人間の歴史文庫」の一冊『きものの歴史』（？）は、手にすることが出来ないでいる。『きものの歴史』は広告ばかりで、実際には刊行されなかったのかも知れない。『野外教室　生物生活の観察記』はなんとか架蔵したいと思っているが、これまでの経緯からみて容易ではないだろうと思う。

先生執筆の児童用図書を蒐集する作業のかたわら、他の考古学者の書いた児童・生徒用図書も眼に付けば入手してきた。ただ、先生の著作ほどに執着を持っての蒐書ではなかったから、こちらの方は万全とはとういていいえない状況である。それでも、二〇冊に近い図書を架蔵することが出来た。が、まだまだ未見の図書がずいぶんと存在するのではないかと案じている。例えば、『吉田格先生 略年譜・著作目録』によると、一九五二年（昭和二七）四月に、さ・え・ら書房から『石器時代の文化 縄文式土器と石器の話』が刊行されているはずであるが、残念ながら入手出来ていない。架蔵しているさ・え・ら書房版は『石器と土器』で、それも、一九六九年（昭和四四）初版の第九刷（一九八二年刊）である。藤森栄一さんにも、『石器と土器の話』（一九四八年）という著作があるらしいが、これも未見である。ただ、それにしても、児童用図書の執筆者に、大場磐雄、酒詰仲男、杉原荘介、瀧口宏、西村正衛、和島誠一といった錚々たる研究者ばかりか、駒井和愛や後藤守一、長谷部言人、浜田耕作、八幡一郎などの碩学の名も見出すことが出来るのであり、現在では、考え難いことと驚嘆しているのである。

それはともかく、先生を含めて、考古学者による児童・生徒向け図書の執筆・刊行は、多少の例外はあるものの、第二次世界大戦直後の一〇年間ほどに、その多くが集中していたように看取されるのである。この時期、先生や考古学界の先学たちが、この種の図書の著述に精力的に取り組み、また、多くの図書が刊行されたことには、それなりの社会的理由が存在したはずである。私は、先生の執筆になる児童用図書を紹介しながら、そうした問題についても少し考えてみたいと思っている。

（二）　児童用図書と研究者たち

考古学者による児童・生徒を対象とした図書は、はやく、一九二九年（昭和四）に、青陵・浜田耕作が、アルスの「日本児童文庫」の一冊として、『博物館』を執筆したのを嚆矢とするようである。この『博物館』は、珠玉の考古学入門書と評価が高く、一九四一年（昭和一六）には、「創元選書」に組入れられ、『考古学入門』

と改題して、一〇月に初版が上梓された後、順調に版を重ね、奥付によると、一九四二年（昭和一七）五月には、六版・五〇〇〇部を、一九四四年（昭和一九）九月には、一〇版・三〇〇〇部を増刷したとある。創元社版では、梅原末治による「あとがき」が添えられ、架蔵する一〇版には、「文部省推薦図書」の帯が附されている。日本出版文化協会の推薦も得ていた。

本書が最終的に何版まで刊行されたのか、私は確認出来ていないが、かなり版を重ねたことは間違いない。ただ、「講談社学術文庫」の解説で、小林行雄が、

たまたま、手もとにある昭和十七年三月発行本を開くと、奥付に六十三版と印刷してある。わずか半年あまりのあいだにも、これだけ版をかさねたわけである。昭和十六年十月といえば、真珠湾攻撃の直前にあたるが、あのあわただしい世相のなかにあって、軍国主義とは無縁の本書が、かくも多数の読者をえたことは、まことに特記にあたいしよう。

と記し、玉利勲氏『発掘への執念』（一九八三年）にも、この解説がそのまま踏襲されている。が、この小林の解説には、私は疑念を禁じ得ないのである。いくら名著であっても、半年で六三版を重ねるということなど実際に有り得るのであろうか。確かに、架蔵する何冊かの奥付を見ると、一か月後の一一月一〇日出版とするものには「十六版」とあり、同年一二月一五日版では「卅二版」と記され、さらに同月二〇日版になると「五十二版」とある。この場合、もし奥付が正しいとすると、わずか五日間で二〇版を重ねたことになる。どう考えても、少し異常な奥付ではなかろうかという不信感を拭えないのである。結論的にいえば、私は、小林が所持していたという一九四二年三月版までの奥付には、まったく信を置くことが出来ないのである。會津八一の『鹿鳴集』が三版から始まることは有名な話であるが、奥付にも版元の作為があったりして、

安易には信じられないのである。前記したように、一九四二年五月刊行のものには六版とあり、一九四四年九月のそれには一〇版とあるわけで、これが妥当なところではないだろうかと思っている。が、それにしても大変な発行部数であったことは確かである。

その後、『考古学入門』は『やさしい考古学』と書名を変えて、一九六二年（昭和三七）一〇月に、有紀書房から刊行されている。この版では、梅原末治の「あとがき」は削除されて、遺族であろう浜田稔・敦に変更されている。講談社学術文庫にも収められている。

なお、アルスでは、この「日本児童文庫」に続けて「新日本児童文庫」を刊行し、そこに、西村真次の『原始人から文明人へ』（一九四一年）を収録しているが、考古学や人類学的な図書は、この二点ばかりであったらしい。ほかには、石原 純『地球と生物の生ひ立ち』という一冊が、化石に関する著述かと思われるだけである。

ところで、その浜田や長谷部らの考古学者・人類学者の執筆になる児童用図書群を、刊行年月次順に列記してみると以下のようになる。

一九二九年（昭和四）　九月　浜田耕作『博物館』（一九四一年一〇月、『考古学入門』と改題して創元選書の一冊となり、一般読書人を対象とする。一九六二年一〇月、『やさしい考古学』と改題し、有紀書房より出版。また、一九七六年、『考古学入門』の書名で、講談社学術文庫にも収録）

一九四一年（昭和一六）　二月　西村真次『原始人から文明人へ』

一九四三年（昭和一八）一一月　後藤守一『先史時代の考古学』

一九四四年（昭和一九）　一月　後藤守一『埴輪の話』
一九四七年（昭和二二）　三月　後藤守一『日本古代文化の話』
〃　一〇月　後藤守一『私たちの考古学』（先史時代篇・古墳時代篇）
一九四八年（昭和二三）　二月　大場磐雄『登呂遺蹟の話』
〃　六月　酒詰仲男『貝塚の話』（一九五二年四月、「改訂版自序」を附して、彰考書院より再版）
〃　一〇月　西村正衛『古代人の生活技術』
〃　※藤森栄一『石器と土器の話』
一九五〇年（昭和二五）　三月　田中幸夫『九州の考古学―九州の大昔―』
一九五一年（昭和二六）　七月　杉原荘介『貝塚と古墳』
〃　一二月　長谷部言人『日本人の祖先』（一九八三年に、築地書館より、近藤四郎の解説「長谷部言人先生のこと」を附して再版）
一九五二年（昭和二七）　四月　※吉田格『石器時代の文化―縄文式土器と石器の話―』
〃
一九五三年（昭和二八）　一月　瀧口宏『土中の文化』
〃　六月　八幡一郎『古代の生活』
〃　九月　八幡一郎『大むかしの人々』
〃　九月　和島誠一『大昔の人の生活―瓜郷遺跡の発掘―』
一九五五年（昭和三〇）　四月　駒井和愛『アイヌの貝塚』

一九六三年（昭和三八）一〇月　樋口清之『日本人の起源』
一九六九年（昭和四四）　二月　吉田格『石器と土器』

※印は未見の図書

以上の図書群は、「少国民選書」（『埴輪の話』）とか「中学生歴史文庫」（『貝塚と古墳』）、「中学生全集」（『古代の生活』）、「学習図鑑」（『大むかしの人々』）などの叢書類や、「はしがき」などに読者対象を児童・生徒と明記している図書を主に選んだものである。が、浜田耕作の『博物館』は、創元選書の一冊となって、完全に考古学研究を志す若者や一般読書人の愛読書となったように、内容はいうまでもなく、表現も工夫され、児童用図書だと侮ることは出来ない優れた著作であった。他の図書にしても、同じことがいえるのである。

関係図書の蒐集が万全ではないとしても、右記の一覧によって、一九四七年（昭和二二）から一九五五年（昭和三〇）にかけての間に、多くの考古学的図書が刊行され、それ以後は、急速に減少したという傾向は充分に把握することが出来るであろうと思う。これに、直良先生の遺した図書群を加えれば、この時期、他のいかなる時期にも卓越して、考古学者や人類学者による児童・生徒のための図書が刊行されたという事実を、いっそう明確にすることが出来るはずである。

なお、ここでは考古学者による児童・生徒用図書ばかりを紹介したが、他の分野に於いても、こうした学童用図書は数多く刊行されたようである。例えば、杉原荘介『貝塚と古墳』は、福村書店の「歴史文庫・日本史」のなかの一冊であり、このシリーズは北山茂夫『大仏開眼』や西岡虎之助『源氏と平氏』など一二冊で構成され、「歴史文庫・世界史」（一二冊）や「地球の歴史文庫」（六冊）なども刊行されていたのである。

その「地球の歴史文庫」には、井尻正二『マンモス象とその仲間』が含まれていた。八幡一郎『古代の生活』の「中学生全集」は文学書が多かったようであるが、鳥山喜一『アジアの歴史』や岩村忍『沙漠の探険』などを含み、一〇〇冊で完結し、長谷部言人『日本人の祖先』や和島誠一『大昔の人の生活』は、岩波書店の「少国民のために」と題したシリーズに含まれ、大塚弥之助『山はどうしてできたか―地球のおいたち―』など、やはり数冊で構成されている。こうしてみると、実にたくさんの児童用図書が刊行されていたことが確認されるのであり、それほどの販路があったのかと改めて驚いているのである。

（三）　先生執筆の児童用図書

直良先生は、はやくから児童用図書を執筆していた。一九四二年（昭和一七）七月には、『子供の歳時記』を葦牙書房から上梓している。郷里の大分県臼杵を中心に、子供の遊びや習俗を、童心を懐かしみながら叙述したものであった。春夏秋冬、一年を一二か月に分けて、いまはもうすっかり忘れ去られてしまったであろう、鳥黐《とりもち》作りや金釘遊び、馬の尻毛ぬき、雀捕りなどの子供の遊びや悪戯、荒神払いといった習俗について語っている。この書は、一九八三年（昭和五八）に、装いを一新して佼成出版社から再版されたが、

直良さんは現在出雲市に住み、八十一歳。健康状態が思わしくなかったため、五十余年間臼杵に帰っていないという。それだけに昔の郷里の子供たちの姿が鮮明に残っているらしく、最近観察しながら書いたように活写されている。

などと、出版から四〇年を経過しても、好評をもって迎えられたのであった（『朝日新聞』四月一五日）。鳥黐作りや金釘遊びなど、私にも経験がある。

第二次世界大戦中にも、『古代日本人の生活』や『上代日本人の生活』と執筆を継続していたが、その長逝の折り、「最後の博物学者」という修辞を冠して呼ばれたように、先生の学問的関心はきわめて多岐に亘っていたから、児童・生徒用の図書に於いても、内容的には、人類学、古生物学（化石学）、現生動・植物学、地質学、考古学などの分野から自然観察の随想に至るまで、その筆が及んでいるのである。後藤守一も、『先史時代の考古学』など、数冊の児童用図書を遺しているが、いずれも考古学的な内容に終始していた。児童用図書とはいえ、先生ほど、多方面に亘る著作を遺した研究者は他に例を見ないであろう。それらは左記のように刊行されたのであった。

一九四二年（昭和一七）　七月　『子供の歳時記』（一九八三年、改訂版刊行）
〃　八月　『古代日本人の生活』（科学文化選書）
一九四四年（昭和一九）　一月　『上代日本人の生活』
一九四七年（昭和二二）　一〇月　『私達の祖先の話』（たのしい科学）

『子供の歳時記』（1942年）

『海とその生物』（1949年）

一九四八年（昭和二三）　六月　『野外教室 生物生活の観察記』（スクール文庫）〔未入手〕
〃　七月　『人間の歴史』（社会科叢書）
〃　八月　『地球と生物の生いたち―化石のはなし―』（ぼくたちの研究室）〔一九五〇年五月に、『化石の話―地球と生物の生いたち―』、一九五二年二月に『化石の話』、一九六一年五月に『化石のひみつ』と増補・改題して発行〕
〃　一一月　『食物の歴史』上・下（社会科叢書）
一九四九年（昭和二四）　三月　『陸と海の生いたち―日本を中心とした地質学の話―』（ぼくたちの研究室）〔一九五二年一〇月に、『陸と海の生いたち―生きている日本嶋の話―』と改題〕
〃　六月　『海とその生物―海・浜の科学』（ぼくたちの研究室）〔一九五四年六月には、『海と生物』と改題して発行〕
〃　一一月　『貝塚の話―私たちの祖先の生活―』（ぼくたちの研究室）〔一九五五年一一月に『貝づか―昔の生活の調べ方―』と改題、発行〕
一九五〇年（昭和二五）　六月　『動物の歴史』（ぼくたちの研究室）〔一九五四年九月に、口絵写真を増補した改訂版を発行〕
一九五一年（昭和二六）　八月　『こどもは土の子しぜんの子』（幼年りかものがたり）
一九五二年（昭和二七）　二月　『古墳時代の文化』（ぼくたちの研究室）
〃　九月　『住まいの歴史』（人間の歴史文庫）
〃　一一月　『食べ物の歴史』（人間の歴史文庫）

〃　一二月『漁と猟の歴史』（人間の歴史文庫）
一九五三年（昭和二八）　二月『人間の歴史』（人間の歴史文庫）
〃　五月『大むかしの生き物』（お話博物館　6年生）
一九五六年（昭和三一）　四月『地球と生物の謎』（図説文庫）
一九五七年（昭和三二）　八月『人と生物 むかしの世界』（絵とき百科）
一九六二年（昭和三七）　九月『地球と生物の歴史』（少年少女 図説シリーズ）
〃　一二月『人間のふしぎ』（理科のふしぎシリーズ）（工藤達之と共著）
一九六四年（昭和三九）　三月『貝塚の調べかた』（ぼくたちの研究室）
一九六八年（昭和四三）　九月『〈化石が語る〉地球のなぞ』（尾崎博と共著）
？　？『〈光村読書シリーズ〉弱くなった人間のからだ』

『古墳時代の文化』（1952年）

『化石の話』（1950年，初版 1948年）

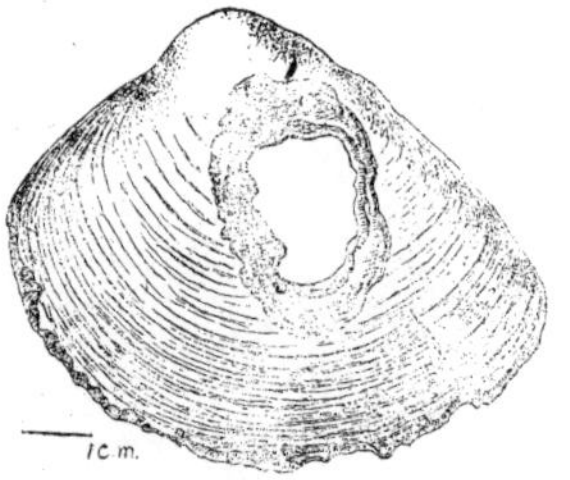

挿図　貝刃（かいじん）（『貝塚の話』）児童用図書でも，慎重に読むと重要な資料・提言がある。その一例が「ハマグリの肉のとりかたを示した」とする実測図である。直良先生は貝殻（ハマグリ）の腹縁を毀し，むき身にして生食したと理解していたが，現在は，この種の遺物は貝器と認識されている

『三光鳥の鳴く朝』（1946年）

二六種二七冊を列記したが、これらのほかに、『きものの歴史』（人間の歴史文庫）も執筆されていたはずであるし、児童用図書と銘打ってはいないが、『三光鳥の鳴く朝』（一九四六年）も加えるべきであるかも知れない。この随筆集の書名ともなっている「三光鳥の鳴く朝」一篇は、一九五二年（昭和二七）に、小学五年生の国語の教科書（学校図書株式会社）に採択された「三光鳥を聞く」と通じ、多少漢字の使用が多いが、十分に児童の閲読に有効なものであった。さらに、「日本の海の生いたち」（『少年朝日』二九二、一九四九年七月）や「〈科学教室〉ひらかれる古代のなぞ」（『中学生の友』三三―一〇、一九五六年一二月）など、児童用雑誌への寄稿も忘れることが出来ないのである。

ただ、前記の図書群を少し詳しく検討すると、『古墳時代の文化』（さ・え・ら書房版）は『上代日本人の生活』（文祥堂版）を部分的に訂正した、再版の域を出ない図書といい得るかと思う。すなわち、『古墳時代の文化』は、第二次世界大戦中の刊行物であった『上代日本人の生活』に使用されていた戦時的文辞を削除・変更し、

仮名遣いを改め、わずかに、「大きな石をどうして動かしたろうか」という一節を追加したに過ぎない内容である。また、『貝づか―昔の生活の調べ方―』にしても、『貝塚の話―私たちの祖先の生活―』に索引を加え、改題しただけであり、『貝塚の調べかた』も、「第一刷発行」とあるが、基本的には、『貝づか』を補訂し、装幀を変えたものであるから、改訂再版とするのが正しいかと思う。従って、厳密な意味で別立てにする必要はないのではとも考えるが、先生の執筆になる図書がどのように刊行されたかを把握するために、このように一覧化してみた。また、『私達の祖先の話』が、一九四九年（昭和二四）四月に三刷を、『陸と海の生いたち』が一九五二年（昭和二七）一〇月に四刷を刊行したように、増刷を繰り返したものも少なくないのである。『化石の話』は、一九五二年（昭和二七）二月には、増訂されて第五刷が刊行されている。

こうしてみると、先生の仕事も、一九六〇年代に下降するものもあるが、やはり、その多くは一九四七年から五七年頃までのほぼ一〇年ばかりの間に集中していることが確認されるのである。しかも、他の考古学者や人類学者、さらには古生物学者の執筆量をはるかに凌駕していることが指摘されるのであり、また、幅広い分野に及んでいることが著しい特徴で、いくら出版社の意向があったにしても、先生の健筆ぶりと学問領域及び関心の広さに驚嘆するほかはないのである。

（四）　児童用図書を書いた訳

直良先生の場合、まず、その遺された図書の量の多さと内容の多岐さが際だち、さらに、それらの図書のいずれにも、先生自筆の見事な挿図の添附されていることを顕著な特徴として指摘し得るだろうと思う。四〇年ほど以前になるが、藤森栄一さんは、葦牙書房から出版した『古代の漁猟』（一九四一年）に触れて、わたしは失職して、いやでも出版屋でもやらざるを得ないことになった。わたしは直ぐに直良さんに何かやらせて欲しいとたのみこんだ。直良さんはニコニコ笑って一〇日ほどで書いてやろうといって下さった。約束通りできてきた原稿が『古代の漁猟』で、山岡さんとこの処女出版におとらない緻細なスケッチのたくさん入った傑作だった。

と書き伝えている（「直良さん古稀なんていわないで」『小田原考古学研究会会報』五）。「山岡さんとこの処女出版」とあるのは、『日本産獣類雑話』（一九四一年）のことである。「ぼくたちの研究室」シリーズを見ても、その『日本産獣類雑話』や『古代の漁猟』に引けを取らない細緻な挿図が盛込まれて見事である。その「まえがき」で、先生がわざわざ断わっているように、外国書から転載する図面も、すべて自身で描き直したものであった（『陸と海の生いたち』）。私の手許にも、何枚かの挿図の原画が遺されているが、いずれも、ケント紙にペン描きしたか、トレーシング・ペーパーにトレースした精緻な図面である。また、藤森さんは、「一〇日ほどで書いてやろう」といわれ、「約束通りできてきた」と回顧しているが、それは『古代の漁猟』一冊分を新たに書下ろしたことを意味してはいないはずである。筆まめな先生は、常に原稿を書き貯めていたから、そのなかから適切なものを選び出し、不足分のみを書き足して一冊を構成したものであったと思われる。私は、堆《うずたか》く積まれた先生の原稿を何度も見ているし、さまざまな機会に、そのなかから何篇もの未発表原稿を頂戴したものであった。

ずっと以前にも書いたことであるが、先生は、晩年になって、

戦前、戦後を通じて書くことが私の心のなぐさみであった。

と述懐しているが（『学問への情熱』）、とにかく、旺盛な執筆力を持ち続けたのであった。先生は、世界大戦

中ばかりでなく、「ほとんど虚脱状態」にあったという戦争直後にも、『私達の祖先の話』（一九四七年）という児童用図書を上梓したほかに、『秋』（一九四六年）や『三光鳥の鳴く朝』（同前）、『モズの生活』（一九四七年）と『古代日本人の食生活』（同前）などを続けて出版しているのである。もっとも、これらの著作にしても、決してそのすべてを書下ろしたわけではなく、ここでも、蓄積されていた原稿群が適宜使用されていることが明らかである。その実例を、私の保管するわずかな資料から説明しても、『モズの生活』の「古巣をのぞいたモズ」は、末尾に「昭和二十一年九月十六日」とあるが、折々の随想を書留めたノートに確認出来るし、『野外教室生物生活の観察記』に収められている「沼を渡る鹿の群」にしても、同じノートに見出されるところである。『秩父多磨丹沢』（一九七二年）の「武蔵野雑記」に収められた「アオバズク」（青葉木菟）や「麻布古川橋附近」、「黍畑にて」、「つむじ風」（旋風）、「夕ぐれどきの富士」（日暮れ富士）、「郭公」、「夕闇」（夕闇せまる）、「秋立つ頃」、「秋霖」、「雁なく夜」、「桜の葉の散る頃」など、一四項目中の一一項目が、「自然と共に―その日、その時―」と題した原稿集から抜粋したものである（カッコ内は原稿時の題名）。この原稿集は、一九四三年（昭和一八）前後の数年間に執筆し、永い間、リンゴ箱に入れたまま忘れていたものを、一九六八年（昭和四三）頃、書斎の整理中に発見し、整理した稿本である。記述した年月日を明記した場合が多く、先生が、日記代わりに、これらの随想を書き綴っていたことも知られるのである。

それはともかく、児童・生徒を対象とした図書は、戦中・戦後の荒廃した「子供たちのかわききった心をうるおす」、「心のおやつになるようなものを書きたい」ということから筆を執ったと先生はいっている（『学問への情熱』）。その先生がより積極的に執筆を始めたのは、一九四七年（昭和二二）に、さ・え・ら書房の創設者である浦城光郷の慫慂を受け、その出版趣旨に賛同してからのことであったらしい。一九四八年（昭和二三）八月に、『地球と生物の生いたち―化石のはなし―』を刊行すると、以後、さ・え・ら書房だけでも、一九四九年（昭和二四）には三冊、一九五〇年（昭和二五）、一九五二年（昭和二七）、一九六四年（昭和三九）には各一冊と、「ぼくたちの研究室」シリーズを執筆し続けている。一九五一年（昭和二六）の『こどもは土の子しぜんの子』も、さ・え・ら書房版であった。

先生が、児童・生徒用図書をさかんに執筆した一九四〇年代後半から一九五〇年代前半といえば、私の小学校の中学年から高等学校在学中に該当する。が、その頃、私は先生の著作に接する機会はなかった。私の周囲には、化石を出土する場所や貝塚は存在しなかったから、化石や貝塚に関心をもつことがまったくなかったのである。高校生になれば別であるが、小・中学生の頃では、仲間内で話題になることもなかった。土器や石器も同様であった。むしろ、小学校が城址に在り、本丸下の叢などに瓦片が散乱していたことから、私は独りで軒丸瓦や軒平瓦、瓦師の刻印のある近世の城郭瓦の採集を繰り返していた。軒丸瓦に三つ葉葵の紋をもつものがあり、なぜ、徳川家の家紋が小田原城の瓦にあるのだろうかとか不審に思っていた。瓦師も摂津とか河内の人であったから、そんな遠方から運ばれることも大きな疑問であった。

私が最初に入手した書物は、児童用図書ではなく、著者名は忘れてしまったが、『日本史』と題したB6判ほどの小さな概説書であった。確か、四年生の時で、一九四七年（昭和二二）のことだったと思う。書店の在る繁華街に出向き、父に購入してもらったのであった。向かいには新刊書店も営業していたが、立寄ったのは古書店であり、屋号を「大八洲《おおやしま》」といって、間口の広い、神田・神保町辺りに出しても引けを取らない店構えであったように記憶している。奥に、古刊本であろうか、木箱入りの『源氏物語』が飾られていたのが私の記憶に鮮明である。中学や高校生の時には、二・三度は東京・神保町に出向いた。大屋書房で、奈良絵本『住吉物語』（上巻？）を購入したのは、高校卒業の記念ということであった。中学のそれは、『國郡建置 本朝往古沿革図説』（一八二二年）であった。以来、私は古書店に出入りする癖がついてしまったようで、大学入学直後から、神保町や本郷、早稲田の古書肆をめぐり廻ってきた。「学生さん、出世したら、その時は売値で買ってくれよ」と大幅に値引きしてもらったこともあったし、「また寄って下さいね」と、都電の往復乗車券を頂戴したこともあった。出世はしなかったが、店主さんたちとの楽しい思い出がある。五〇年、六〇年前では、古書をめぐって、店主さんや番頭さんと雑談を楽しむゆとりが未だあったのである。何度も通っているうちに親しくなり、「こんなものが出ましたから、取って置きましたよ」と、学史的に貴重な資料を手渡して呉れたこともあった。鳥居龍蔵の全集未収録の論考を紹介した「土中の日本」（『魔道に魅入られた男たち』一九九九年）は、そうした厚意によって成立した仕事の一つであった。また、私が貴重書の一冊としている「飛鳥時代寺院址の研究 校正刷　石田茂作著」と背表紙に金箔捺した一冊は、今時の軽々しい装幀の書物に較べると、はるかに重厚な造本である。が、「校正刷」の三文字があることでも明らかなように、ふつうの刊行物ではない。内扉に、「この校正刷は石田茂作氏より贈られたるものなり、昭和十二年一月三十日製本」と書かれていて、石田茂作『飛鳥時代寺院址の研究』（一九三六年）の校正刷を建築史学者福山敏男が貰い受け、目次まで附けて製本したものであることが明らかである。ゲラ刷りということで、至る処に補訂の朱筆が施され、時には朱筆原稿が張込まれていたりもする。植字工の苦労が思い遣られる校正刷りである。同書は容易に入手し難い図書であったから、福山の懇請によってゲラ刷りが譲渡されたのかも知れないが、石田の手蹟に対する福山の敬愛の気持ちが込められていただろうとも想像される。学史に遺る二人の碩学の手を経たこの書冊も、K書店の番頭さんが「面白い品が入りましたよ」と手渡してくれたものであった。

（五）　児童用図書の社会的必要性

直良先生が、たくさんの児童・生徒向けの図書を執筆したのは、さ・え・ら書房の創設者である浦城光郷の強い慫慂もあってのことであるが、いま、さ・え・ら書房の『『ぼくたちの研究室』刊行に際して」という刊行趣旨を読み返すと、そこには、小学校の上級生から新制中学校の生徒を対象として、各人の個性を生かすための社会教育に資することを目的とした刊行であると記されている。いまでは、もう「新制中学校」などという呼称は用いられることもなくなってしまったが、私が一九五〇年（昭和二五）四月に入学したのは、創設間もないその新制中学校であった。

新制中学校とは、一九四七年（昭和二二）の学制改革によって、六・三・三・四制が施行された時に、後期の義務教育の場として開設されたものである。私たちの周囲では、創設当初は独立した校舎もなく、小学校の講堂を間仕切りしての仮教室であった。午前と午後の二部授業であったかも知れない。が、それでも、一九五〇年（昭和二五）に入学した私は、新造成った木造二階建ての校舎に入ることが出来た。私の学年は一〇学級、越境入学者も多く、かなりの大規模校で、四棟はあったから、よほど急ピッチで建設工事が進められたのであろう。階段の手摺りなどは、そう頑丈ではなかったように記憶している。

その一九四七年、小学校四年生の時に、社会科という教科が誕生したのだった。一学期は判然としないが、二学期から評価が行われている。当時の「国民学校手帖」（所謂通知表）の四年第二学期のところに、「社会科」と「自研」（自由研究）のペン書きが施されて、評価が加えられているので確かである。いまでいう「総合学習」といったらよいだろうか、自分で課題を見付け、自由に調べることを課せられたような記憶がある。それが「自由研究」とある科目であったのだろうか。が、自由研究はともかく、社会科はどのような教科書を用い、授業内容がどんなものであったかなど、もうはっきりした記憶はない。『海とその生物─海・浜の科学─』の広告にも、

学校文庫や自由研究に最も欣ばれる

と、「自由研究」という言葉が使用されていた。

そんななか、中学一年次の社会科の教科書（『社会科 一 わが国土』 一九四九年）が遺っていた。いわゆる地理的分野であるが、その教科書はごく薄いもので、総てで六六頁をかぞえるだけであった。これを一年掛けて学んだのかどうか、それも定かでないが、各章ごとに、「課題」が設けられて、

一．わが国の大昔の人々の生活について調べて、その話を学級ですること。

二．郷土附近に新田その他、新しい開墾に関連のある地名があれば、そこは、どのようなところで、いつごろ開かれたかをしらべること。

などの設問がいくつも配置されている。この設問を調べるためには、地元での聞取りばかりでなく、多くの参考書も必要となるわけであって、そこに、「ぼくたちの研究室」のような児童用図書の要求される一つの原因があったと考えられるのである。そんなことからか、私の入学した中学校には、二教室分ほどの広さをもつ図書室が開設されていて、すでに、かなりの図書が収蔵されていたように覚えている。だから、日本図書館協議会や全国学校図書館協議会の選定図書ともなっていた、先生の著書も架蔵されていたであろうが、私は、『足柄下郡史』（一九二九年）とか雑誌『神奈川文化』（一一～二一一二、一九四〇年二月～一九四一年一二月）

などの郷土史関係の書籍や雑誌ばかりに関心を寄せ、新刊の児童用図書には眼を向けることがなかった。従って、残念ながら先生の著作を眼にした記憶はまったくない。図書室を利用したことも少なかったように思う。私が活用しなかったといっても、中学校に於ける図書室の設置と架蔵図書の充実は必要緊急の課題であったはずで、そこに児童用図書の需要がきわめて高かった理由があったと思われるのである。

小学生の頃、私は、社会科は進駐軍（アメリカ）が導入した教科だと聞いた覚えがある。いま、手許の平凡社『世界大百科事典』（一九六五年版）で調べてみると、第二次世界大戦後の一九四七年（昭和二二）に、それまでの修身・公民・地理・歴史などの教科に替えて、「社会的諸事象を総合的、関連的に理解し、社会の問題を主体的、積極的、合理的に解決する態度や能力を育成する」ことを期待して設置された科目とある。前記「国民学校手帳」では、国民科・理数科・体錬科・芸能科・実業科・加設科目の六科目があり、その国民科は修身・国語・国史・地理の四教科に分けられていた。その国史と地理の欄に「社会科」と、実業科の欄に「自研」とペン書きされている。公民はなかった。一年次と二年次には、国民科は修身と国語を履修しているが、三年次（一九四六年度）には、国語のほかは国民科の授業は行われなかったらしい。五年次で通知表が新しくなり、社会科という教科名が印刷されるようになった。

社会科が、アメリカの強い影響力のもとに発足した新しい教科であることは確かなようである。一九四七年といえば、前記した学制改革の年で、私は四年生であった。国民学校から小学校に改称したのも、この時であっただろうか。私が、自主研究として、街外れにあったサイダー製造工場を訪ね、製品の出来上がるまでの工程を見学し、図表化したり、市街図を片手に、病院・医院（内科・外科・歯科・耳鼻咽喉科）がどのように分布しているかをチェックして廻ったのは、その五・六年生の頃であったように記憶している。私は、この社会科という教科が好きになった。

ただ、小学校では、図書室のことはまったく覚えていない。ベートーベンやシューベルト、バッハなどの顔写真が壁いっぱいに貼られた音楽教室ばかりを覚えている。毎日のように、担任のピアノの独演を聴いた音楽教室の印象が強すぎるのかなとも思うが、いまでも、モーツアルトのトルコ行進曲はそのメロディーを少しは口ずさめるほどに、耳に慣れたものであった。教師も、自分の得意な科目で、生徒たちを教育することの出来た好い時代であったと思う。が、仲間に尋ねても、図書室を思い出す者はいない。「学校には、学校図書館を設けなければならない」（第三条）とする学校図書館法が制定されたのは、一九五三年（昭和二八）八月であったから、まだ、開設されていなかったのかも知れない。

社会科は、地理や歴史、それに政治や経済といった広い範囲を含む教科であった。私の場合、高等学校では、一年で一般社会（政治・経済）、二年で人文地理（地理）、三年で歴史（日本史か世界史）を履修した。が、いずれにしても、世界大戦の敗戦を契機に、社会的変動が著しかったから、教科書は大幅に書き換えられ、授業内容も変化したはずである。例えば、日本史でいうと、戦前の皇国史観による歴史叙述は否定され、なかでも、記紀の伝承による古代史は姿を消し、代わって考古学的研究の成果が重用されるなど、内容が一変することとなったわけである。静岡県登呂遺跡に於ける華々しい調査成果が、考古学への世人の関心を高めるのに、一層の拍車を掛けたことは間違いがないだろう。こうした状況下で、縄文期にしろ、弥生期にしろ、考古学者による叙述に強い期待が寄せられたことは当然ともいえることであった。それも考古学者によるたくさんの著作が刊行された所以であろう。対象読者を「斯学に興味を持ち、始めて遺跡を訪れようとする人々」としているので、前掲児童用図書には加えていないが、甲野勇『図解 先史考古学入門』（一九四七年）には、

この辺りの事情を記して、

……この日本石器時代人こそ、現代日本人の大本をなすものである。……不幸にして今迄のいはゆる「国史」に於て彼等の存在は故意に黙殺されるか、或は私達の祖先と縁の薄い人々ででもあるかの様に、継子扱いされて居た。

日本が永遠の平和への新しい道を歩みはじめてから、総てのもの事が全く一変した。社会も思想も学問も――。歴史も勿論この例にもれない。殊に古代史は再吟味され、天降つた神々の物語は、地上に息吹する人々の生活史に書き改められた。斯くして日本石器時代人は、天下晴れて私達の祖先として取扱はれることゝなつたのである。これと共に石器時代文化に対する一般の関心は、高まる傾向が現れて来た様である。

などと伝えている。甲野は縄文文化の研究者であったから、弥生期や古墳期についてはまったく言及していないが、この短い文章のなかに、日本の原始・古代の歴史叙述が激変したことを充分に窺うことが出来るだろうと思う。

(六)　遠かった先生の図書群

一九四五年（昭和二〇）の夏までは空襲に怯える日々であったし、敗戦直後は、食糧難に喘ぎ、教科書さえ満足なものはなかったから、私の国民学校・小学校在学中では、図書室の充実どころではなかったのかも知れない。実際、別記したように、児童用図書が盛んに刊行されたのは、一九四七、八年（昭和二二、三）以降のことであって、敗戦直後は図書どころではなかったのではなかろうか。学校の在る城址も、国指定史蹟とはいいながら、本丸址や用米曲輪址などは近辺の人びとの菜園と化していた。私たちが『少年』とか『野球少年』といった月刊誌や、岩波書店の『少年世界美術全集』(?)などを手にすることが出来たのも、ようやく六年生になってからであったように思う。四・五年生の頃、田舎街の私の周りでは、新刊の児童用図書など手にしているものは見かけることがなかった。

私の在籍した小学校では、卒業してからしばらく経って、図書館を建設しようという話が起り、その後に、別棟の小さな図書室が開設されたように聴いているから、私たちに図書室の記憶がまったくないのは、あるいは開設されていなかったからであろう。とすれば、個人で新刊書を購入する余裕など、多くの家庭でなかったであろうから、私たちが新刊の学童用図書を眼にする機会はもち得なかったように思う。図書室の代りに、校庭を出て、内堀に架かる小さな橋を渡れば、そこに木造・二階建ての市立図書館があって、当時としては近隣にない施設で、かなりの郷土史関係の図書が収蔵されていたから、そこに出かけては、小田原城や近辺の史跡のことを書いた書物に眼を通していた。中学校に進学する頃になれば、城絵図を模写し、所有していた『改正新刻 京都新図』(一八九四年)を真似て、城址のほか、史跡や神社仏閣、老舗商店などを描込んだ小田原観光案内図のような絵図を作り、独り悦に入っていた。あの物資の乏しかった時代に、どうやって大判の和紙や金粉・銀粉紛いの絵の具を手に入れたのだろうかと不思議に思う。私には、市立図書館の印象が強い。

その頃の私は、化石や貝塚についての知識はなく、関東大震災で破壊された城址と発見される城郭の近世瓦などに関心を寄せていた。文学書は、理解出来るかどうかなど関係なく、父親の本箱にあった明治・大正文学全集の端本を引き抜いて読み漁っていたから、まったく児童用図書を手にした記憶がない。『ユーモア小説全集』などという全集もあったかと思う。だが、私より少し若い世代になると、少年の日に、直良先生の図書を片手に、千葉県下の貝塚を探訪し、土器や石器を採集して歩いたと語る知人が幾人かはいる。一九五〇年（昭和二五）になれば、朝鮮戦争の特需もあり、経済的にもある程度の復興があったから、個人で新刊書を購入することもずいぶんと可能になったものであろう。貝塚などの遺跡が分布する土地に近い子供たちの間では、先生の図書もけっこう購読されたかと思われるのである。私が先生の児童用図書を拝読する機会がなかったのは、やはり、経済的問題以上に、身近に化石を出土する土地も、貝塚も存在しなかったということに原因があったに違いないと思う。

あとがき

直良先生の幅広い研究分野のなかから、私も専攻する考古学に関した研究に限って、私なりに回顧し、『直良信夫と考古学研究』を上梓したのは、一九九〇年（平成二）のことであったから、すでに四半世紀も以前のことになる。その後、私は、先生の仕事に関してはほとんど言及することがなかった。考古学以外の分野、古生物学や古代農業の研究などはまったく私の勉強の範囲外であったし、永い間、先生のお宅で見慣れていた膨大な書籍や原稿、標本などの資料群が、歴史民俗博物館に移譲されてしまった後では、もう私の出る幕ではないと思ったこともあったからである。わずかに、ニホンオオカミの研究について、二〇〇四年（平成一六）に、学友吉川國男君（NPO法人野外調査研究所）の協力を得て、ニホンオオカミの展示とフォーラム（「丹沢周辺のオオカミたち」）を南足柄市で開催した折りに、小文を作製したことがあるばかりであった（「直良信夫とオオカミ研究」『狼―伝承と科学―』、本書5章参照）。

この一〇年ほど、一泊二日、二泊三日と、暇を見付けては関東とその周縁に小旅行を愉しんでいる。愛車を駆っての旅であるが、一日の走行距離が三〇〇キロを超えることもあり、その行動範囲は群馬県から栃木、福島、宮城、新潟、岐阜、愛知、富山県辺りに及んでいる。萬葉に、「美篶刈《みすずか》る信濃」と詠われた信州は好きな土地で、年に三、四回は出掛け、山中の限界聚落や大断層の痕なども観て廻っている。旅宿での夜の地酒は一番の愉しみであるが、途中途中で立寄る小さな郷土資料館や美術館、記念館にも、思わぬ発見があっ

直良先生御夫妻と著者および子供たち（妻博子撮影）1985年春

たりして嬉しいことが多い。化石博物館を訪れることもある。そんななか、私にとってちょっとショックなことがあった。訪れたある化石博物館で、事務職員さんか学芸員さんかは確認しなかったが、直良信夫の名をご存知ない方に出会ったのである。架蔵されている開架図書にも、かつて先生の共著者であった尾崎博の著書は直ぐに眼に付いたが、先生の著作は見当たらなかった。先生は、その地方の化石についても、報告文は遺していないが、地元の研究者に乞われて鑑別したこともあり、まったく関係のない土地ということでもなかった。が、一世代三〇年、先生の長逝後三〇年ともなれば、若い世代に忘れ去られてもやむを得ないかと思いつつも、寂しく感じたのも事実であった。そんなこともあって、無謀にも、考古学以外の分野に於ける先生の仕事も紹介して、先生の学究としての人生を顕彰したいと考えたのである。

先生は、日々、研究一筋の生活であった。まったく、囲碁将棋などに時間を費やすことはなく、ひたすらに学問に専念し、一人の研究者が、その生涯にどれだけの仕事が出来るかということを実践して見せた稀有な存在であった。長逝の折りに、〈最後の博物学者〉と修辞を冠して呼ばれたが、もう、こうした研究者が出現することはないのだろうと思う。大正から昭和にかけての学問の歴史のなかでも、やや特異な研究者として存在した先生の名を記憶に留めておいて欲しいとの思いが、敢えて小誌を作製する原動力となった。〈弟子外の弟子〉が見た最後の博物学者直良信夫伝である。

先生が江古田に居られた頃、春江夫人から、身体の二倍も三倍もある大きな熊の縫いぐるみを頂戴して喜び、「先生おじいちゃん」と呼んで、出雲行きを愉しんでいた愚息（浩平）も、どうやら考古学研究の道を歩み、先生の業績に関連した仕事もするまでに成長した。つくづくと永い歳月の経過を想う。が、この間、遊びにかまけて、数年に一度しか原稿の書けなかった私を、先生は「君は相変わらず暢気だね」と苦笑しながら見ているのではと、内心忸怩たるものがあるのは正直な告白である。が、私は私なりに、私のペースで今後も私の仕事を続けて行きたいと思っている。私を支えてくれる友人や家族に深く感謝しながら。なお、すでに脱稿している「紙魚の見た考古学界の先達たち」は、はやく刊行したいと願っているし、さらに、数人の先学の評論を執筆する心積もりである。

刀水書房の桑原迪也前社長に、「売れないと思うけど、原稿がきれいだからやりましょう」と『縄文期貝塚関係文献目録』（一九九六年）を刊行して頂いてから、もう二〇年の歳月が経過してしまったわけだが、今回は、同社の中村文江さんにすっかりご迷惑をおかけすることになってしまった。パソコンを駆使する能力に欠けるため、変換の間違いなど多々あったと思われる原稿を丹念に読んで頂き、このような形の本にまとめ上げて下さったことには感謝の言葉しかない。直良先生の長逝三〇年には遅れてしまったが、昔風にいえば、私も今年は傘寿をむかえたわけである。併せて記念としたいと思う。

直良信夫略年譜

一九〇二年（明治三五）一月一〇日　大分県北海部郡臼杵町（現臼杵市）二王座、村本家に誕生。

一九〇八年（明治四一）四月　臼杵尋常高等小学校入学。

一九一三年（大正 二 ）三月　同尋常科卒業。

四月　同高等科入学。

一九一四年（大正 三 ）四月　東京府（現東京都）王子尋常高等小学校高等科二年に編入。

一九一五年（大正 四 ）三月　同高等科卒業。この頃、経済学者櫛田民蔵に出会う。

帰郷、臼杵の活版所、大分の書店に勤務。

一九一七年（大正 六 ）　早稲田大学附属早稲田工手学校入学。徳永重康に出会う。

一九一八年（大正 七 ）四月　岩倉鉄道学校（工業化学科）入学。

一九二〇年（大正 九 ）三月　同校卒業。

農商務省臨時窒素研究所に勤務。ブッチャー氏法による空中窒素固定法の研究に従事。ロシア語を亡命ロシア人マリア・シモノフ、ドイツ語をフォルツワルツに学ぶ。貝塚などの探訪を始める。

一九二三年（大正一二）二月　喜田貞吉の慫慂により、処女論文「目黒の上高地に於ける先史人類遺跡遺物及文化の化学的考察」を執筆。『社会史研究』（一〇―一・二）に収載される。

1930

一九二四年（大正一三）　九月　臨時窒素研究所を退職。八月三一日、夜行で帰郷中、姫路に下車。直良音に再会。その九月一日は関東大震災当日であった。姫路市五軒邸に居を定める。

九月　直良音と結婚。村本姓を直良姓に改める。徳永重康に師事し、古生物学、地史学を学ぶ。

一九二五年（大正一四）四月　日本考古学会入会。おそらく、一一月の例会で森本六爾と出会う。東京人類学会入会。

九月　明石市大蔵谷に転居。療養のかたわら考古学的研究を精力的に展開する。銅鏃や銅鐸、円筒棺、砂丘遺跡、縄文文化期の貝塚に強い関心を示す。

一九二六年（大正一五）一月一日　直良石器時代文化研究所を開設し、その所報第一輯『播磨国明石郡垂水村山田大歳山遺跡の研究』を刊行。

一九二七年（昭和　二　）一一月二六日　明石市西八木海岸で、旧象の臼歯と瑪瑙製石器を採集。以後、同海岸での採集に努める。

森本の主宰する東京考古学会に参加。

一九三一年（昭和　六　）三月一〇日　「播磨国西八木海岸洪積層中発見の人類遺品」を脱稿。『人類学雑誌』（四六—五・六）に収載。

四月一八日　「明石原人」腰骨を採集。

一九三二年（昭和　七　）一一月　東京都中野区江古田に転居。一〇日、駿河台下明治製菓にて、八幡一郎・坪井良平・森本六爾等による歓迎会あり。

徳永の個人助手として瀬戸内海産獣類化石の整理に従事。

一九三三年（昭和　八　）六月一五日	「満蒙学術調査団」の一員として、中国黒竜江省の顧郷屯に至り、以後、三か月ほど発掘調査に従事。
一九三七年（昭和一二）	「江古田植物化石層」を発見。
一九三八年（昭和一三）	早稲田大学理工学部採鉱冶金学図書室に勤務。
一九四一年（昭和一六）三月	『日本産獣類雑話』を刊行。東京科学博物館研究員に補職される。
一九四四年（昭和一九）四月	早稲田大学講師に就任。専門部鉱山地質科で地質学・古生物学を講義。
一九四五年（昭和二〇）五月二五日	東京大空襲により、「明石原人」腰骨をはじめすべての研究資料を焼失する。
一九四七年（昭和二二）四月	早稲田大学文学部に出講、地質学を講ずる。後、先史地理学。
一九五〇年（昭和二五）六月二五日	「葛生原人」上腕骨を発見。七月から八月にかけて大腿骨、上腕骨等を発見。
一九五一年（昭和二六）三月九日	東京都・日本橋三井不動産工事現場で「日本橋人」を採集。
七月二四日	発掘調査により「葛生原人」上膊骨を検出。
一九五四年（昭和二九）一月	『日本旧石器時代の研究』刊行。
一九五五年（昭和三〇）四月	早稲田大学政治経済学部に出講、人類学を講義。
一九五六年（昭和三一）一二月	岩手県「花泉化石床」を尾崎博と調査。一九五八年（昭和三三）七月の調査に発展。
一九五七年（昭和三二）四月	早稲田大学理工学部で地質学、経済地理学を講義。後、理工系大学院で古生物学を講義。
七月	『日本古代農業発達史』により、文学博士の学位を取得。

一九六〇年（昭和三五）四月	早稲田大学教授に就任。
一九六五年（昭和四〇）一〇月	『日本産狼の研究』を上梓。
一九七〇年（昭和四五）	鳥取県境港市出土の「夜見ヶ浜人」を確認。
一九七二年（昭和四七）三月	早稲田大学を定年退職。記念事業会より、『直良信夫先生年譜および著作論文目録』、『古代遺跡発掘の脊椎動物遺体』が刊行される。
一九七三年（昭和四八）一〇月	島根県出雲市高松町に転居。
一九七四年（昭和四九）一二月二日	『朝日新聞』に「（近況）人情あつい山陰」を発表。以後、山陰の風物を観察し、描写した文章を数多く残す。
一九八五年（昭和六〇）一一月二日	長逝（秋成院洪化清信居士）

刀水歴史全書 —歴史・民族・文明—

四六上製　平均300頁　随時刊（価格は税別）

樺山紘一
1 **カタロニアへの眼**（新装版）
歴史・社会・文化
1979,2005(新装版)　000-X　四六上製　289頁＋口絵12頁　¥2300

西洋の辺境，文明の十字路カタロニアはいかに内戦を闘い，なぜピカソら美の巨人を輩出したか。カタロニア語を習い，バルセロナに住んで調査研究した歴史家によるカタロニア文明論

R.C.リチャードソン／今井　宏訳
2 **イギリス革命論争史**
1979　001-8　四六上製　353頁　¥2200

市民革命とは何であったか？　同時代人の主張から左翼の論客，現代の冷静な視線まで，革命研究はそれぞれの時代,立場を反映する。論者の心情をも汲んで著された類書のない学説史

山崎元一
3 **インド社会と新仏教**
アンベードカルの人と思想〔付〕カースト制度と不可触民制
1979　＊002-7　四六上製　275頁　¥2200

ガンディーに対立してヒンドゥーの差別と闘い，インドに仏教を復興した不可触民出身の政治家の生涯。日本のアンベードカル研究の原典であり，インドの差別研究のほとんど最初の一冊

G.バラクロウ編／木村尚三郎解説・宮島直機訳
4 **新しいヨーロッパ像の試み**
中世における東欧と西欧
1979　003-4　四六上製　258頁　¥2330

最新の中世史・東欧史の研究成果を背景に，ヨーロッパの直面する文明的危機に警鐘を鳴らした文明史家の広ヨーロッパ論。現代のヨーロッパの統一的傾向を最も早く洞察した名著。図版127点

W.ルイス，村上直次郎編／富田虎男訳訂
5 **マクドナルド「日本回想記」**
[再訂版]　インディアンの見た幕末の日本
1979　＊005-8　四六上製　313頁　¥2200

日本をインディアンの母国と信じて密航した青年の日本観察記。混血青年を優しくあたたかく遇した幕末の日本と日本人の美質を評価。また幕末最初の英語教師として評価されて，高校英語教科書にものっている

J.スペイン／勝藤　猛・中川　弘訳
6 **シルクロードの謎の民**
パターン民族誌
1980　006-9　四六上製　306頁　¥2200

文明を拒否して部族の掟に生き，中央アジア国境地帯を自由に往来するアフガン・ゲリラの主体パターン人，かつてはイギリスを，近くはロシアを退けた反文明の遊牧民。その唯一のドキュメンタルな記録

B.A.トゥゴルコフ／加藤九祚解説・斎藤晨二訳
7 **トナカイに乗った狩人たち**
北方ツングース民族誌
1981　024-7　四六上製　253頁　¥2233

広大なシベリアのタイガを漂泊するエベンキ族の生態。衣食住，狩猟・遊牧生活から家族，氏族，原始文字，暦，シャーマン，宇宙観まで。ロシア少数民族の運命

G.サルガードー／松村　赳訳
8 **エリザベス朝の裏社会**
1985　060-3　四六上製　338頁　¥2500

シェイクスピアの戯曲や当時のパンフレット“イカサマ読物”“浮浪者文学”による華麗な宮廷文化の時代の裏面。スリ・盗賊・ペテン師などの活躍する新興の大都会の猥雑な現実

P.F.シュガー,I.J.レデラー 編／東欧史研究会訳
9 **東欧のナショナリズム**
歴史と現在
1981 025-5 四六上製 578頁 ¥4800
東欧諸民族と諸国家の成立と現在を，19世紀の反トルコ・反ドイツ・反ロシアの具体的な史実と意識のうえに捉え，東欧紛争の現在の根源と今後の世界のナショナリズム研究に指針を与える大著

R.H.C.デーヴィス／柴田忠作訳
10 **ノルマン人** [品切]
その文明学的考察
1981 027-1 四六上製 199頁 ¥2233
ヨーロッパ中世に大きな足跡をのこしたヴァイキングの実像を文明史的に再評価し，ヨーロッパの新しい中世史を構築する第一人者の論究。ノルマン人史の概説として最適。図版70余点

中村寅一
11 **村の生活の記録** (下)[品切]
(上)上伊那の江戸時代 (下)上伊那の明治・大正・昭和
1981 028-X 029-8 四六上製 195頁,310頁 ¥1845 ¥1800
村の中から村を描く。柳田・折口体験をへて有賀喜左衛門らとともに，民俗・歴史・社会学を総合した地域史をめざした信州伊那谷の先覚者の業績。中央に追従することなく，地域史として独立し得た数少ない例の一つ

岩本由輝
12 **きき書き六万石の職人衆**
相馬の社会史
1980 010-7 四六上製 252頁 ¥1800
相馬に生き残った100種の職人の聞き書き。歴史家と職人の心の交流から生れた明治・大正・昭和の社会史。旅職人から産婆，ほとんど他に見られない諸職が特に貴重

13 (欠番)

田中圭一
14 **天領佐渡** (1)[品切]
(1)(2)村の江戸時代史 上・下 (3)島の幕末
1985 061-1,062-X,063-8 四六上製 (1)275頁 (2) 277頁 (3) 280頁 (1)(2) ¥2000 (3)¥2330
戦国末〜維新のムラと村ビトを一次史料で具体的に追求し,天領の政治と村の構造に迫り,江戸〜明治の村社会と日本を発展的にとらえる。民衆の活躍する江戸時代史として評価され，新しい歴史学の方向を示す

岩本由輝
15 **もう一つの遠野物語** [追補版]
(付) 柳田國男南洋委任統治資料六点
1994 *130-7 四六上製 275頁 ¥2200
水野葉舟・佐々木喜善によって書かれたもう一つの「遠野物語」の発見。柳田をめぐる人間関係,「遠野物語」執筆前後の事情から山人〜常民の柳田学の変容を探る。その後の柳田学批判の先端として功績は大きい

森田安一
16 **スイス** [三補版]
歴史から現代へ
1995 159-6 四六上製 304頁 ¥2200
13世紀スイス盟約者団の成立から流血の歴史をたどり，理想の平和郷スイスの現実を分析して新しい歴史学の先駆と評価され，中世史家の現代史として，中世から現代スイスまでを一望のもとにとらえる

樺山紘一・賀集セリーナ・富永茂樹・鳴海邦碩
17 **アンデス高地都市** [品切]
ラ・パスの肖像
1981 020-4 四六上製 図版多数 257頁 ¥2800
ボリビアの首都ラ・パスに展開するスペイン，インディオ両文明の相克。歴史・建築・文化人類・社会学者の学際協力による報告。図版多数。若く多才な学者たちの協力の成功例の一つといわれる

A．ノーヴ／和田春樹・中井和夫訳　［品切］

18 **スターリンからブレジネフまで**
ソヴェト現代史
1983　043-3　四六上製　315頁　￥2427

スターリン主義はいかに出現し，いかなる性格のものだったか？　冷静で大胆な大局観をもつ第一人者による現代ソ連研究の基礎文献。ソ連崩壊よりはるか前に書かれていた先覚者の業績

19 **（缺番）**

増井經夫

20 **中国の歴史書**
中国史学史
1984　052-2　四六上製　298頁　￥2500

内藤湖南以後誰も書かなかった中国史学史。尚書・左伝から梁啓超，清朝野史大観まで，古典と現代史学の蘊蓄を傾けて，中国の歴史意識に迫る。自由で闊達な理解で中国学の世界に新風を吹きこむ。ようやく評価が高い

G．P．ローウィック／西川　進訳

21 **日没から夜明けまで**
アメリカ黒人奴隷制の社会史
1986　064-6　四六上製　299頁　￥2400

アメリカの黒人奴隷は，夜の秘密集会を持ち，祈り，歌い，逃亡を助け，人間の誇りを失わなかった。奴隷と奴隷制の常識をくつがえす新しい社会史。人間としての彼らを再評価するとともに，社会の構造自体を見なおすべき衝撃の書

山本　新著／神川正彦・吉澤五郎編

22 **周 辺 文 明 論**
欧化と土着
1985　066-2　四六上製　305頁　￥2200

文明の伝播における様式論・価値論を根底に，ロシア・日本・インド・トルコなど非西洋の近代化＝欧化と反西洋＝土着の相克から現代の文明情況まで。日本文明学の先駆者の業績として忘れ得ない名著

小林多加士

23 **中国の文明と革命**
現代化の構造
1985　067-0　四六上製　274頁　￥2200

万元戸，多国籍企業に象徴される中国現代の意味を文化大革命をへた中国の歴史意識の変革とマルキシズムの新展開に求める新中国史論

R．タカキ／富田虎男・白井洋子訳

24 **パ ウ ・ ハ ナ**
ハワイ移民の社会史
1986　071-9　四六上製　293頁　￥2400

ハワイ王朝末期に，全世界から集められたプランテーション労働者が，人種差別を克服して，ハワイ文化形成にいたる道程。著者は日系３世で，少数民族・多文化主義研究の歴史家として評価が高い

原田淑人

25 **古代人の化粧と装身具**
1987　076-X　四六上製　図版180余点　227頁　￥2200

東洋考古学の創始者，中国服飾史の開拓者による古代人の人間美の集成。エジプト・地中海，インド，中央アジアから中国・日本まで，正倉院御物に及ぶ美の伝播，唯一の概説書

E．ル・ロワ・ラデュリ／井上幸治・渡邊昌美・波木居純一訳

26 **モンタイユー**（上）（下）
ピレネーの村　1294～1324
㊤1990 ㊦1991　＊086-7 ＊125-3　四六上製　367頁 425頁　￥2800 ￥3301

中世南仏の一寒村の異端審問文書から，当時の農村生活を人類学的手法で描き，75年発刊以来，社会史ブームをまきおこしたアナール派第３世代の代表作。ピレネー山中寒村の，50戸，200人の村人の生活と心性の精細な描写

ダヴ・ローネン／浦野起央・信夫隆司訳

27 **自決とは何か** ［品切］

ナショナリズムからエスニック紛争へ

1988 095-6 四六上製 318頁 ¥2800

自殺ではない。みずからを決定する自決。革命・反植民地・エスニック紛争など，近現代の激動を“自決 Self-determination への希求”で解く新たなる視角。人文・社会科学者の必読書

メアリ・プライア編著／三好洋子編訳

28 **結婚・受胎・労働** ［品切］

イギリス女性史1500～1800

1989 099-9 四六上製 270頁 ¥2500

イギリス女性史の画期的成果。結婚・再婚・出産・授乳，職業生活・日常生活，日記・著作。実証的な掘り起こし作業によって現れる普通の女性たちの生活の歴史

M.I.フィンレイ／柴田平三郎訳

29 **民主主義—古代と現代** ［品切］

1991 118-9 四六上製 199頁 ¥2816

古代ギリシア史の専門家が思想史として対比考察した古代・現代の民主主義。現代の形骸化した制度への正統なアカデミズムからの警鐘であり，民主主義の本質に迫る一書

木崎良平

30 **光太夫とラクスマン**

幕末日露交渉史の一側面

1992 134-0 四六上製 266頁 ¥2524

ひろく史料を探索して見出した光太夫とラクスマンの実像。「鎖国三百年史観」をうち破る新しい事実の発見が，日本の夜明けを告げる。実証史学によってはじめて可能な歴史の本当の姿の発見

青木　豊

31 **和鏡の文化史**

水鑑から魔鏡まで

1992 139-1 四六上製 図版300余点 305頁 ¥2500

水に顔を映す鏡の始まりから，その発達・変遷，鏡にまつわる信仰・民俗，十数年の蓄積による和鏡に関する知識体系化の試み。鏡に寄せた信仰と美の追求に人間の実像が現れる

Y.イチオカ／富田虎男・粂井輝子・篠田左多江訳

32 **一　　世**

黎明期アメリカ移民の物語り

1992 141-3 四六上製 283頁 ¥3301

人種差別と排日運動の嵐の中で，日本人留学生，労働者，売春婦はいかに生きたか。日系アメリカ人一世に関する初の本格的研究の始まり，その差別と苦悩と忍耐を見よ（著者は日系二世）

鄧　搏鵬／後藤均平訳

33 **越 南 義 烈 史**

抗仏独立運動の死の記録

1993 143-X 四六上製 230頁 ¥3301

19世紀後半，抗仏独立闘争に殉じたベトナムの志士たちの略伝・追悼文集。反植民地・民族独立思想の原点（1918年上海で秘密出版）。東遊運動で日本に渡った留学生200人は，やがて日本を追われ，各地で母国の独立運動を展開して敗れ，つぎつぎと斃れるその記録

D.ジョルジェヴィチ，S.フィシャー・ガラティ／佐原徹哉訳

34 **バルカン近代史**

ナショナリズムと革命

1994 153-7 四六上製 262頁 ¥2800

かつて世界の火薬庫といわれ，現在もエスニック紛争に明け暮れるバルカンを，異民族支配への抵抗と失敗する農民蜂起の連続ととらえる。現代は，過去の紛争の延長としてあり，一朝にして解決するようなものではない

C.メクゼーパー，E.シュラウト共編／瀬原義生監訳，赤阪俊一・佐藤専次共訳

35 **ドイツ中世の日常生活**

騎士・農民・都市民

1995 ＊179-6 四六上製 205頁 ¥2800

ドイツ中世史家たちのたしかな目が多くの史料から読みとる新しい日常史。普通の“中世人”の日常と心性を描くが，おのずと重厚なドイツ史学の学風を見せて興味深い

神山四郎　［比較文明学叢書１］

36 **比較文明と歴史哲学**

1995　182-0　四六上製　257頁　￥2800

歴史哲学者による比較文明案内。歴史をタテに発展とみる旧来の見方に対し，ヨコに比較する多系文明の立場を推奨。ボシュエ，ヴィコ，イブン・ハルドゥーン，トインビーと文明学の流れを簡明に

神川正彦　［比較文明学叢書２］

37 **比較文明の方法**

新しい知のパラダイムを求めて

1995　184-7　四六上製　275頁　￥2800

地球規模の歴史的大変動の中で，トインビー以降ようやく高まる歴史と現代へのパースペクティヴ，新しい知の枠組み，学の体系化の試み。ニーチェ，ヴェーバー，シュペングラーを超えてトインビー，山本新にいたり，原理と方法を論じる

B．A．トゥゴルコフ／斎藤晨二訳

38 **オーロラの民**

ユカギール民族誌

1995　183-9　四六上製　220頁　￥2800

北東シベリアの少数民族人口1000人のユカギール人の歴史と文化。多数の資料と現地調査が明らかにするトナカイと犬ぞりの生活・信仰・言語。巻末に調査報告「ユカギール人の現在」

D．W．ローマックス／林　邦夫訳

39 **レコンキスタ**

中世スペインの国土回復運動

1996　180-4　四六上製　314頁　￥3300

克明に史実を追って，800年間にわたるイスラム教徒の支配からのイベリア半島奪還とばかりはいいきれない，レコンキスタの本格的通史。ユダヤ教徒をふくめ，三者の対立あるいは協力，複雑な800年の情勢に迫る

A．R．マイヤーズ／宮島直機訳

40 **中世ヨーロッパの身分制議会**

新しいヨーロッパ像の試み（２）

1996　186-3　四六上製　214頁　￥2800

各国の総合的・比較史的研究に基づき，身分制議会をカトリック圏固有のシステムととらえ，近代の人権思想もここから導かれるとする文化史的な画期的発見，その影響に注目が集まる。図写79点

M.ローランソン，J．E．シーヴァー／白井洋子訳

41 **インディアンに囚われた白人女性の物語**

1996　195-2　四六上製　274頁　￥2800

植民地時代アメリカの実話。捕虜となり生き残った２女性の見たインディアンの心と生活。牧師夫人の手記とインディアンの養女となった少女の生涯。しばしば不幸であった両者の関係を見なおすために

木崎良平

42 **仙台漂民とレザノフ**

幕末日露交渉史の一側面No.２

1997　198-7　四六上製　261頁　￥2800

日本人最初の世界一周と日露交渉。『環海異聞』などに現れる若宮丸の遭難と漂民16人の数奇な運命。彼らを伴って通商を迫ったロシア使節レザノフ。幕末日本の実相を歴史家が初めて追求した

U．イム・ホーフ／森田安一監訳，岩井隆夫・米原小百合・佐藤るみ子・黒澤隆文・踊共二共訳

43 **スイスの歴史**

1997　207-X　四六上製　308頁　￥2800

日本初の本格的スイス通史。ドイツ語圏でベストセラーを続ける好著の完訳。独・仏・伊のことばの壁をこえてバランスよくスイス社会と文化を追求，現在の政治情況に及ぶ

E．フリート／柴嵜雅子訳

44 **ナチスの陰の子ども時代**

あるユダヤ系ドイツ詩人の回想

1998　203-7　四六上製　215頁　￥2800

ナチスの迫害を逃れ，17歳の少年が単身ウィーンからロンドンに亡命する前後の数奇な体験を中心にした回想録。著者は戦後のドイツで著名なユダヤ系詩人で，本書が本邦初訳

今谷明・大濱徹也・尾形勇・樺山紘一・木畑洋一編

45 20世紀の歴史家たち

⑴日本編㊤ ⑵日本編㊦ ⑸日本編㊓ ⑶世界編㊤ ⑷世界編㊦

1997〜2006　四六上製　平均300頁　各￥2800

歴史家は20世紀をどう生きたか，歴史学はいかに展開したか。科学としての歴史学と人間としての歴史家，その生と知とを生々しく見つめようとする。書かれる歴史家と書く歴史家，それを読む読者と三者の生きた時代

日本編㊤ 1997 211-8

1 徳富蘇峰（大濱徹也）
2 白鳥庫吉（窪添慶文）
3 鳥居龍蔵（中薗英助）
4 原勝郎（樺山紘一）
5 喜田貞吉（今谷明）
6 三浦周行（今谷明）
7 幸田成友（西垣晴次）
8 柳田國男（西垣晴次）
9 伊波普猷（高良倉吉）
10 今井登志喜（樺山紘一）
11 本庄栄治郎（今谷明）
12 高群逸枝（栗原弘）
13 平泉澄（今谷明）
14 上原専祿（三木亘）
15 野呂栄太郎（神田文人）
16 宮崎市定（礪波護）
17 仁井田陞（尾形勇）
18 大塚久雄（近藤和彦）
19 高橋幸八郎（遅塚忠躬）
20 石母田正（今谷明）

日本編㊦ 1999 212-6

1 久米邦武（田中彰）
2 内藤湖南（礪波護）
3 山路愛山（大濱徹也）
4 津田左右吉（大室幹雄）
5 朝河貫一（甚野尚志）
6 黒板勝美（石井進）
7 福田徳三（今谷明）
8 辻善之助（圭室文雄）
9 池内宏（武田幸男）
10 羽田亨（羽田正）
11 村岡典嗣（玉懸博之）
12 田村栄太郎（芳賀登）
13 山田盛太郎（伊藤晃）
14 大久保利謙（由井正臣）
15 濱口重國（菊池英夫）
16 村川堅太郎（長谷川博隆）
17 宮本常一（西垣晴次）
18 丸山眞男（坂本多加雄）
19 和歌森太郎（宮田登）
20 井上光貞（笹山晴生）

日本編㊓ 2006 232-0

1 狩野直喜（戸川芳郎）
2 桑原隲蔵（礪波護）
3 矢野仁一（挾間直樹）
4 加藤繁（尾形勇）
5 中村孝也（中田易直）
6 宮地直一（西垣晴次）
7 和辻哲郎（樺山紘一）
8 一志茂樹（古川貞雄）
9 田中惣五郎（本間恂一）
10 西岡虎之助（西垣晴次）
11 岡正雄（大林太良）
12 羽仁五郎（斉藤孝）
13 服部之總（大濱徹也）
14 坂本太郎（笹山晴生）
15 前嶋信次（窪寺紘一）
16 中村吉治（岩本由輝）
17 竹内理三（樋口州男）
18 清水三男（網野善彦）
19 江口朴郎（木畑洋一）
20 林屋辰三郎（今谷明）

世界編㊤ 1999 213-4

1 ピレンヌ（河原温）
2 マイネッケ（坂井榮八郎）
3 ゾンバルト（金森誠也）
4 メネンデス・ピダール（小林一宏）
5 梁啓超（佐藤慎一）
6 トーニー（越智武臣）
7 アレクセーエフ（加藤九祚）
8 マスペロ（池田温）
9 トインビー（芝井敬司）
10 ウィーラー（小西正捷）
11 カー（木畑洋一）
12 ウィットフォーゲル（鶴間和幸）
13 エリアス（木村靖二）
14 侯外廬（多田狷介）
15 ブローデル（浜名優美）
16 エーバーハルト（大林太良）
17 ウィリアムズ（川北稔）
18 アリエス（杉山光信）
19 楊寛（高木智見）
20 クラーク（ドン・ベイカー 藤川隆男訳）
21 ホブズボーム（水田洋）
22 マクニール（高橋均）
23 ジャンセン（三谷博）
24 ダニーロフ（奥田央）
25 フーコー（福井憲彦）
26 デイヴィス（近藤和彦）
27 サイード（杉田英明）
28 タカキ，Ｒ．（富田虎男）

世界編㊦ 2001 214-2

1 スタイン（池田温）
2 ヴェーバー（伊藤貞夫）
3 バルトリド（小松久男）
4 ホイジンガ（樺山紘一）
5 ルフェーヴル（松浦義弘）
6 フェーヴル（長谷川輝夫）
7 グラネ（桐本東太）
8 ブロック（二宮宏之）
9 陳寅恪（尾形勇）
10 顧頡剛（小倉芳彦）
11 カントロヴィッチ（藤田朋久）
12 ギブ（湯川武）
13 ゴイテイン（湯川武）
14 ニーダム（草光俊雄）
15 コーサンビー（山崎利男）
16 フェアバンク（平野健一郎）
17 モミリアーノ（本村凌二）
18 ライシャワー（W.スティール）
19 陳夢家（松丸道雄）
20 フィンリー（桜井万里子）
21 イナルジク（永田雄三）
22 トムスン（近藤和彦）
23 グレーヴィチ（石井規衛）
24 ル・ロワ・ラデュリ（阿河雄二郎）
25 ヴェーラー（木村靖二）
26 イレート（池端雪浦）

戸上　一

46 千　利　休

ヒト・モノ・カネ

1998　＊210-6　四六上製　212頁　¥2000

高価な茶道具にまつわる美と醜の世界を視野に入れぬ従来の利休論にあきたらぬ筆者が，書き下ろした利休の実像。モノの美とそれにまつわるカネの醜に対決する筆者の気迫に注目

大濱徹也

47 日本人と戦争

歴史としての戦争体験

2002　220-7　四六上製　280頁　¥2400

幕末，尊皇攘夷以来，日本は10年ごとの戦争で大国への道をひた走った。やがて敗戦。大東亜戦争は正義か不正義かは鏡の表と裏にすぎないかもしれない。日本人の“戦争体験”が民族共有の記憶に到達するのはいつか？

K. B. ウルフ／林　邦夫訳

48 コルドバの殉教者たち

イスラム・スペインのキリスト教徒

1998　226-6　四六上製　214頁　¥2800

9世紀，イスラム時代のコルドバで，49人のキリスト教徒がイスラム教を批難して首をはねられた。かれらは極刑となって殉教者となることを企図したのである。三つの宗教の混在するスペインの不思議な事件である

U. ブレーカー／阪口修平・鈴木直志訳

49 スイス傭兵ブレーカーの自伝

2000　240-1　四六上製　263頁　¥2800

18世紀スイス傭兵の自伝。貧農に生まれ，20歳で騙されてプロイセン軍に売られ，軍隊生活の後，七年戦争中に逃亡。彼の生涯で最も劇的なこの時期の記述は，近代以前の軍隊生活を知る類例のない史料として注目

田中圭一

50 日本の江戸時代

舞台に上がった百姓たち

1999　＊233-5　四六上製　259頁　¥2400

日本の古い体質のシンボルである江戸時代封建論に真向から挑戦する江戸近代論。「検地は百姓の土地私有の確認である」ことを実証し，一揆は幕府の約束違反に対するムラの抗議だとして，日本史全体像の変革を迫る

平松幸三編　2001年度 沖縄タイムス出版文化賞受賞

51 沖縄の反戦ばあちゃん

松田カメ口述生活史

2001　242-8　四六上製　199頁　¥2000

沖縄に生まれ，内地で女工，結婚後サイパンへ出稼いで，戦争に巻込まれる。帰郷して米軍から返却された土地は騒音下。嘉手納基地爆音訴訟など反戦平和運動の先頭に立ったカメさんの原動力は理屈ではなく，生活体験だ

52 （缺番）

原田勝正

53 日 本 鉄 道 史

技術と人間

2001　275-4　四六上製　488頁　¥3300

幕末維新から現代まで，日本の鉄道130年の発展を，技術の進歩がもつ意味を社会との関わりの中に確かめながら，改めて見直したユニークな技術文化史

J. キーガン／井上堯裕訳

54 戦争と人間の歴史

人間はなぜ戦争をするのか？

2000　264-9　四六上製　205頁　¥2000

人間はなぜ戦争をするのか？　人間本性にその起源を探り，国家や個人と戦争の関わりを考え，現実を見つめながら「戦争はなくなる」と結論づける。原本は豊かな内容で知られるＢＢＣ放送の連続講演（1998年）

M.シェーファー／大津留厚監訳・永島とも子訳
55 **エリザベート―栄光と悲劇**
2000 265-7 四六上製 183頁 ¥2000
ハプスブルク朝の皇后“シシー”の生涯を内面から描く。美貌で頭が良く，自信にあふれ，決断力を持ちながらも孤独に苦しんでいた。従来の映画や小説では得られない“変革の時代”に生きた高貴な人間像

地中海学会編
56 **地中海の暦と祭り**
2002 230-4 四六上製 285頁 ¥2500
季節の巡行や人生・社会の成長・転変に対応する祭は暦や時間と深く連関する。その暦と祭を地中海世界の歴史と地域の広がりの中でとらえ，かつ現在の祭慣行や暦制度をも描いた，歴史から現代までの「地中海世界案内」

堀 敏一
57 **曹 操**
三国志の真の主人公
2001 ＊283-0 四六上製 220頁 ¥2800
諸葛孔明や劉備の活躍する『三国志演義』はおもしろいが，小説であって事実ではない。中国史の第一人者が慎重に選んだ“事実は小説よりも奇”で，人間曹操と三国時代が描かれる

P.ブラウン／宮島直機訳
58 **古代末期の世界** ［改訂新版］
ローマ帝国はなぜキリスト教化したか
2002 ＊354-7 四六上製 233頁 ¥2800
古代末期を中世への移行期とするのではなく独自の文化的世界と見なす画期的な書。鬼才P.ブラウンによる「この数十年の間で最も影響力をもつ歴史書！」（書評から）

宮脇淳子
59 **モンゴルの歴史**
遊牧民の誕生からモンゴル国まで
2002 ＊244-1 四六上製 295頁 ¥2800
紀元前1000年に，中央ユーラシア草原に遊牧騎馬民が誕生してから，20世紀末年のモンゴル系民族の現状までを1冊におさめた，本邦初の通史

永井三明
60 **ヴェネツィアの歴史**
共和国の残照
2004 285-1 四六上製 270頁 ¥2800
1797年「唐突に」姿を消した共和国。ヴェネツィアの1000年を越える歴史を草創期より説き起こす。貴族から貧困層まで，人々の心の襞までわけ入り描き出される日々の生活，etc. ヴェネツィア史の第一人者による書き下ろし

H.バイアス／内山秀夫・増田修代訳
61 **敵 国 日 本**
太平洋戦争時，アメリカは日本をどう見たか？
2001 286-X 四六上製 215頁 ¥2000
パールハーバーからたった70日で執筆・出版され，アメリカで大ベストセラーとなったニューヨークタイムズ記者の日本論。天皇制・政治経済・軍隊から日本人の心理まで，アメリカは日本人以上に日本を知っていた……

伊東俊太郎 ［比較文明学叢書 3］
62 **文明と自然**
対立から統合へ
2002 293-2 四六上製 256頁 ¥2400
かつて西洋の近代科学は，文明が利用する対象として自然を破壊し，自然は利用すべき資源でしかなかった。いま「自から然る」自然が，生々発展して新しい地球文明が成る。自然と文明の統合の時代である

P.V.グロブ／荒川明久・牧野正憲訳
63 **甦る古代人**
デンマークの湿地埋葬
2002 298-3 四六上製 191頁 ¥2500
デンマーク，北ドイツなど北欧の寒冷な湿地帯から出土した，生々しい古代人の遺体（約700例）をめぐる“謎”の解明。原著の写真全77点を収録した，北欧先史・古代史研究の基本図書

大濱徹也

64 **庶民のみた日清・日露戦争**

帝国への歩み

2003　316-5　四六上製　265頁　¥2200

明治維新以後10年ごとの戦争に明けくれた日本人の戦争観・時代観を根底に，著者は日本の現代を描こうとする。庶民の皮膚感覚に支えられた生々しい日本の現代史像に注目が集まる。『明治の墓標』改題

喜安　朗

65 **天皇の影をめぐるある少年の物語**

戦中戦後私史

2003　312-2　四六上製　251頁　¥2200

第二次大戦の前後を少年から青年へ成長した多くの日本人の誰もが見た敗戦から復興の光景を，今あらためて注視する少年の感性と歴史家の視線。変転する社会状況をくぐりぬけて今現われた日本論

スーザン・W.ハル／佐藤清隆・滝口晴生・菅原秀二訳

66 **女は男に従うもの？**

近世イギリス女性の日常生活

2003　315-7　四六上製　285頁　¥2800

16～17世紀，女性向けに出版されていた多くの結婚生活の手引書や宗教書など（著者は男性）を材料に，あらゆる面で制約の下に生きていた女性達の日常を描く（図版多数集録）

G.スピーニ／森田義之・松本典昭訳

67 **ミケランジェロと政治**

メディチに抵抗した《市民＝芸術家》

2003　318-1　四六上製　181頁　¥2500

フィレンツェの政治的激動期，この天才芸術家が否応なく権力交替劇に巻き込まれながらも，いかに生き抜いたか？　ルネサンス美術史研究における社会史的分析の先駆的議論。ミケランジェロとその時代の理解のために

金七紀男

68 **エンリケ航海王子**

大航海時代の先駆者とその時代

2004　322-X　四六上製　232頁　¥2500

初期大航海時代を導いたポルトガルの王子エンリケは，死後理想化されて「エンリケ伝説」が生れる。本書は，生身で等身大の王子とその時代を描く。付録に「エンリケ伝説の創出」「エンリケの肖像画をめぐる謎」の２論文も

H.バイアス／内山秀夫・増田修代訳

69 **昭和帝国の暗殺政治**

テロとクーデタの時代

2004　314-9　四六上製　341頁　¥2500

戦前，『ニューヨーク・タイムズ』の日本特派員による，日本のテロリズムとクーデタ論。記者の遭遇した5.15事件や2.26事件を，日本人独特の前近代的心象と見て，独自の日本論を展開する。『敵国日本』の姉妹篇

E.L.ミューラー／飯野正子監訳

70 **祖国のために死ぬ自由**

徴兵拒否の日系アメリカ人たち

2004　331-9　四六上製　343頁　¥3000

第二次大戦中，強制収容所に囚われた日系２世は，市民権と自由を奪われながら徴兵された。その中に，法廷で闘って自由を回復しアメリカ人として戦う道を選んだ人々がいた。60年も知られなかった日系人の闘いの記録

松浦高嶺・速水敏彦・高橋　秀

71 **学　生　反　乱**

―1969―　立教大学文学部

2005　335-1　四六上製　281頁　¥2800

1960年代末，世界中を巻きこんだ大学紛争。学生たちの要求に真摯に向合い，かつ果敢に闘った立教大学文学部の教師たち。35年後の今，闘いの歴史はいかに継承されているか？

神川正彦　　[比較文明学叢書 5]

72 **比較文明文化への道**

日本文明の多元性

2005　343-2　四六上製　311頁　¥2800

日本文明は中国のみならずアイヌや琉球を含め，多くの文化的要素を吸収して成立している。その文化的要素を重視して“文明文化”を一語として日本を考える新しい視角

藤川隆男編
73 **白人とは何か？**
ホワイトネス・スタディーズ入門
2005 ＊346-2 四六上製 257頁 ¥2200

近年欧米で急速に拡大している「白人性研究」を日本で初めて本格的に紹介。差別の根源「白人」を人類学者が未開の民族を見るように研究の俎上に載せ，社会的・歴史的な存在である事を解明する多分野17人が協力

W. フライシャー／内山秀夫訳
74 **太平洋戦争にいたる道**
あるアメリカ人記者の見た日本
2006 349-1 四六上製 273頁 ¥2800

昭和初・中期の日本が世界の動乱に巻込まれていくさまを，アメリカ人記者の眼で冷静に見つめる。世界の動きを背景に，日本政府の情勢分析の幼稚とテロリズムを描いて，小社既刊『敵国日本』と対をなす必読日本論

白井洋子
75 **ベトナム戦争のアメリカ**
もう一つのアメリカ史
2006 352-1 四六上製 258頁 ¥2500

「インディアン虐殺」の延長線上にベトナム戦争を位置づけ，さらに，ベトナム戦没者記念碑「黒い壁」とそれを訪れる人々の姿の中にアメリカの歴史の新しい可能性を見る。「植民地時代の先住民研究」専門の著者だからこその視点

L. カッソン／新海邦治訳
76 **図書館の誕生**
古代オリエントからローマへ
2007 ＊356-1 四六上製 222頁 ¥2300

古代の図書館についての最初の包括的研究。紀元前3千年紀の古代オリエントの図書館の誕生から，図書館史の流れを根本的に変えた初期ビザンツ時代まで。碑文，遺跡の中の図書館の遺構，墓碑銘など多様な資料は語る

英国王立国際問題研究所／坂井達朗訳
77 **敗北しつつある大日本帝国**
日本敗戦7ヵ月前の英国王立研究所報告
2007 ＊361-5 四六上製 253頁 ¥2700

対日戦略の一環として準備された日本分析。極東の後進国日本が世界経済・政治の中に進出，ファシズムの波にのって戦争を遂行する様を冷静に判断。日本文化社会の理解は，戦中にも拘わらず的確で大英帝国の底力を見る

史学会編
78 **歴史の風**
2007 ＊369-1 四六上製 295頁 ¥2800

『史学雑誌』連載の歴史研究者によるエッセー「コラム 歴史の風」を1巻に編集。1996年の第1回「歴史学雑誌に未来から風が吹く」（樺山紘一）から昨2006年末の「日本の歴史学はどこに向かうのか」（三谷 博）まで11年間55篇を収載

青木 健
79 **ゾロアスター教史**
古代アーリア・中世ペルシア・現代インド
2008 ＊374-5 四六上製 308頁 ¥2800

本邦初の書下ろし。謎の多い古代アーリア人の宗教，サーサーン朝国教としての全盛期，ムスリム支配後のインドで復活，現代まで。世界諸宗教への影響，ペルシア語文献の解読，ソグドや中国の最新研究成果が注目される

城戸 毅
80 **百 年 戦 争**
中世末期の英仏関係
2010 ＊379-0 四六上製 373頁 ¥3000

今まで我が国にまとまった研究もなく，欧米における理解からずれていたこのテーマ。英仏関係及びフランスの領邦君主諸侯間の関係を通して，戦争の前史から結末までを描いた，本邦初の本格的百年戦争の全体像

R. オズボン／佐藤 昇訳
81 **ギリシアの古代**
歴史はどのように創られるか？
2011 ＊396-7 四六上製 261頁 ¥2800

最新の研究成果から古代ギリシア史研究の重要トピックに新しい光を当て，歴史学的な思考の方法，「歴史の創り方」を入門的に，そして刺戟的に紹介する。まずは「おなじみ」のスポーツ競技，円盤投げの一場面への疑問から始める

藤川隆男

82 **人種差別の世界史**

白人性とは何か？

2011　＊398-1　四六上製　274頁　￥2300

差別と平等が同居する近代世界の特徴を，身近な問題（ファッション他）を取り上げながら，前近代との比較を通じて検討。人種主義と啓蒙主義の問題，白人性とジェンダーや階級の問題などを，世界史的な枠組で解明かす

Ch. ビュヒ／片山淳子訳

83 **もう一つのスイス史**

独語圏・仏語圏の間の深い溝

2012　＊395-0　四六上製　246頁　￥2500

スイスは，なぜそしていかに，多民族国家・多言語国家・多文化国家になったのか，そのため生じた問題にいかに対処してきたか等々。独仏両言語圏の間の隔たりから語る，今までに無い「いわば言語から覗くスイスの歴史」

坂井榮八郎

84 **ドイツの歴史百話**

2012　＊407-0　四六上製　330頁　￥3000

「ドイツ史の語り部」を自任する著者が，半世紀を超える歴史家人生で出会った人，出会った事，出会った本，そして様ざまな歴史のエピソードなどを，百のエッセイに紡いで時代順に語ったユニークなドイツ史

田中圭一

85 **良寛の実像**

歴史家からのメッセージ

2013　＊411-7　四六上製　239頁　￥2400

捏造された「家譜」・「自筆過去帳」や無責任な小説や教訓の類いが，いかに良寛像を過らせたか！　良寛を愛し，良寛の眞実を求め，人間良寛の苦悩を追って，その実像に到達した，唯一，歴史としての良寛伝が本書である

A. ジョティシュキー／森田安一訳

86 **十字軍の歴史**

2013　＊388-2　四六上製　480頁　￥3800

カトリック対ギリシア東方正教対イスラームの抗争という，従来の東方十字軍の視点だけではなく，レコンキスタ・アルビショワ十字軍・ヴェンデ十字軍なども叙述，中世社会を壮大な絵巻として描いた十字軍の全体史

W. ベーリンガー／長谷川直子訳

87 **魔女と魔女狩り**

2014　＊413-1　四六上製　480頁　￥3500

ヨーロッパ魔女狩りの時代の総合的な概説から，現代の魔女狩りに関する最新の情報まで，初めての魔女の世界史。魔女狩りの歴史の考察から現代世界を照射する問題提起が鋭い。110頁を超える索引・文献・年表も好評

J.＝C. シュミット／小池寿子訳

88 **中世の聖なるイメージと身体**

キリスト教における信仰と実践

2015　＊380-6　四六上製　430頁　￥3800

中世キリスト教文明の中心テーマ！　目に見えない「神性」にどのように「身体」が与えられたか，豊富な具体例で解き明かす。民衆の心性を見つめて歴史人類学という新しい地平を開拓したシュミットの，更なる到達点

W. D. エアハート／白井洋子訳

89 **ある反戦ベトナム帰還兵の回想**

2015　＊420-9　四六上製　480頁　￥3500

詩人で元米国海兵隊員の著者が，ベトナム戦争の従軍体験と，帰還後に反戦平和を訴える闘士となるまでを綴った自伝的回想の記録三部作第二作目 *Passing Time* の全訳。「小説ではないがそのようにも読める」(著者まえがき)

岩崎 賢

90 **アステカ王国の生贄の祭祀**

血・花・笑・戦

2015　＊423-0　四六上製　202頁　￥2200

古代メキシコに偉大な文明を打ち立てたアステカ人の宗教的伝統の中心＝生贄の祭りのリアリティに，古代語文献，考古学・人類学史料及び厳選した図像史料を駆使して肉迫する。本邦ではほとんど他に例のない大胆な挑戦

藤川隆男

91 **妖獣バニヤップの歴史**

オーストラリア先住民と白人侵略者のあいだで

2016　＊431-5　四六上製　300頁＋カラー口絵 8 頁　￥2300

バニヤップはオーストラリア先住民に伝わる水陸両生の幻の生き物。イギリスの侵略が進むなか，白人入植者の民話としても取り入れられ，著名な童話のキャラクターとなる。この動物の記録を通して語るオーストラリア史

ジョー・グルディ＆ D. アーミテイジ／平田雅博・細川道久訳

92 **これが歴史だ！**

21世紀の歴史学宣言

2017　＊429-2　四六上製　200頁　￥2300

（近刊）

杉山博久

93 **直良信夫の世界**

20世紀最後の博物学者

2016　＊430-8　四六上製　300頁　￥2500

考古学，古人類学，古生物学，現生動物学，先史地理学，古代農業……。最後の博物学者と評されたその研究領域を可能な限り辿り，没後30年に顕彰。「明石原人」に関わる諸見解も紹介し、今後の再評価が期待される

〈歴史・民族・文明〉

刀水歴史全書93
直良信夫の世界　20世紀最後の博物学者

2016年11月7日　初版1刷印刷
2016年11月13日　初版1刷発行

著　者　杉山博久
発行者　中村文江
発行所　株式会社　刀水書房
〒101-0065　東京都千代田区西神田2-4-1　東方学会本館
TEL 03-3261-6190　FAX 03-3261-2234　振替00110-9-75805
組版　MATOI DESIGN
印刷　亜細亜印刷株式会社
製本　株式会社ブロケード

ISBN978-4-88708-430-8 C1321

《著者紹介》

杉山博久（すぎやま ひろひさ）

1937年　神奈川県足柄下郡小田原町に生まれる
1962年　早稲田大学大学院文学研究科日本史学（修士課程）修了
1998年　定年により神奈川県立小田原城内高等学校を退職
現　在　南足柄市文化財審議会委員ほか，
　　　　日本考古学協会々員

主要編著
『古墳文化基礎資料　日本横穴地名表』（斎藤忠共編）
『縄文期貝塚関係文献目録』
『直良信夫と考古学研究』
『魔道に魅入られた男たち—揺籃期の考古学界—』

主要論考
「探求に熱心なる人—若林勝邦小伝—」
「「石狂」の先生—羽柴雄輔小伝—」
「創設期人類学会の庇護者—神田孝平小伝—」
「童子の時，モースの講演を聴いて—山崎直方小伝—」
（以上『考古学雑誌』）
ほか